王维

空山不见人

赵焰 著

华文出版社
SINO-CULTURE PRESS

图书在版编目（CIP）数据

王维：空山不见人 / 赵焰著. —— 北京：华文出版社，2023.6（2024.12 重印）
ISBN 978-7-5075-5811-1

Ⅰ．①王… Ⅱ．①赵… Ⅲ．①王维（699-759）-传记 Ⅳ．①K825.6

中国国家版本馆CIP数据核字（2023）第086573号

王维：空山不见人

作　　者	赵　焰
策　　划	胡　子
责任编辑	寇　宁
出版发行	华文出版社
地　　址	北京市西城区广安门外大街 305 号 8 区 2 号楼
邮政编码	100055
网　　址	http://www.hwcbs.cn
电　　话	总编室 010-58336239　责任编辑 010-58336195 发行部 010-58336267
经　　销	新华书店
印　　刷	北京鑫益晖印刷有限公司
开　　本	710mm×1000mm　1/16
印　　张	13
字　　数	180 千字
版　　次	2023 年 6 月第 1 版
印　　次	2024 年 12 月第 2 次印刷
标准书号	ISBN 978-7-5075-5811-1
定　　价	58.00 元

版权所有，侵权必究

目　录

楔子 / I

第一章　空翠 / 1
第二章　空幻 / 23
第三章　空灵 / 67
第四章　空情 / 89
第五章　空寂 / 107
第六章　空性 / 133
第七章　空净 / 149

尾声 / 174
附录 / 181
后记 / 187

楔子

世事世情世理世人总有相通,如日月旋转,四季轮回。冬日天空漫卷的雪花,以及四荒八极的风——每当我想起大唐时代的诸多诗人,自然而然有音乐荡气回肠:既有贝多芬的雄浑与深厚、肖邦的激越与浪漫、勃拉姆斯的沉郁与忧伤,也有拉赫玛尼诺夫的迷幻与悲怆,还有莫扎特的金贵与清亮。音乐、诗歌和文学,从来就是相通的,虽然音乐和文学的一一对应是不准确的,也是矫情的,可是以我有限的感发,我觉得杜甫诗的宽广度和人文性来说,有点像贝多芬的交响曲,只是没有达到后者的神圣和宽广。当然,这当中更多囿于时代的局限。至于李白,气挟风雷,鹤鸣九皋,落霞与孤鹜齐飞,秋水共长天一色,洋溢着宏大的浪漫主义情怀,如莫扎特,也如肖邦。王维呢,就其精神的纯粹性来说,其诗歌散发的熠熠光辉,表面上有点像海顿,也有点像维瓦尔第,可是其实质,又有点像马勒。至于其个人外在和内在的经历和路程,跟罗曼·罗兰笔下的约翰·克利斯朵夫、黑塞笔下的德米安、悉达多有着极大的相似性——一个人如何借助于艺术的呼唤,借助于艺术散发出的光芒,在不断精进和蜕变中,豁然觉醒,从而兀立于世,成为某种意义上的"超人"。至于王维的《辋川集》,细致、广远、博大、宁静,更像是巴赫的钢琴曲,有着星空般浩瀚和静寂的意义。关于这一点,我们可以从王维留存的诗画作品,尤其是王维购买了辋川别业,"中年唯好静"之后的诗中看出,这个人在孤独中享受宁静的时光,文字的吉光片羽,充满着灵智的意趣和禅机,神圣而静谧,让人觉察到须臾的美好,明白生命有着无常与永恒的双重意义,两者都有最高贵最深邃的伤感和悲凉。读王维的诗与画,仿佛悠扬的旋律自灵魂深处响起,启悟的光明境界慢慢打开,忧伤和美好无界,天、地、人在一刹那间融合在一起。

即使是在盛唐时代,一个纯粹的诗人是罕见的。我们现在所津津乐道的李白、杜甫、王维、王昌龄、张九龄、高适等,在大多数时候,并不是以纯粹的诗人身份存在,而是各有各的职业、各自的生活,也有着各自的追求。在他们当中,有的人地位相当显赫,诗歌也好,艺术也好,只是他有意无意的闲暇爱好。表面上来看,诗人的身份是无差别的,外人很难发现他们的不同,真正的差别来自内部——一个人只有在无功名杂念,孜孜于艺术道路的追求,将一切置之度外的时候,才有可能成为一个纯粹的诗人,或者纯粹的艺术家,才有可能掌握到艺术的真谛。关于这一点,关键是追溯一个人的内心,明白他的三观,明白他对生命意义的真实看法。若是这个人将整个内心都用来拥抱艺术和诗歌的话,那么,他就会自然开启一条潜在的内心通道,与世界的本质相连,继而获取一种神秘的、无穷无尽的力量。

王维是"才子中的才子",这是指他成名较早,在盛唐时期声望领先李白、杜甫半个身位,之后又在中国诗歌史上与李白、杜甫鼎足而立。王维学富五车,才高八斗,法理深湛,禅、诗、书、画、琴并举。在绘画上,王维被后来的董其昌誉为中国山水画"南宗"之祖,在绘画宽广的世界里,开辟了世界绘画史上独一无二的"文人画"乐园。在音乐上,王维不仅能亲自操琴(琵琶),演奏出鬼斧神工的乐曲,还能作曲,有琵琶独奏曲《郁轮袍》(今名《霸王卸甲》)传世。诸多由音乐生发的幽眇通感,让他在其他艺术上也带有一层"薄雾",高蹈、华美、静谧、空灵,创造和追寻虚空,也吸引诸多幽灵来填补这虚空。无论在诗歌上,还是绘画上,王维所具有的空灵意象和禅意风格,独树一帜,非得是境界极高、修为极高,又有着天生般若之人,才能拥有的。

与李杜相比,王维诗更有一层薄雾般的"境界"。如果文学、绘画和人生还有境界一说的话,那么,"境界"可以定义为建立在理性认知之上的行为准则以及处事态度。这一个行为和认知本身,还有邈远的"三观"背景、宽广而幽微的文化认知。如此方式,如人饮水,冷暖自知,局外人是很难看透参透的。虽然它是一个模糊的概念,我们却能从王维一直以来平静而妥帖的生活姿态,具有山林气息的审美追求中,感受到这种智慧,感受到精神给他带来的启悟和尊严,感觉到他的诗句像春天的植物一样生长,并且一直试图与永恒产生某种连接、关联和融入。当然,在任何时候,我们都能看到他的从容和淡定,以平和而智慧的微笑给人以真切的指引。

王维是一个真正的艺术家。跟王维相比,诸多诗人、文学家、学问家就是一个俗人,在表面的温文尔雅背后,其实有难以逃离的平庸之骨。而王维不一样,王维是一个先天带有月光属性的人,带有某种温暖或者清寒,可以直接感受和抵达生命的本质意义。他的经历如此简单和呆板,几乎没有传奇和故事,枯燥得就像缩减版的编年,或者是夹杂零散诗文的绘本。他来到这个世界的使命,仿佛就是验证某种预言,完成某种使命,传导一些心动,启迪某种感受的。与诸多诗人艺术家只是将艺术作为功名之辅的态度不一样,王维更关注内心和终极,故而以全部身心拥抱艺术,沉浸于艺术的魅力之中,并且努力地将艺术和修行结合起来,以自己的全部生命拥抱它,和它融为一体。不要小看了这种行为,无论是音乐、绘画,还是诗歌,凡是能让灵魂浮动起来的,都是对生命意义的追寻。在现实处于乏味、低级甚至严酷的状态下,热爱艺术本身,就是一种思考和探索,也是一场极其震撼的冒险和救赎。

纵观王维的一生,显而易见的是,尽管这个人一直声名在外,有很多朋友,去过许多地方,可他一直是内向的、孤独的、忧郁的,他的精神特质是如此自省而自知,几乎没有将生命的意义置放于外部世界,而是以游离其间的习惯和天性,始终与这个世界保持距离,保持某种警觉,不自觉地进行自我防护,以免自己过于全身心地投入,或者坠入一个深不见底的黑洞之中。从表面上看,这个人一直安静儒雅,彬彬有礼,温柔怜悯;觉知而节制,明白自己的遵循、所应该做的,必须保持深情和刻意的。王维应是中国传统作家中,最具有宗教意识、情感和情怀,又对宗教有着切身感悟,理解至深,且亲身实践的一个。一种深度思维不自觉地深入到了他的骨子里,影响他的三观,培植着他的人格,左右着他的行动,以至于他在日常生活和交往中,只喜欢跟同道同好在一起,很少跟那些看起来德高望重、身份显赫的人为伍,更谈不上攫取他们身上的光辉和荣耀。如此做法,使得王维屡遭挫折和冷遇,有时候不由自主地陷入某种孤独和忧伤之中。这很正常,人世是江湖,而不是道场,王维天生的卓越才华,相关的敏锐和敏感,以及后来修炼出的由内到外的智慧通透,使得他可以在很多时候一眼看清诸多真相;而他的柔和从容,又与周围的钩心斗角、蝇营狗苟格格不入。因为找不到适当的语言方式敷衍,不能表达,又难以表达,这让他似乎跟周围很难相融,更谈不上袒露心扉,只能在大多数时间里保持沉默,以自甘寂寥和逃避的方式来躲避他人,给人以悻然而落寞的印象。与此同时,王维诗歌中忽隐忽现的那种觉醒和启示,会让人们情不自禁地对己发问,疑问自己是谁,在生命中处于什么境地,促使自己对于心灵有冷酷而无形的撕扯——这样的结局,会让人心生恐惧,心生忌惮,直至让有些人惶惶不可终日。也因此,虽然王维在很多时候刻意表现出善意,小心谨慎地对待周围的关系,或者轻松自然呈现幽默而亲近的微笑,可是他的才华、睿智和敏锐,仍旧给他制造了一种强大的、由内到外难以接近的气场,若月明星稀的清虚和明澈,若雪后天霁的清旷和凛冽。

　　王维给人的感觉,还在于良好的教育和修养。他从不自以为是,激昂慷慨,强硬地说服或劝告别人;不喜欢在公众场合下讲话,更喜欢屏声静气地倾听,或者轻声细语地阐述。他说话应是轻微、低沉而缓慢的,大多言简意赅,以至于人们在短时间内觉察不到他的声音是那么优美和高贵。有时候,他实在拗不过,会借着酒劲,轻声而笨拙地朗读一两首自己的诗,或者将自己的绘画近作展示给人们看。人们在倾听和观看中可以发现,虽然他似乎一直缺乏激情和大胆,显得过于冷静和谦逊。不过,在他的诗歌和绘画中,一直有着一种浑然天成的高贵,还有一种别于他人的节奏和韵律,一如那些艺术作品隐藏的灵魂。正因为如此,他自然而然地成了注意力的中心,成了人们目光的聚焦点。可是他似乎很害怕这样的注目,有时候甚至会略带羞涩地抽身而退,像一个未嫁的少女,或者像一头害羞的小鹿一样消失于人们的视野之中。

可以想象,凡是有他所在的场合,一定都会有一种高贵而轻松的氛围,没有人大声喧哗、口吐脏字和粗话。人们愿意跟他在一起,像众星拱月般围绕,从他身上感受到季春的舒适,就像栖身于萋萋的芳草地上一样。那是一种真正"望之俨然,即之也温"的感觉,甚至不需要故作姿态地谈论文学、诗歌、绘画和音乐。他总是专注而恬静地看着别人,嘴角边的微笑如静谧水潭之中落入的一朵辛夷花瓣。因为花瓣的落入,沉静的水潭会荡漾一波诗意的纹理,慢慢地扩散开来,更像一首美好的诗了。在任何环境中,他都喜欢安静,需要某种洁净和纯粹,以此汲取某种神秘的力量,慢慢生长出灵感、诗句、声音和画面。这种方式使得环绕他四周的一切都显得和谐,粗鲁受到遏止,丑恶消解在某种安宁之中。不消说,他身上散发出的那种和谐的力量是令人惊奇的,也是源源不断的。他静静地站在那里,有时候让人感觉就像一株植物,在静静地开着花。

虽然他一直渴望爱情、亲情和友谊,可是能给予他的,或者说他能够得到的,并不太多。他对世间的一切温情都感到害怕,害怕伤害,更害怕失去,唯恐因为挂念,让自己受到伤害,从而失去心无旁骛的纯粹。所以,他宁愿自己跟自己在一起,遁逃入诗歌、绘画和音乐中,每天用那简单又怯懦的艺术方式,将日子平静而温柔地打发过去。尽管他的作品,包括他的日子是如此柔软、细腻、宁静和敏感,可是对他自己来说,时间就像一个房子,或者如坚硬的贝壳一般,他宁愿安全地待在里面,一意孤行,离群索居,自我封闭,保持距离,旁若无人,将一副高傲、冷峻的面具留在外面。

在很多人看来,这个人神秘而游离,难以捉摸清晰:一生信佛,却没有出家为僧;一生为仕,却没有学会专权弄权;一生写诗,却很少描述现实;一生绘画,却从未为自己留过自画像;一生重情,却表现为决绝;一生优雅,却表现出忧伤缠绵;一生都在避世,却屡隐而屡出;一生智慧,却毫无心机;一生恪守规范,却有着睥睨道德的嫌疑;一生温顺,却在道路的选择上表现出叛逆;一生平和冷静,却难免优柔寡断,不温不火,难察性情……他的诗与画是如此的独特,仿佛空谷幽兰,雪泥鸿爪,像世界的烙印,却不属于这个世界;像回眸一笑,能捕捉却无法留住。他的诗画中有喜乐,却没有狂喜;有温暖,却没有炽热;有忧伤,却没有愤怒;有空寂,却没有死寂……他不仅在艺术上独树一帜,思想上别具一格,还在行为上、追求上特立独行,远离世俗,如此方式,似乎跟数千年的文化传统间隔有很大距离,以至于我们一直看不清楚这个人,只是感觉到这个人就像一个影子般孤独,像一个影子般神秘,也像一个影子般飘过。

虽然喜欢王维的人不少,可只有极少的人才能深深理解王维。之所以这样,是因为这极少的人拥有跟王维一样的内向性特质,拥有与生俱来的善意、敏感和柔软,拥有相似的心灵追寻,以及对幸福的不满足,对安宁的恐慌,对未知世界的困惑、疑问和探求。这很正常,能够感觉到世界具有不确定性的人,都是异常敏锐而聪明的。他们就像一朵朵花,或者像稚嫩的含羞草和蒲公英一样敏感。谁又能比一朵花更能理解另外一朵花呢?明白自己,明白自己的初衷,深入到自己的内心中去,是理解和明白别人的最好路径。在很多时候,渴望和希冀是非常薄细的绒毛,表现为纤如毫发的表层,可是它的丝丝缕缕,又是与心灵最深层次的东西连接的,一阵风吹来,它们就会由表及里,直至连根部也一同颤动。人们可以通过它,去感觉到人类本性的温暖,感觉到世界最本质,也最为本真的一面。这是一种自由,是一种良善,更是一种"乡愁"——人从哪里来,必定会想着回哪里去。如此回归"快乐老家"的愿望,恰如艺术的目的和本质。它一直带有某种月光的属性,看起来清冷,其实最为慈祥;看起来捉摸不透,其实最为真挚;看起来十分普通,却是一个充满诗意的世界。

对我来说,每一次阅读王维的诗文,都会怦然心动,都有一种涟漪荡漾的感觉,觉得似曾相识,觉得他就像迷雾中的导师,对我有冥冥的触摸、关怀和指引,让人不由自主觉察到生命深处那个难以企及的东西。好的艺术,应当让人感觉到心灵的细腻与敏锐,感觉到雅致的、简洁的、玄妙的神性,就像面对一朵曼陀罗花,你越是深入地观察和了解,越是能发现它的博大和神秘,感觉它的至深处就像银河一般璀璨、博大,也跟天宇一般具有魅力和神秘。在我看来,王维的诗画就是如此,虽然它清冷而轻盈,洁净如空山上薄薄的积雪,纯粹得像清晨池塘荷叶上的露珠,可是在此中,又密布着诡秘、幽玄的暗道,直通灵魂深处。就像佛像前的油灯,以黄豆粒般大小的光明蕴含无限虔诚。这该是怎样的一种状况呢,似乎是宇宙的悖论,又似乎是无解的咒语。从哲学上说,世界诸多相悖的属性,在更高的层次上却是和谐的。这一点,在王维身上体现得淋漓尽致。

王维的故事,几乎就是一个心灵的故事——人在自我行进的过程中,心灵觉醒,意识到肉身的短暂,意识到无形的力量,意识到外部的虚假,也意识到某种潜在的指引,从而引发内省,主动地深入自己,汲取广远的智慧,触及美玉般的良知,甚至以此为铜镜,反射世界的波光潋滟……直至魂魄摇曳生辉,放射出炫目的光芒。如此妙境,得于因缘,得于有清净心。也许对于王维来说,世间只一个倒影,心灵才是正向的。人生的全部意义就是,简单、沉静、清晰、悲悯、理性、洁净、温柔地凝望着自己的心灵,欣赏和感悟其中所显,由此得到真谛,别无其他。

也因此,对王维的理解和表达,其实宛若倾听一场宁静的室内弦乐音乐会。我所该做的,就是保持宁静和平和,持有虔诚之心,尽力地内敛自己,调动全部的心灵力量来感知,直至从中汲取无形的力量来达到拯救和圆满。也像他一样,努力使得周边的一切变得安静、柔软、善意、松弛、和谐;不断地启迪自己,真诚地探究心灵的变化和起伏,感受自己青烟般溢出的情感,以一种艺术的方式表达,或者与山川河流、清风明月、云起云落联系起来。如此方式,牵涉到生活态度、艺术背后的力量,牵涉到艺术的本质,还牵涉到人与艺术、人与自然、人与世界的关系。好的艺术与世界的关系在于:它根本不是按图索骥,不是以蹩脚强制,而是以阳光雨露清风明月的方式,自然而然地进入我们的生活。

不得不说的是,王维之所以让人感到陌生,是因为人们在习以为常的方式和感知中,将注意力集中在作品和成就上,没有全然地了解一个人,了解这个人有别于他人的纯粹性。对古往今来的很多人来说,人们都是谈论王维,认识王维,熟悉他的诗文、绘画和音乐,而不是感受王维,深入王维,甚至与之融为一体。没有其他原因,是因为人们远远没有达到他那样的高度、深度、宽广度；在心灵中，还不具备，或者说还不会调动洁净和静谧的力量，因而缺乏对等的同理心、同情心，错失诸多机缘和通道，错误而局限地放过了他，甚至武断、狭隘地意会和领略他。如此结果是，在这个人消失的同时，与之有关的某种见地、感知和表现方式，也同样逝去了。人们不仅仅是缺失了一个人，同时也是缺失了一条道路，一条开满鲜花、洒满阳光雨露的道路。这是一件多么可惜的事，就像一直幽禁我们的屋子，突然间失去了一扇窗户，一扇可以观察到美丽风景的窗户。一扇窗户被堵上是悲惨的，它不仅失去了窗外风景，失去了蓝天和白云，失去了微风和阳光，还失去了对灵魂的启迪方式。只是人们不为所动，没有意识到这一点，仍在按照自己一厢情愿的方式，按部就班地盲人摸象，蹩脚地将一个天鹅阐述成鸭子；将一个本可以心通的人，一厢情愿地塑造成高高在上的雕像，随后顶礼膜拜，有意无意地制造人与人之间的鸿沟……难以觉醒的人们不明白，这一种方式和道路的失去，会让世界遗憾，也让我们更难堪。我们失去的不只是一个美丽世界，还在失去自己明亮的眼睛。

也许，作为现代社会的读者，只有在提升了诸多认知和境界，又排除了诸多杂念和干扰后，才能清晰地明白鲜明高蹈的古代精神，才会清晰地看清飘曳在眼前的影子：这个人性格也许不强烈，个性却极为鲜明；才华也许不是横空出世，却是广袤旷远、幽深沉静。虽然他是一个古人，可是他要比当世的任何一个诗人都具有智慧，可以一直透过色相看到空寂。这个人不仅仅是一个才子、一个官员、一个画家、一个音乐家、一个诗人，还是一个哲学家、一个清醒的自知者、一个觉悟者、一个有良知的人、一个无染的纯粹者、一个坚定的叛逆者、一个善意对待外部世界的人、一个带有人文观念的人……他的心智如此澄明，目光所及，已不是眼前的世界；他的目光穿越远古，努力追寻源泉和归宿，又对人间抱有深情回眸……这个少有烟火气，却才华横溢、不骄不奢、宁静致远之人，在我们数千年的文明史上，是那样的稀少。以至于当我们正心诚意看待他时，我们会发现这一个人，以及他具备的思想，包括他的一切，是如此的珍贵，珍贵如中国历史上难得一见的和氏璧一样，不似黄金那样炙手可热,不似钻石那样璀璨夺目,也不似白银那样俗不可耐。

　　黑塞在《悉达多》一书中写道:"大部分人在这世界上,如落叶一般,在空中翻滚、飘摇,最后踉跄着尘归尘,土归土,只有极少数人,如同天际之星,沿着固定的轨迹运行,没有风能撼动他。他的内心自有律法和轨道。"王维,应是如此吧。

第一章 空翠

历史一直带有某种不确定的意义,表现为相差很大的虚实性:一是过去曾经发生的;二是记录和处理这些事实的文本。两者之间存在某种联系,也存在某种偏差,它们相倚相悖,共生了所谓的过去。如何鉴别和看待历史,更多的由每个阅读、喜爱和思考历史的人自行判断。同样,人们对某个人的认识,包括对他作品的理解,有着雾中看花的意义,若是满足一些已成为定式的结论,则有可能是错误的、荒谬的。对诸多读者来说,所谓盛唐诗人王维,只是他们文化生活中的一个印记,一个写在文学史上的名字,一些不咸不淡的诗文……跟很多事物一样,名字在人们尚不能理解之时,只是坚硬的概念,或者像自然中的某棵树、某株植物。其实,怎么可能是这样呢?王维一直就具有未解的成分,是一个让人难以破解的"谜",等待着人们不断深入探究,尤其是渗入某种新观念的深入探究。

就这个人而言,虽然他在历史上名气如此之大,诗名远扬,诗文脍炙人口,可是有关王维生命轨迹中的诸多重要节点,比如出生年月、妻子死去的时间、与好友裴迪的关系,以及诸诗的写作时间和背景等,一直带有某种不确定性和模糊性。如此结果,让人不由得心生遗憾,遗憾史志的缺漏。有关王维的出生日期,较普遍的,就有三种说法:一是693年,二是694年,三是701年。701年生的说法,也带来了相应的疑问:王维和他一生挚爱的兄弟王缙,是孪生兄弟吗?诸如此类的问题,还有很多。另一种意味深长的说法是:王维出生前,笃信佛教的母亲,曾梦见维摩诘进入室内,也因此,王家特地给儿子命名为"维",字摩诘。维摩诘是古印度邦国毗耶离的一位富商,一直在家修行大乘佛教,处相而不住相,对境而不生境,因而成为著名的在家菩萨,号金粟如来。著名的《维摩诘经》(鸠摩罗什406年译),就是维摩诘借病说法之经。后来的月溪禅师评价:"此经是直接表示真如佛性,故与禅宗祖师所发挥者最为吻合。《六祖坛经》所示道理,与此经共通之处甚多,历代祖师亦多引述此经言句以接后学。"

有可能是这一段宿缘,也可能是某种暗示的激励,王维少年时,与弟弟王缙都以聪颖早慧在当地著称,被誉为"一门两神童"。《唐才子传》记录王维"九岁知属辞,工草隶,闲音律",也就是说,王维很小的时候,就吟诗作文,雅通音律,熟知三玄,绘画的功夫也十分了得。王维祖籍是山西祁县,出身于当时五姓七望之一,也就是七大望族之一的太原王氏,门第高贵;母亲的家族是七大望族中的博陵崔氏。这七大望族,长期盘踞在中国北方一带,尤其是博陵崔氏,自西汉时就兴旺发达,跟北方各朝代的政治统治有着紧密的联系。从唐朝初年到唐玄宗时,崔氏就有五六人担任宰相职务。

对王维来说,享受如此显赫家族给予的庇护和恩泽,无疑是幸福而幸运的。一切都风平浪静、顺风顺水,可让王维没有想到的是,死神早早地给他以警示和提醒——九岁的时候,父亲王处廉突然死在汾州司马任上,留下母亲和王维兄妹六人。完全可以想象此晴天霹雳对少年王维的打击,王维第一次感觉到,原来世事是不以自己的意志为转移的!看着父亲死后石蜡般的遗容,王维不胜悲伤的同时,一下子涌出了诸多困惑和疑虑:那个学识渊博、从容高贵、言谈明澈,似乎会相伴和庇护他终生的人,怎么突然就从这个世界上消失了呢?父亲到底去了哪里?还会以其他方式归来吗?自己也会跟父亲一样离开吗?……自此之后,王维的白日梦破灭,痛苦和失望由此而生。父亲一死,周围的一切都涂上了暗黑的阴影。

不得不说的是,人生中最刻骨铭心的教育,其实是死亡。父亲的死,为王维拉起了"向死而生"的帷幕。在此之前的王维就如白纸一样单纯,对死亡,根本就没有意识和感觉,亲人的猝然离世,带走了王维生命最重要的部分,也注入了某种新的东西。少年王维在那段时间里,不由自主地坠入死亡、生命与现实的深度思考之中:生命到底是从哪里来,又将到哪里去？人生究竟有什么意义？王维朦胧地意识到,与世界的生生不止属性相伴的,还有一种潜在的毁灭力量,不仅他对它一无所知,毫无办法,身边所有的人也是如此。自此之后,王维失去了对强大精神力量的依托,失去了稳定的安全感,随之而来的恐惧感与日俱增,甚至如恶魔一样缠绕着他,让他难以摆脱。王维甚至觉得这个世界如此暗黑,根本不值得过往一趟。从王维的生平来看,他后来的早慧和敏感,以及内心中潜在的恐惧和懦弱,明显跟父亲的匆忙离世,有着极为密切的关联。

父亲早逝,家道中落,母亲独自一个人拉扯养活五六个孩子,即使经济不成问题,诸多艰辛和困难也可想而知。对善良的王维来说,此后一段时间里的全部愿望就是尽可能多地担负一些家庭的责任,以减轻家庭的负担。除了每天早早地起床,温习自己的功课外,王维还尽可能地让自己正在学习的琴艺和画技更完善,想着如何成为一个榜样,以带动弟弟妹妹表现得更好。年幼的王维变得沉默寡言,他很少说话,更不愿说废话。可是他却一刻不停地思考和观察,诸多行为和言语也因为思考的深入变得更加坚定。正是因为这种性格,让王维拥有了比别人多得多的经历和体验,也拥有了以直入本质来赢得更多时间的处事方法。数年后,王维全家移居到母亲的老家蒲州,年轻的崔氏显然是无奈之下才投靠自己的家族,以解决生活中的诸多难题的。在此期间,身为长子的王维格外辛勤,他无时无刻不期盼自己可以早日成人,为母分忧,让家庭走上正轨。

唐玄宗开元三年(715),十五岁的王维按照母亲的要求,离开蒲州赴长安参加科考。母亲崔氏对王维寄予了极大的希望,若这个懂事的长子有一个良好的开端,对这个家庭来说,无疑具有引导性。崔氏送别王维之时,就像是将儿子送往战场一般。值得一提的是王维的母亲崔氏。虽然这个人在史书上面容模糊,王维在诗文中也少有提及,却可以从王维的性格和行为中,推断出他母亲对他的影响——这应是一个受过良好教育、聪明睿智、顾全大局、有着博大气象的女子,一直给予王维深刻的影响,尤其是世界观和心灵力量的影响。对母亲的话,王维一开始并没有深刻的领会,可是出于孝顺和尊敬,王维依然对母亲言听计从。随着自己的成长,王维对母亲的言语体会得更深了,不自觉地表示出对佛学的亲近。到了后来,随着对佛学经典的深入研读,王维更觉察出母亲的博大和智慧,并为自己拥有如此伟大的导师而感到自豪,甚至觉得自己一刻也离不开母亲。

跟母亲告别后,王维一路上心潮起伏,一想到眼前将是一个不确定的广袤世界,不由得忐忑不安。在途经骊山(今陕西临潼东南)秦始皇墓时,王维看着巍峨的秦皇墓,联想到始皇帝的不可一世,不由自主地作了一首诗《过始皇墓》,对秦始皇跌宕起伏的命运大加感慨。在秦始皇墓前,也许一般人会想着"大丈夫当如是",可在少年王维眼中,一切恍然如梦,都有着不真实的感觉:

古墓成苍岭,幽宫象紫台。
星辰七曜隔,河汉九泉开。
有海人宁渡,无春雁不回。
更闻松韵切,疑是大夫哀。

这一首《过始皇墓》笔法老到,气象雄浑,有一种超出年龄的苍劲和透彻,很难想象出自一个少年之笔。一般而言,人年轻时会自然亲近生机勃勃的意象,对世间成就充满欲望,不自觉向往虚荣。可是,年轻的王维,却能一眼看出秦始皇生前的繁华和身后寂寥的反差,看到了生命和时间的某种必然。在王维眼中,那些因虚荣而建设的高耸巍峨的宏大的建筑,只能是为接待那些迟早要来的死者准备的。那些位高权重之人,因迷信而愚蠢,因虚弱而恐惧,搜刮民脂民膏所建的巍峨建筑,实在是毫无意义。王维不以建功立业为评价人物的标准,而是先景后议,一眼看清本质——即使人世间再辉煌,陵墓修建得再豪华,可终究不过是一场空。

　　这一首诗虽极有才华,敏锐深刻,可毕竟是少作,有"少年不识愁滋味"之感,少为人提及。很少有人注意到这一首诗潜在的般若或者慧根,看出少年王维的与众不同。这一个外省少年不仅具有一般人不具备的特殊气质和天赋,还能敏锐地觉察一般人无法理解的人生痛点,有着对生命真谛的依稀觉知。

　　到了长安之后,王维住在家里为他置办的一间屋子里。一人在外的生活无疑是孤单而落寞的。不过,这个年轻人还是心无旁骛地读书、背诵、作文,准备即将到来的考试。有一天,王维查看皇历,突然发现重阳节已到。往年的这个时候,家人们会在一起登上高坡,庄重地祭奠先祖。此时,他们应同样如此吧?王维不由得心生感慨,抬步走到院子里,突然听到了天上的雁鸣,他举头仰望碧空如洗的天穹,一行人字形的大雁掠过,一边鸣叫,一边向南飞去。心存忧伤的王维眼泪差点夺眶而出,连忙回到书房提笔写就《九月九日忆山东兄弟》一诗,抒发了自己对亲人的思念:

> 独在异乡为异客,每逢佳节倍思亲。
> 遥知兄弟登高处,遍插茱萸少一人。

　　短暂地与家中亲人分别,竟然引发了如此深切的思念,由此可见年轻王维的敏感和敏锐。这也难怪,父亲的死,让他对离别之痛有切身的感受,王维非常害怕被命运的无常再度伤害。有人以为这首诗有矫揉造作之病,是"少年不识愁滋味,爱上层楼",其实这完全是王维的真情绪,只是以一种较极端的方式表现了出来。王维的诗文,从少年之时起,就不喜作表面的惊人和离奇之句,可是往往曲径通幽,在平易的话语中,隐藏着人生的至理。

　　好在这种孤单而清苦的日子很快便结束了,一段时间后,王维的弟弟王缙也来到长安攻读。因为有弟弟相伴,王维的孤独和忧伤得以平复,心情也好了很多。在众多进京赶考的人群当中,年轻的王氏兄弟很快引起了人们的注意:他们颀长清秀,倜傥俊美,才华横溢,周身浸淫着一种书香门第独有的儒雅气质,兼有某种神秘的沉静。尤其是王维,不仅能"七步吟诗",深谙五言七言格律,平仄、对偶和换韵方面也处理得炉火纯青,作出的诗韵律丰富,婉转流畅,技巧上十分圆熟,一时为人所钦羡。王维当时所作《洛阳女儿行》,优美而哀怨,吸收了汉乐府《陌上桑》和《孔雀东南飞》的诸多意象和声韵,一时脍炙人口:

> 洛阳女儿对门居,才可颜容十五余。
> 良人玉勒乘骢马,侍女金盘脍鲤鱼。
> 画阁朱楼尽相望,红桃绿柳垂檐向。
> 罗帷送上七香车,宝扇迎归九华帐。
> …………

这一首诗在京城流传甚广,上到朝廷官员,下到妇幼老孺,诸多歌坊酒肆也广为传唱。全诗以洛阳女儿与越女西施相对比,前十八句极力铺陈洛阳女儿骤得富贵之后,过上了各种骄奢淫逸的生活。到了最后,笔锋突转,写道"谁怜越女颜如玉,贫贱江头自浣纱",将视角转向了天生丽质的女子西施,因为出身寒微无人怜爱,只能在江边浣纱。"洛阳女儿"是长安依附权门的文人缩影,而越女西施不遇而贫寒,可以视为作者的状况。美人迟暮无人怜爱,才子落魄无人赏识,如此境况,一直是古代士大夫的普遍共情。初尝世味的少年王维,在进入长安城后不久,已然对此现象有了深切的感悟。

一时间,王维变得相当有名,京城一帮贵族王孙也以与王氏兄弟交往为荣,他们经常约王氏兄弟一起雅集、交谈、吟诗、喝酒、出门游玩。年轻的王氏兄弟慢慢地摆脱了异乡的孤独,在长安的生活也变得丰富起来。

唐朝建于乱世,结束了自东汉末年之后数百年纷乱争斗、拥兵自重的局面,在秦汉帝国的版图上,重塑了一个胡汉混血、梵华同一的世界性帝国。唐朝建立之后,大刀阔斧,拨乱反正,在政治、经济、文化和社会生活上，均有大胆的突破，到了唐玄宗手上，人心思定，元气饱满，百废俱兴，行为自由。社会如土地，之前长时间的动乱，像犁铧深耕一遍又一遍，到了盛唐之时，肥沃的底层翻上来了，外面的肥水流进来了，开放宽容的政策，更像阳光雨露助播种。如此天时地利人和，土地上的植物怎会不开花结果？难怪盛唐时代，有前无古人、后无来者的气韵，天海混茫，雄哉伟哉。

唐朝有胡风，最大的特点，是兼收并蓄，自由度较大。在立国之本上，以佛教和道教指导人们对精神和生死的看法；尊重儒家传统，以之为社会秩序和观念的基础。唐朝的宗教信仰是"三教合一"：唐朝皇帝因姓李，以道教为最高信仰；佛教呢，在社会上影响最大、信徒最多；至于儒家，一直以来作为皇权国家和社会等级秩序的体现，为世族和正统所遵循，在社会上得以继承和延续。本土的儒家和道家，在这一期间，都借佛学之幽深，大力充实和拓展自己。社会也相对自由：朝廷无故不扰民，商人可以享乐，诗人和文学家颇受欢迎，甚至婚姻也可以自主选择……在很多时候，时代跟人一样，也是有性格的，唐朝富足、敞亮、乐观的性情，必定给人带来心灵上的自由，也带来文化上的百花齐放和自由生长。由于社会相对宽松，好的文学作品层出不穷，最具有代表性的，是浩荡如罡风的诗歌、奇谲的唐传奇故事、活色生香的绘画，以及丰富多彩的唐三彩等。艺术，一向是自由性的体现。之前的中国诗文与唐朝的诗歌对比强烈，前者大多以道德教化为功能，板着面孔，难见心灵。唐诗，可以自由"言志"，让性灵的翅膀无拘无束地翱翔。唐朝末年的司空图，曾著有《二十四诗品》，把唐诗从风格上分为二十四品，分别为：雄浑、冲淡、纤秾、沉着、高古、典雅、洗炼、劲健、绮丽、自然、含蓄、豪放、精神、缜密、疏野、清奇、委曲、实境、悲慨、形容、超诣、飘逸、旷达、流动。其实，唐诗哪止这二十四诗品呢？唐朝的时代之风，就像大风起兮云飞扬，兼备万物，横绝太空，超以象外，无穷无尽。

王维来长安时，正值玄宗执政的大唐步入巅峰。在此之前，玄宗在与太平公主的权力争斗中胜出，大唐重归李家。唐玄宗即位之初，任用姚崇、宋璟等贤相，励精图治，进入开元盛世的绮丽阶段。年轻的王维来到了长安城,情景就如同数百年后《千里江山图》长卷的作者王希孟去开封;或者文艺复兴时的拉斐尔离开自己的家乡乌尔比诺小镇,开始周游意大利。在他们的脚下,无形的大道就此延展。对王维来说,盛唐的长安如此宽阔绮丽,浪漫自由,他就像一条小鱼游进了大海,除了一部分时间研读科举科目,其他的时间都在充分放飞自我:交友、游历、喝酒、吟诗、作画、奏乐……生活如此美好,以至王维在很多时候"乐不思蜀"。的确是这样,人一旦变得开阔而自由,谁又会眷念先前的局促和憋屈呢?

盛唐之时的长安城,已然成为世界上最大的城市,人口达一百多万。它始建于隋文帝时代:隋朝统一中国后,杨坚定都长安,目睹长安城破败坍塌、百废待兴的状况后,将城区中心向东南移了二十里,规划建筑了一座秩序井然的新城。来自欧洲、西亚和南亚的众多商人、传道者、宗教和文化人士纷纷来到这里。尤其是皇城附近,活跃着上千名来自大唐各地,以及域外的歌姬。长安的酒肆中,还有不少侍酒的胡姬,"胡姬貌如花,当垆笑春风""胡姬招素手,延客醉金樽"……这些,都是唐诗里的句子。胡姬来自西域各国,最多的是粟特人,高鼻、深目、碧眼,皮肤雪白,头发呈金黄或棕色,婀娜多姿,风情万种。王维求学的国子监与孔庙太学,就在平康坊。五代王仁裕《开元天宝遗事》载:"长安有平康坊,妓女所居之地,京都侠少萃集于此,兼每年新进士,以红笺名纸游谒其中。时人谓此坊为'风流薮泽'。"每年的进士放榜日,新科进士和落魄的考生都如潮水一般涌向这里,或春风得意马蹄疾,或与尔同销万古愁……卢照邻曾有诗:"长安大道连狭斜,青牛白马七香车。"长安的热情浪漫,即使是数百年后的秦淮河畔,也远远逊色。

虽然有时不可避免地陷入热闹,可是王维总是觉得这一切都是逢场作戏,好像自己无法忘我地进入声色犬马的氛围似的。这是一种很奇怪的体验,连王维自己都不知道是怎么回事,在很多时候,王维还是更喜欢一个人读书、写诗、画画和弹琴,或者发呆,什么都想,又似乎什么都不想。一个偶然的场合,王维认识了声名远扬的宫廷画师吴道子,虽然两人的年纪相差约二十岁,却一见如故,仿佛两人之间的话语永远也说不完似的。其中的原因,可能是两人都深谙佛理,也有共同的追求。从吴道子那里,王维学到了很多绘画技法,对绘画的理解更深了。也可能是因为吴道子的介绍,王维先后认识了宁王李宪、岐王李范、薛王李业。这些皇亲国戚,都算是皇城中最有身份的顶尖人物了:宁王李宪是玄宗的哥哥,跟吴道子是很好的朋友,曾赠送一枚印章给吴道子,上写"宁王友";岐王李范系玄宗的四弟,是睿宗的第四子,曾任并州大都督,认识王维的父亲汾州司马王处廉,雅爱文学,长于音乐,赏识和器重有才华、有才能的人,以好学爱才著称,在当时影响力很大;薛王李业是睿宗的第五子,曾任太子太保,也是一个多才多艺的性情中人。当然,王维能够干谒王族,为诸多王侯国戚接纳,也与自己名门望族的背景,以及相关的信仰背景有关。岐王对佛教亦很推崇,曾经跟大和尚神秀友情颇深。《旧唐书·方伎·神秀传》记载,神秀卒后,岐王李范、张说及征士卢鸿一皆为其撰写碑文。而王维的母亲曾师从神秀的弟子普寂。若无此相关背景,王维想结交如此众多的皇亲国戚,是很困难的。

宁王、岐王、吴道子等人经常带着王维一起出外游玩,唱诗应和,饮酒酬唱。诸多诗作,虽属奉迎酬唱,但王维一直不敢怠慢,每一首诗都得逐字逐句地推敲文字。也因此,王维的这一类诗中,经常佳句不断,如"兴阑啼鸟换,坐久落花多""雨中草色绿堪染,水上桃花红欲然"等,对偶天然,意蕴绝妙。这也正常,在皇亲国戚面前,哪一个年轻诗人不希望施展全部才华?逢到一些问题,年轻的王维也虚心向他们请教。一段时间后,王维的诗、书、画、乐功夫精进得很快,跟他们的关系也更融洽了。

王维在长安时,以这一类诗居多,大多属于应景和应酬之作,主要目的是递进关系,增加友情,同时也是扩大影响。诸多古代诗人,受环境和社会的影响,此等作品一直颇多,诸多此类的作品,其实不需要太多的才华,只需玩一些小聪明,符合韵律,说一些别出心裁的客气话、奉承话即可。那时候,绝大多数人尚不知道最好的作品,其实是内心的油然释放。唐朝为什么以诗应酬形成风气,最主要的,还是科举的原因。其时科考,采用的是考试和推荐相结合的录取制,考试成绩占一部分,举荐意见占另一部分,这也使得长安当时诸多年轻人努力"混圈子",以求得达官贵人的推荐。在此情况下,"干谒诗"蔚然成风,也很好理解了。

唐朝建立后,沿袭了隋朝的科举制度并加以改进,在方式上更机动灵活。科举常科的重点,是考策论。到了玄宗任上,因为玄宗本身对诗歌的偏爱,特地开设了诗赋科,想法是从文章和诗歌的趣味中,分辨出考生的出身、教养和才华:世家子弟,幼年即接受教育,有作诗文的习惯,有审美、有趣味、有情怀;相比之下,平民、商人和土豪,这方面就差很多。以诗歌和文章取士,并不是唐朝独创,而是源自三国时代曹魏的主张和传统。魏文帝曹丕,曾以诗歌创作作为选用官员的重要标准,曹丕还专门写了一部《士操》,品鉴人的性格,论及文学对人的重要性。曹魏的第二位皇帝曹叡,对人的文学修养也很重视,在人才征召令中,要求入仕者必须拥有"学问、文学修养……纯粹、教养、文雅和宁静"。如此主张,实属正常,人类认知,先重感发,再重理性、逻辑和思辨。就人类精神而言,文学相对外在,如众鸟啁啾之声,也像鸟的羽毛,色彩斑斓,真正如骨骼一样立得住的,还是思想、哲学和境界。反正,自玄宗之时开设诗赋科之后,诗歌地位提高,吟诗的风气大盛,凡大小聚会,必有诗歌唱和。诗歌由唐朝之初高官、贵族、富豪纯粹言志的方式,转为大众参与,纷纷以此争取功利和功名。

无论怎么说,在长安文化界,王维都可算为最耀眼的才子。这个人不仅写得一手好诗、画得一手好画,还能抚一手好琴、弹得一手好琵琶,甚至还会作曲。诗至盛唐,众体皆备,七言诗慢慢形成热潮,生动活泼,易抒胸臆,可五言仍是最为尊贵的。明代《唐诗品汇》中说:"五古、七古,以王维为名家;五律、七律、五排、五绝,以王维为正宗;七绝以王维为羽翼。"这一个评价,是当时的真实写照。在书法上,王维兼长草、隶各体,博采众长;在绘画上,相比吴道子的鬼斧神工的线条、李思训的色彩运用,王维更注重于笔墨,以黑白色专注地构建自己的世界。至于音乐,《旧唐书·王维传》《新唐书·王维传》以及诸多古书中,都曾记载了一个故事:说是有人得到一幅《奏乐图》,不知道它的画名,王维看看说道:"画的是《霓裳羽衣曲》第三叠第一拍。"有热心揽事的人召集乐工按其演奏,在第三叠第一拍时,动作竟与画中无二,由此全都叹为观止。

《新唐书》《旧唐书》的记载,可能有夸大的成分,真实情况有可能是王维在自己的绘画中,也画过这样的场景,所以对此印象深刻,当别人请他鉴赏时,他不由得脱口而出。不过,这样的回答,已足够传奇。开元七年(719),十九岁的王维在京城长安参加了京兆府试,试题是《清如玉壶冰》,王维作了一首五言排律:

  玉壶何用好,偏许素冰居。
  未共销丹日,还同照绮疏。
  抱明中不隐,含净外疑虚。
  气似庭霜积,光言砌月馀。
  晓凌飞鹊镜,宵映聚萤书。
  若向夫君比,清心尚不如。

  平心而论,这一首应试诗,比起后来王维的诸多五律五绝,要弱很多。看起来绮丽繁华,内里却充满匠气,无法从众生相似的感怀中抽离,属于难见性情和真谛的"少作"。这也很正常,诸多应试和得奖作品,目的是得到普遍而平庸的认同和赞誉,想得到高分。那些具有个性的杰作,有时候因为内含真知灼见,会不自觉地让人疏离。在这一首诗中,王维通过不同角度对玉壶之冰做了描述,赞扬了玉壶冰清玉润的特点,如霜雪一样的品格,似月光一样的节操。在同类作品中,它出类拔萃,一举摘下京兆府解元府试的头筹,时称"解头",即"解元之头"也。

  小试牛刀的王维更加春风得意。"名盛于开元、天宝间,豪英贵人虚左以迎,宁、薛诸王待若师友。"王维除了结识宁王、岐王、薛王外,也结识了很多在长安的文人墨客。一个才华横溢、风流倜傥、气质华贵的美少年,谁不愿意交往和认识呢?很快,王维跟热爱音律的岐王李范成了好友,两人十分投缘,岐王经常带着王维出席各种各样的场合,也跟他相约出去游玩,王维曾经写过《从岐王过杨氏别业应教》《从岐王夜宴卫家山池应教》《敕借岐王九成宫避暑应教》等,从这些诗当中,就可以看出两者密切的关系。王维这一类诗,基本上都是你奉我迎,看起来花团锦簇,骨子里却轻薄虚荣。文学最好的状态,都是文火老汤,诗文太年轻,往往失之幼稚;诗人太年轻,同样会失之肤浅,这是没有办法的事。除了极个别天赋才情的诗人之外,在这个年龄段里,哪怕是最优秀的年轻人,也会沉湎于外在的虚荣而不得要领,很少触及人生和人性的根本。

出乎意料的是,在来年的进士考试中,王维却名落孙山,成为京兆府百年以来屈指可数的几名落第解头。春风得意的王维从未受过如此打击,一时间郁郁寡欢,不能自拔。有人悄悄指点他:这一次你是急慢了,像进士这样的考试,前几名早就给那些皇亲国戚内定了。若想有好的结果,得事先疏通一些皇亲国戚的关系,唯有他们才能决定考生的命运。这也难怪,江山是他们的,还有什么不是他们说了算的呢!岐王李范主动提出帮他疏通关节。唐代的《集异记》中记载了一个故事:岐王全力想帮助王维获得下一届会试的状元,可是一打听,说是已经内定给张九皋了,背后的力挺者,就是玄宗的妹妹玉真公主。张九皋也不是寻常人物,他是后来开元名相张九龄的弟弟,才华横溢,精通音律。岐王李范就帮王维出主意,让王维专门作了一首忧伤动听的曲子,再将自己最好的诗抄录一本,准备将他引荐给玉真公主。

玉真公主系唐睿宗第九女,生得"清骨凝照,琼胎洞虚",与唐玄宗、金仙公主同母,是一个虔诚的修道者。唐代中前期信仰自由,儒释道都为"国教"。这当中以道教地位最高,一是因为唐朝皇帝姓李,道教名誉创始人老子也姓李,李姓皇帝以道教为己出,格外崇敬;二是性格剽悍的李唐王朝无拘无束,富有浪漫主义气息,在审美上跟道教诸多主张接近。武德三年(620),唐高祖李渊曾宣称老子是李唐皇族的"圣祖";之后又宣传道教为国教。其时道教主要分为两派:丹鼎一派,为上层富贵人士寻求长生不老,在医药方面颇有成就。符箓一派,为小民百姓驱鬼役神,化解各种情绪和矛盾。至于道家思想哲学,主要为读书人采撷,以补儒家思想之不足。玉真公主所修,应是丹鼎一派。

岐王让王维扮作伶人,去拜访玉真公主。公主见他身边有一个"妙年洁白,风姿郁美"的俊美青年,面如净月,神定气凝,不似一般人那么实在,也不似诸多官宦子弟那样油滑,洋溢着一种虚玄而柔和的气质,一时很感兴趣,不由自主地问:"这人是谁?"岐王说:"一个通晓音乐的人。"玉真公主点点头,传话过来,让王维独奏一首新曲。王维取出珍贵的古琴,手指抚琴处,旋律哀婉凄切,一派秋月临江的静谧忧伤。在座宾客不由得为之动容,心中变得恓惶,公主更是情不自禁地流下泪来。一曲终了,公主半晌才恍过神来,轻轻地询问:"这曲子叫什么名字?"王维轻声回答:"叫《郁轮袍》。"公主点了点头。显然,她被打动了。自小生活在高墙之内的女子,看起来幸福,衣食无虞,可在骨子里,又有谁不是孤独而感伤的呢?表面上堂皇庄严、不可一世,只要稍一深入,便可以触发深层次的伤感。

当一个人内心深处最为柔软的东西被触及时,良善的一面自然会显露出来。岐王乘机介绍了王维的真实身份,对其大肆褒扬,又让王维献上自己的诗文。玉真公主听说王维就是自己熟读的《息夫人》《西施咏》等诗的作者时,不由得脱口而出:"这些诗我平时都读过,原先以为是古人的作品,没想到是你写的!"她立即让王维换下演出服,坐在自己的右边。王维才华横溢,言语诙谐,几句话一说,立即受到诸位显贵的青眼和钦佩。公主问:"为什么不让他参加科举?"岐王说:"这个人得不到第一名,绝不参加考试,然而听说公主已举荐张九皋了。"公主笑着说:"与我有什么关系,不过是受别人所托罢了。"当即表态帮王维争取。有关王维与玉真公主的首次见面,就是如此具有传奇意味,它不仅在唐朝诸多书籍中有记载,在宋朝的《太平广记》等书中,也有浓墨重彩的书写。

第二年,即开元九年(721)春,二十岁刚出头的王维进士及第,获得了状元,又很快获得任命,成为太常寺的太乐丞。王维直接成为太乐丞,是相当不容易的,因为按唐朝的吏治,取得进士出身只是具备做官的资格,若正式为官,还得通过吏部的"铨选",经"身、言、书、判","德行、才用、劳效"之"四才三实"的考核,三次唱名,才能真正成为官员。太乐丞虽然级别不高,只有八品,却是朝廷具体负责文艺活动的官员,不仅承担朝廷内部各种文艺社团和人员的管理职责,负责操办各种日常演艺活动,甚至要负责朝廷各种大型活动的组织。其时,对艺术异常热爱的玄宗,正热衷于引进波斯、大食等国的音乐舞蹈,以及北方的燕乐。后者在一百多年后,华丽转身为另一种家喻户晓的艺术形式——宋词,这一切也由太常寺具体承办。

在担任太乐丞之后,年轻的王维有了用武之地。他异常快乐地忙碌其中。让王维受益匪浅的是,因为太常寺这一个部门相对开放,王维频繁地与波斯、大食诸多地域的艺术家交往,不仅开阔了眼界,也增长了见识,佛学佛理也精进了很多,表现在绘画和音乐上的进步更大。需要指出的是,王维崇尚佛学,是自小的亲近,并不是因为后来遭遇失落和打击。关于这一点,王维与后来的牛顿异常相像,牛顿虽然对物理和数学异常痴迷,可一直是个虔诚无比的基督教徒,并不是如一些书中所写,只是到了晚年才沉迷神学研究。牛顿之所以矢志于科学,其实是想以物理和数学的方式,去论证上帝的存在。

虽然在太常寺的时间并不长,可是年轻的王维还是跟宫中诸多有才华的年轻伶人,如雷海青,以及李龟年、李彭年、李鹤年三兄弟等,结下了深厚的友情。这一点,从他为歌唱家李龟年写的诗《江上赠李龟年》就可以看出:

红豆生南国,春来发几枝?
愿君多采撷,此物最相思。

这一首诗借咏物而寄相思。因物起兴,看起来虽然单纯朴素,却留有很大的想象空间;二句以设问寄语,意味深长地寄托情思,对此句,有"春来"和"秋来"之不一。第三句暗示珍重友谊,表面似乎嘱人相思,背面却深寓自身相思之重。最后是一语双关,切中题意,关合情思,妙笔生花,赠人玫瑰,手有余香。从种类上说,此诗属闺情诗,常常以思妇口吻撰写,以表多情和深情。红豆产于南方,结实鲜红浑圆,晶莹如珊瑚,南方人常用以镶嵌饰物。传说,古代有一位女子,因丈夫死在边疆,于树下哭泣而死,化为红豆,于是人们又称呼它为"相思子"。此诗作于何时,历来一直有争论,有人认为系王维任于太乐丞之时,也有人认为写于后来与李龟年的重见。我认为,这一首诗应写于王维太乐丞任上,系年轻人之间的相赠相馈。看得出来,尽管这个年轻人表面上高贵典雅,矜持沉静,其实内心中,却一往情深。

在此过程中,王维跟玉真公主来往密切,其中隐秘,一直为后人所猜测。王维曾写有《奉和圣制幸玉真公主山庄因题石壁十韵之作应制》:"碧落风烟外,瑶台道路赊。如何连帝苑,别自有仙家。此地回鸾驾,缘谿转翠华。洞中开日月,窗里发云霞。庭养冲天鹤,溪流上汉查。种田生白玉,泥灶化丹砂。谷静泉逾响,山深日易斜。御羹和石髓,香饭进胡麻。大道今无外,长生讵有涯。还瞻九霄上,来往五云车。"有人认为这一首诗写于王维与玉真公主的交往过程中,也有人认为写于多年之后,是对玉真公主的咏叹和感怀。不管怎样,这一首诗既有对玉真公主孜孜探求精神的赞叹,也有对玉真公主所居山庄浓郁仙道之气的渲染。

玉真公主晚年定居王屋山。王屋山在唐代为道教名山,道长为盛唐名望最高的道士司马承祯。天宝三载(744),玉真公主向玄宗提出,将自己所有的田赋租税交给朝廷,去除自己的封号,随后离开长安去了王屋山。巧的是,正是那一年,李白被玄宗"赐金还山"。李白在离开长安之后,跟诗友杜甫、高适一起,先是漫游了山东、河南等地,后来又一起去了王屋山。这时候,与李白曾有一面之交的道士司马承祯已经仙逝,李白到达阳台观之后,百感交集,挥笔写下了《上阳台帖》:

  山高水长,物象千万,非有老笔,清壮可穷。十八日,上阳台书,太白。

值得注意的是,在此之前的开元十八年庚午(730),李白曾于年初夏往长安干谒宰相张说,恰巧此时张说病重,李白结识了张说之子张垍。张垍介绍李白去了寓居终南山的玉真公主别馆。李白此次跋山涉水去王屋山,是否为了见玉真公主?又是否见到了玉真公主?一切不得而知。同样让人感叹的是,在此之后的宝应元年(762),也就是李白逝于当涂县大青山的同一年,玉真公主在潜心修道五十载后,于王屋山羽化。

在长安城,王维度过了此生最虚荣的时光,春风得意,纸醉金迷,沉湎于对功名和前途的无限追求之中。如此行为,也很正常,每一个优秀的青年,在年轻时都是一个积极进取、壮怀激越的儒者,梦想前程似锦,渴望实现功名。

一个人的青少年时期,总是壮怀激越的,出身书香门第、饱读诗书的王维也是如此。王维早期的诗,除了一部分忧伤基调的诗作外,也有一部分激昂高亢的。从王维这个时期诸多的"边塞诗"可以看出,以王维早期的行为和诗作来看,儒家成分还是占据主流的,这表现在王维人生方向上,持有一种希望和情怀,也呈现多样性。王维所写的"少年行"系列,在长安时所写的《燕支行》《观猎》等,都可以列入"游侠诗"的主题范畴,洋溢着激越的进取精神,饱含着对建功立业的渴望。比如这一首《观猎》,展示的是大唐武装力量的威猛,也可以看出王维心中抑制不住的激情:

风劲角弓鸣,将军猎渭城。
草枯鹰眼疾,雪尽马蹄轻。
忽过新丰市,还归细柳营。
回看射雕处,千里暮云平。

诗紧密、紧凑,前四句写出猎,后四句写猎归。全诗给人的感觉,是一个"快"字:风驰电掣、鹰翔云端、蹄响弓鸣、瞬息万变……如此状态,洋溢着战斗的精神,激荡着阳刚的气息。也跟后来王维诗的恬淡、松弛和禅意,构成鲜明的对比。

唐之时,时代的目标就像当年的大汉一般,开疆拓土,建功立业。王维也不例外,每每遥想秦时明月汉时关,便会仰天长啸,热血沸腾。除了这一首《观猎》之外,王维还写了《燕支行》,中有句曰:"画戟雕戈白日寒,连旗大旆黄尘没。叠鼓遥翻瀚海波,鸣笳乱动天山月。麒麟锦带佩吴钩,飒沓青骊跃紫骝。"王维如此激情满怀,其实是践行一直以来儒家倡导的价值观的核心,渴望以"修齐治平"体现个人价值。作为一个深受传统文化浸淫的读书人,最大的理想,就是外部求功名,内部求仁义。年轻的王维千里迢迢地从老家山西来到长安也是如此。

可是，王维毕竟是高迈的，即使怀揣报效朝廷的强烈愿望，内心深处依旧涌动着对山川河流、田园乡野的热爱，也怀有对生命本质抑制不住的向往。一天，王维跟一帮年轻的朋友在终南山下喝酒，清风徐来，王维深深地沉醉于夜色的静谧和博大之中，感觉到夜空之中，始终有潜在的清澈目光在注视着自己。当夜宴结束各人回到房间时，王维的内心突然被一种无以名状的惆怅充满，他不由自主地想到：今夜风景如此静美，为什么我的内心深处如此凄凉？王维端坐于榻上，一直在静夜中思考着这个问题，直到曙光破晓，也没有找到说服自己的答案。自此之后，这个问题一直纠缠于王维心中，表现在其一旦遭遇失败、冷落甚至耻辱，或者感受到悲伤、困苦和失意之时，就会情不自禁地惆怅和颓唐，也有抑制不住抽身而退的愿望。

在此期间，最让王维感怀和忧伤的，是年轻的好友兼同学祖自虚意外地死去。祖自虚生平不详，应该跟王维年纪相仿。在此之前的一年，两人还一起结伴游历过终南山和洛阳金谷园等地，言谈投机，交情甚笃。王维怎么也没有想到，一个风华正茂活生生的年轻人就这样远去了，如此不测，让王维痛不欲生。王维含着眼泪写下了《哭祖六自虚》，在诗中凄婉地哭诉：贾谊知道自己不长命，特作《鵩鸟赋》；孔子听说获麟，知将死，在曲阜留下鲁史《春秋》。自虚在这一片人缘很好，与我的情分也非常深。在世时我不忍与你话别，但你去了，我的满怀思念又向谁诉说？这份情难以消尽，徒留下来的回忆更是纠缠不已。你家住在渭水弯曲处，你葬在那里，渭水流向长安，你顺着这条路，可以再去长安……送你离开的悲哀实在难以有尽头，途中哭了一次又一次；给你写的赠言最终成了挽联；离别之筵竟是为你祭奠之席……最后，王维深情地写道：

为善吾无矣，知音子绝焉。
琴声纵不没，终亦继悲弦。

诗如杜鹃啼血，每一个字都渗透了王维的伤恸，都可以视为苦涩的泪珠。在诗中，王维甚至将自己和自虚比作俞伯牙和钟子期这一对"高山流水"。字里行间,满怀对生命和时间的疼痛感、无力感和无奈感。可以说,死亡的阴影在此之后,一直贯穿于王维生命的整个过程。

即使是刻骨铭心的伤痛,也会转瞬即逝,不过潜在的悲怆却深埋在内心之中难以消失。痛苦和艺术从来就是相伴相生的,痛苦和磨难会让人变得敏感,对事物的体味更为细腻。对王维来说,稍有风吹草动,痛楚就会死而复生,成为产生艺术的一种内驱力,也为觉悟提供了潜在的动能。

这一个阶段,王维还有感而发,写了一首《息夫人》:"莫以今时宠,能忘旧日恩。看花满眼泪,不共楚王言。"息夫人是春秋时期的四大美女之一,原本嫁给了息国国君。没想到被楚王看上了,一心想强娶,为之不惜动以兵戈,灭了息国,强娶了息夫人。息夫人进入楚宫三年,为楚文王生下两个儿子,可是从未主动跟楚王说过话。楚王感到诧异,有一天问息夫人,得到的回答是:"我一个女人,伺候两个丈夫,即使不能死掉,又有什么话可说?"王维写这一首诗,是想到了人生的无奈,想到了人生不可避免的悲剧。当年父亲的去世让王维梗堵多年,祖自虚的死,让王维有了新的感怀,此时息夫人对待生命的态度,让他突然间醒悟过来:生命如此脆弱短暂,又何苦执着于诸多羁绊呢?王维如此早的醒悟和感怀,跟他心灵的纯净,以及骨子里拥有的般若有关——谁说记忆就是关于此生的呢?王维就像是曾经活过一次,不,甚至轮回过很多次一般。虽然记忆不再,身体内仍残留着对生命本质的清晰直觉。

人来到世界上,终究会独自面对死亡。人窥见死亡之门,于个体来说,是一个极大的提升。有些人很早就感到觉醒,时时以死亡提醒自己,调整自己的行动。他们活得明白,活得通透,自然而然地汲取了很多无形的力量。还有些人一直到死神到来时,仍执迷不悟,错失了人生中很多重要机遇。二者之中,王维显然是前者,是过早意识到死亡,以之自觉调整自己生存方式的人。这一点,可以从王维现在留存的诗歌中看出,王维的早年诗歌,将敏感、忧郁、多思、多情表现得淋漓尽致,看待人事很少拘泥于目之所见,要么沉潜其中深入思索,要么调整方式,将对象置于更广阔的时空背景中。早早地意识到死亡的意义,早早地"向死而生",

以之为观照,校正存在的意义,拥有如此智慧,的确不是一般年轻人所能做到的。

王维不仅对生死之事有深度思考,对虚无缥缈的遁世和仙境也有着兴趣,这源于王维心存解脱的希冀和愿望。十九岁时,王维写了一首《桃源行》,取材于陶渊明的叙事散文《桃花源记》,将陶氏笔下的"世外桃源"改写成一个人间仙境。在这里,人虽为仙人,却绝非不食五谷、吸风饮露;境虽为仙境,却洋溢着人间田园生活的气息。"遥看一处攒云树,近入千家散花竹""峡里谁知有人事,世中遥望空云山""春来遍是桃花水,不辨仙源何处寻。"后人评价这一首诗,"顺文叙事,不须自出意见,而夷犹容与,令人味之不尽"。很难想象这样的诗,由一个不到二十岁的年轻后生写就,如此行文,只能说是一种早慧吧?

"慧根"是什么?是一种潜在的引导吧?人以善良为基础,习惯于"小我"自观,杜绝自大,将生命与自然、山水、云朵、花鸟、器物联系起来,意识到生命的短暂,不以物质和功利为目的,自觉地化解欲望与功利,如此不自觉的意识,就是"慧根"。慧根,让人格更干净,更有幽远的追求,更有"生活在别处"的自觉。

一个著名的故事是:有一天,庙宇里的徒弟忽然看见天上飞来了一只凤凰,然后百鸟朝凤,到处都是各种各样的鸟环绕。徒弟看见了,回来告诉了师父。师父赶了过去,什么也没有看到。师父为什么什么都没有看到?因为没有慧根,只知道天天念经,见别人之眼所见,想众生之所想。真正的心之所见,他一样都看不到。这样的"修道人",其实就是一个"睁眼瞎"。

几乎没有人否认王维的"早慧",就像没有人否认王维的软弱,以及相关的觉悟一样。人与人,为什么有如此区别?除了后天的教育、家庭影响之外,应还有冥冥中的因素吧——人与人具有先天的不同,最初来到这个世界上,有时候不自觉地携带某种先验的印记,如带有某种苞蕾,会定时开放。除了佛家有"般若"的概念,儒家其实也有这种概念,那就是"仁"。在儒家看来,只有拥有从内到外的"仁",才是美好的。可是"千里马好找,伯乐难求",在千军万马过独木桥的科举中,那些具有

"仁"的品格的年轻人，哪里能得到一个好的结局呢？也感知不到内心珍藏的智慧。社会若不正心诚意，个人若不真诚觉悟，"仁"是很难破土而出，更难绽放出灿烂的花朵的。

因为"早慧"，王维很年轻时，就认识到了世界的虚无本质，也认识到人生的悲苦，这也使得他的诗歌总体上呈现内向性自省的特征。相比之下，李白一直到了晚年，才从一路高亢的壮怀激越中，意识到人生的悲苦和凄清，继而写出了《悲歌行》，发出人生如梦的痛苦咆哮：

> 悲来乎，悲来乎。主人有酒且莫斟，听我一曲悲来吟。悲来不吟还不笑，天下无人知我心。君有数斗酒，我有三尺琴。琴鸣酒乐两相得，一杯不啻千钧金。悲来乎，悲来乎。天虽长，地虽久，金玉满堂应不守。富贵百年能几何，死生一度人皆有。孤猿坐啼坟上月，且须一尽杯中酒。悲来乎，悲来乎。凤凰不至河无图，微子去之箕子奴。汉帝不忆李将军，楚王放却屈大夫。悲来乎，悲来乎。秦家李斯早追悔，虚名拨向身之外。范子何曾爱五湖，功成名遂身自退。剑是一夫用，书能知姓名。惠施不肯干万乘，卜式未必穷一经。还须黑头取方伯，莫谩白首为儒生。

以此相对比，只是说明二人"三观"和性格的不同，并不说明二人认知和诗歌上的高下。

从总体上来说，早年在长安时的王维，还是很惬意的，除了经常游历城中的古迹，足迹遍布明光宫、五陵原、金马门等遗存之地外，还经常去周边的地方游历。有一次，王维去了老家祁县附近的一个石窟，观看石窟里的塑像。一到洞窟，就见一丈多高、五丈多长的墙壁，布满一幅壁画，数十人的影像扑面而来。画面构思独特，气势磅礴，物象纷繁。壁画的左边，佛陀带着一干菩萨和罗汉呼之欲出，队伍前面，有威风凛凛的金刚开道，虬须云鬓，毛根出肉，力健有余。身边的菩萨，一个个伟岸端庄，雍容清朗，各具形态。在他们的背后，一干随从持幡旗、伞盖、乐器随行，浩浩荡荡。至于他们的脚下，有牡丹、梅花、荷花、菊花、兰花、茶花、杜鹃、水仙、月季、桂花、茉莉、海棠等,百花齐放,花团锦簇。这一幅照壁,布局合理,浩大清正。尤其是笔墨,每根线条遒劲有力、生机勃勃,若细龙般灵性游走,渗透出难以抑制的生命之气。王维看呆了,仿佛从这一幅巨大的壁画中,看出了生命的状态,看出线条与颜色之外的气韵,看出激烈与平和、怪异与常态、富贵与卑微;还有疏与密、动与静、喜与怒、爱与恨、生与死……

还有一次,王维跟着一帮朋友,去了一个深山里的寺院。山势陡峻,道路迂回,走在上面,可以一直俯瞰山下的田垄。等到一个寺院出现在眼前时,一切突然静止,万物此时自有宝相庄严。冥冥之中,王维只感觉有一股力量推着自己迈开步伐,可是每一步都是慎重的,都是虔诚的,能越来越强烈感受到那种神秘,那种威严,那种温暖。进了寺院之后,天色已暗了下来,黄昏来临,一切都笼罩上一层暖色,殿前古松摇曳,影子映照在门板上。王维感觉到内心像小动物一样战栗了一下,又觉得脸上有些痒痒的,一摸,原来是眼泪——不知什么时候,自己已经哭了。当其时,他尚不能觉察世事世情之中神秘的联系,以及相关的通感。后来,他回忆起此事,才想到这应是美和艺术的力量,是自然的力量,也是神秘的指引。在佛像之前,王维似乎一点也不知道自己身在何方,仿佛身边所有的一切,都悄然隐去。

这一次经历,应是王维第一次真正感觉到佛缘。诸事就是这样,表面看起来没有关系,其实在根部,却有着隐秘的交集。自此之后,王维对寺院和佛教,在强大亲切感的同时,也有一种不知深浅的害怕,甚至还有莫名其妙的抵触。这也难怪,一个内陆之人第一次见到大海,或者一个平原之人首次登临山峦巅峰时,都有这样的兴奋、震撼和害怕。

从王维早年的诗中,还可以看出一些情事瓜葛,比如《秋夜曲》:"桂魄初生秋露微,轻罗已薄未更衣。银筝夜久殷勤弄,心怯空房不忍归。"少年之多愁善感,就像草地上随处生长的牵牛花一样,要想攀援直上,还得靠诸多因缘的助力吧?

艺术表面呈现的特质,总是柔软细腻的。带有艺术气质的人,似乎比一般人多一分敏感和敏锐。若这种个性和气质不断成长,具有某种坚定,甚至携有某种永恒的神圣性时,才会有大结果、大结局。

　　总而言之,对年轻的王维来说,在长安时的一切,都是天阔地朗,蓄势待发,可春风得意的王维心中也会时常莫名涌动难以抑制的哀伤。也许,这就是青春吧,既洁净而纯粹,又敏感而脆弱。后来,王维作了《山中》一诗:"荆溪白石出,天寒红叶稀。山路元无雨,空翠湿人衣。"这一首诗,满满的都是一种"空翠"的感觉:就像春天到来,山野里到处都是新绿,万物生长,生机勃发。可是,人于万花丛中欢乐欣喜的同时,又有着难以抑制的"伤春"。

　　在长安之时,王维是空翠的;几百年后,在汴京之时的王希孟,同样也是如此。让人感慨的是,尽管每个故事都有绚烂的开头,可不是每个开始都有华丽的尾声,再者,经历和故事本身,也具有循环性。王希孟在留下一幅前无古人、后无来者的青绿山水长卷《千里江山图》之后,不知所终。至于王维,在过早地感受到生命的空寂之后,最终走上了一种宁静而哀伤的信仰之路;至于空翠,也自然而然地转化为隐秘的空谷幽兰。

第二章 空幻

尽管在太乐丞任上的时间不长,王维还是以非凡的才华、卓越的能力赢得了诸多同人的尊重、上司的肯定,组织了不少演出,也引进、改造了诸多音乐歌舞。让人没有想到的是,一年多后,厄运突然降临——一纸令下,王维被外放至太行山以东的济州,担任司仓参军。这是开元九年(721)的事,这一年,王维二十一岁。司仓参军是一个负责州里后勤的小官,负责度量、征收、租赋、仓储等事宜,王维突迁此职,应是被贬,其中原因,是王维负责管理的伶人因私自演出"黄狮舞"被追责。唐朝宫廷内有"五方狮子舞",为天子享宴之乐,"五方狮子"即青、赤、黄、白、黑五色狮子,各有规矩,不得僭越。此前王维收到通知,玄宗要看"黄狮舞",让他召集伶人抓紧排练。一切还在排练过程中,惩处就到了,理由是朝廷曾有规章,诸如"黄狮舞"之类舞蹈,皇帝若不在场时,是不能演出的。

有人以为王维这一次被贬,不是偶然事件,也不是官员"下基层锻炼",而是跟唐玄宗整肃皇室之风有关。在此之前,唐玄宗颁布了方方面面的规范,全力正纲肃纪,比如将京官调出为都督刺史,又选都督刺史为京官;将全国分为十五道,于各道置采访使,以监督和考察地方州县官员,等等。还严厉杜绝上下奢靡之风,下令全国各地不得开采珠玉、制造锦绣,三品以下的大臣以及内宫后妃以下者,不得佩戴金玉制成的饰物,并遣散一部分宫女节省开支等。王维被贬的同时,唐玄宗发布诏书:"自今以后,诸王公主驸马外戚家,除非至亲以外,不得出入门厅,妄说言语。"唐玄宗整顿家风,也是无奈之举,唐代风气比较开放,皇亲国戚们经常带头藐视纲常,男的就不说了,女的也可以随意养汉子,有的带着男子到道观修行,有的到寺院跟和尚私通。当年则天大帝本人就喜欢养面首,先是跟怀义小和尚保持关系,后来又让张易之、张昌宗兄弟内宫侍候。翩翩美少年王维,因为频繁出入宫中禁地,也有一些风闻传出。有人认为,王维早年那些独特的"情债",也是他后来一心向佛的重要原因。此次王维被放逐,更引起了长安城上下的风言风语。此等传言,让王维更难以撇清了。

一些传言以为,王维的这一次被贬,真实内幕是因为玉真公主:此时的王维已到了"男大当婚"的年纪,难违母命,准备接受家庭安排娶妻生子,过上常人的生活,可是玉真公主眷恋不舍,想跟王维继续交往,因而产生龃龉。玉真公主大发雷霆,动用权力,将王维逐出京城,贬至离京城很远的济州。据说玉真公主愤怒之下,还摔碎了一只珍贵的琉璃盏。中国古代史书古志一直是逸书草草,总体是"为贤者隐""为尊者讳",一隐一讳,众多真相就自然而然地丢失了。诸多个人事件,正史是不可能记载的,相关野史虽然有一些不同说法,不过因记录者不负责任,也缺乏对真实的尊重和诚意,经常将生动的历史细节演绎变形为通俗的"活报剧",甚至"狗血剧"。诸多历史真相,丢弃之后是很难重拾的,只能消失在空蒙之中。

世间诸事都有一些相似性——一般来说,美好的事物总不肯苟且,具有某种脆弱性:比如玉石、琉璃、瓷器等,虽然美丽绝伦,却是最易破碎的。人也是如此,"妙年洁白,风姿郁美"的王维,因为年轻,也具有某种脆弱性、纯净性和不苟合性。以"三观"的角度和常理来看,双方关系的破碎,也是必然的:一是两人的身份不对等;二是钟情于佛学的王维,必定跟陷入丹鼎一脉的玉真公主存有认知和信仰的矛盾。虽然艺术家、文学家大都是天生的"情种",可若是限定了他们的自由愿望,必定会遭遇决绝的叛逆和离弃。两人之间若有情愫,必定极难处理,最终陷入死局,变得混沌不清,也是再正常不过的事了。

好在年轻时候的所有劫难,都可以看作巨大的财富,敏感的王维由此意识到权力的不公,意识到自矜的才华和学问,在帝都那些官僚眼中,就像装饰深宫大门的金粉一般。在这个庞大皇权体制当中,才子也好,文人也好,充当的只是玩偶的角色,安身立命都很困难,更不要谈"修齐治平"的人生理想了。由于对现实残酷性的充分体验,王维陷入了思想和现实、进取与退隐的游离之中,始终怀有难以挥去的惆怅和失望。对陌生的济州,他不由自主地感到一丝害怕,不知道此行怎么样,更不知道此生最终停泊何方。王维感觉到自己就像一叶小小的舢板,将要消失在汪洋大海之中。王维放心不下的还有母亲和弟妹,临走时他对弟弟王缙交代:北禅宗的大照禅师普寂正在洛阳做住持,如果方便,尽可能地在洛阳购买或租赁地方,把母亲和弟妹接过来,这样照顾母亲会方便些,也有利于母亲学佛。

长安的银杏开始变得金黄时,二十一岁的王维黯然离开了长安,未卜的仕途,和着凛冽的北风,让王维感到彻骨的寒冷。出行的那一天,诸多朋友在灞桥边的一家酒肆为王维送行,酒气氤氲中,王维方感一丝温暖,于是百感交集草就了一首五言诗《初出济州别城中故人》:

> 微官易得罪,谪去济川阴。
> 执政方持法,明君照此心。
> 闾阎河润上,井邑海云深。
> 纵有归来日,各愁年鬓侵。

诗明白易懂,带有浓郁的惆怅和失落,也饱含深情。想到所去之地如此遥远陌生,王维心中未免忐忑不安,也有些失魂落魄。

从长安到济州共两千多里地,王维跋涉了一个多月,才到了泰山脚下的这个地方,此时已是萧瑟的冬天了。此番东去,一路经洛阳、郑州、荥阳、滑州等地。在郑州,王维在傍晚行路时,天气突变,如卵石般大小的冰雹突然落下。好在离王维不远处,正好有一株树枝繁密的千年银杏树,王维连忙逃至银杏树下。等到风雨停歇,树枝已秃,地上遍布金黄色的树叶。在滑县境内的某一个中午,天变得漆黑一团,飞沙走石,像世的末日一般。王维连忙找了一户农家投宿,在屋内静坐一晚,默念了一夜的《维摩诘经》,努力使内心保持无畏。到了黎明时,舍外突然间沉静下来,天放晴了,就像什么也没有发生似的。

让王维稍稍有些欣慰的,是路途上不断见到一些认识和不认识的朋友。朋友们请他喝酒,也陪他观赏沿途的风景。一路上,王维写下了《登河北城楼作》《宿郑州》《早入荥阳界》《千塔主人》等诗,对朋友的款待表示感谢,释放了诸多情绪,也有了新的认知和心得。在河北县时,王维登上城楼,心情大好,"寂寥天地暮,心与广川闲"。宿郑州时,王维看到了农村丰收的景象,很是高兴,写下了一首《宿郑州》,中有这样的诗句:"宛洛望不见,秋霖晦平陆。田父草际归,村童雨中牧。主人东皋上,时稼绕茅屋。虫思机杼悲,雀喧禾黍熟",尝到了"他乡绝俦侣,孤客亲童仆"的滋味。在荥阳,王维看到了水乡的美景:"泛舟入荥泽,兹邑乃雄藩。河曲间阎隘,川中烟火繁。因人见风俗,入境闻方言。秋野田畴盛,朝光市井喧。渔商波上客,鸡犬岸旁村",感慨"前路白云外,孤帆安可论"(《早入荥阳界》)。

去济州之前,王维在长安的诗作,多为应试应制之作,虽才华横溢,清风扑面,却未见真气,与世道人心未免隔膜。此番贬谪之行,让他读万卷书之外多了行万里路,得意中突然加入失意,仿佛阳光灿烂之时大雨倾盆,又如炎热夏天突降冰雪。直接面对景与事,让王维对世事多了一份直接感受,不仅变得格局宽广,气韵深厚,也多了世事无常的命运忧嗟,诗歌较之前多了一层旷达和觉悟,境界看起来精进了不少。

离开长安时,王维惆怅于命运多舛,又感叹于玉真公主的决绝和无情,心里一直萦绕着玉真公主的身影,旧事旧情总是不自觉地闪回,不管是喜欢,还是讨厌,挥之不去。可是,等到了济州时,他已经初步放下,惆怅也明显地减弱了。

从繁华的长安,来到偏于一隅的济州,如此巨大的落差,可想而知。唐时的济州,只是一个小小的州府,辖五个县:卢县、平阴、阳谷、东阿、长清,主产苎麻、大枣和蚕丝。此地的生活,相比繁华无比的都城长安,无疑有天壤之别。王维在济州的生活,是清苦而简陋的:门前长满野草,屋子里挂满蟥蛸,也结满蜘蛛网。入夏之后,月光可以透过毫无遮掩的窗棂,完全地射入,在床板之下,甚至可以听到蟋蟀的唧唧鸣叫。秋天到来后,由于窗棂上没有糊纸,屋子里凉风环绕,无比清冷。到了冬天,王维不得不用破布将窗棂遮住,在床板上堆着厚厚的稻草,随后盖一层床单。王维担当的司仓参军,实际上是一个管仓库、财务、粮草的后勤小官,权力不大,责任却很大。好在王维的下属赵化为人忠厚,处事干练,敬佩他的才华,也同情他的遭遇,除了承担各种事务外,在生活上也很关心他。王维也落得轻松,除了忙于一些事务之外,每天都是读书、写字、画画、弹琴、吟诗。一有时间,就来到乡野,聆听天籁,听飞鸟啁啾,看蚂蚁爬行,观察各种各样的昆虫,分辨它们的行为和动作。王维突然有一种感觉,这世界不仅仅是人,万物皆有灵性,皆有慧心。有时候,在山野里打坐,王维仿佛能听到万物都在微语,整个世界都在小声地交谈。

在济州时,王维交了很多朋友。王维最喜欢跟当地的隐士和高僧游玩,跟他们打成一片,吟诗喝酒,亲如一家。这些当地人包括崔录事、成文学、郑霍二山人、赵叟、孙二、崇梵僧、焦炼师等。这些人都是洒脱而有情趣的,跟一些世故胆小的基层官员不一样。王维写了很多"应酬诗",如《济上四贤咏三首》(《崔录事》《成文学》《郑霍二山人》)、《济州过赵叟家宴》、《寄崇梵僧》、《赠东岳焦炼师》、《赠焦道士》等,散发着药与酒的气味,主题不是"言志",而是隐逸、友情、修仙、得道等。诸多"三教九流"也乐意跟王维交朋友,在他们看来,这一个来自长安的年轻才子真实平淡,不野心勃勃,难能可贵地向往隐逸修行的生活,完全值得深交。从王维的诗中还可以看到,其实王维的性格一点也不忧郁,很乐观开朗,甚至可以称得上豪爽,很接地气。王维作为州府的官员,也会下属地巡察,每到一处,王维总跟下属打成一片,有时候还会信手写诗送给大家,如《渡河到清河作》等,以诗记事,以诗寄情。日子就这样慢慢过去了,王维原本躁动的心绪慢慢变得平静,也可以从容恬淡地应对诸多事宜了,甚至会说一些冠冕堂皇的话。不过,与那些基层的"老油条"相比,还是会露出笨拙幼稚的原形。这没有办法,一切都是心性决定的。

有一年春天,王维带人下县督查,到了东阿县境之后,见县城东南处有一处高地,重峦叠翠,绿树成荫,便问究竟。手下人汇报说:这山名为鱼山,也叫鲁条山。三国之时,曹操的儿子曹植(子建)在与兄长曹丕争位失败后,被放逐在这里,死后也葬在这里。位于鱼山脚下的大土包,就是曹植的墓穴。王维连忙带着一两个手下攀行至鱼山脚下,来到曹植的墓穴前。春日的阳光照射着这座土冢,树木葳蕤,鸟语花香,与周围的风物很是和谐,根本看不出是一个墓穴。王维在土包前伫立观看,联想到自己的命运,不由得黯然神伤:自己会不会如曹植一样,最后终老于此,也安葬于此呢?想到人生短暂如蜉蝣,王维的眼泪差一点出来了。待情绪稍平复之后,王维带着手下攀上了鱼山之巅。站在山顶之上,云天近在头顶,仿佛置身梦境之中,身体也变得轻盈起来。王维极目远望,山下的村落如棋盘上的棋子一样,在阳光和山岚中泛着光。沃野万顷,如一马平川,一直延伸过来。那接近天边的地方,金堤绵亘,似黄龙静卧,应是黄河了吧?不远处的小清河在春天的阳光下,如玉带般熠熠闪光。在另外一边,群山连绵,攒峰耸翠,一切都湮没在朦胧之中,怎么也看不真切。此情此景,让王维突然涌出一股莫名的悲怆,世界如此微渺,又何必在意更微渺的人生呢?若是自己慢慢变成一个村夫野老,终老于此,葬于子建边上,也不失为一件好事。想到这儿,王维变得轻松起来,他甚至在苍茫的山顶上长啸起来,声音一直传到很远的地方。一直到天色已暝,王维才恋恋不舍地走下山。到了晚上,王维辗转反侧,夜不能寐,又想起战国时同样被放逐的三闾大夫屈原,披衣而起,以屈原的《九歌》风格,写就《鱼山神女祠歌二首》:

迎神曲

坎坎击鼓,鱼山之下。吹洞箫,望极浦。女巫进,纷屡舞。陈瑶席,湛清酤。风凄凄兮夜雨,不知神之来兮不来,使我心兮苦复苦。

送神曲

纷进舞兮堂前,目眷眷兮琼筵。来不言兮意不传,作暮雨兮愁空山。悲急管兮思繁弦,神之驾兮俨欲旋。倏云收兮雨歇,山青青兮水潺湲。

从诗中可以看出,王维凸显仕途与山林的对立,在对比中表达了对田园的依恋和对自由的渴慕,除了依稀保留一些建功立业的愿望之外,已不自觉地生发了"隐逸与自由"的渴望。

三年秩满后,济州刺史换成了王维在长安时的故人裴耀卿。裴耀卿聪明异常,八岁举神童,弱冠即为朝官,来济州前曾任长安县县令。对王维的才华和为人,裴耀卿早就了解,此番在济州成为同僚,裴耀卿更是对王维尊重而照顾。这样的状况,让王维感到宽心。在此期间,王维还作为主管物资仓储方面的官吏,每年夏天都在黄河岸边防汛。开元十三年(725),王维还参与接待了玄宗来泰山声势浩大的封禅活动:东巡的御驾从东都洛阳出发,百官、贵戚、四夷酋长和各国来使一路随行。每次停留住宿之时,数十里地范围内,到处都是人畜。运送物资的车队,更是长达百里。大队人马到达泰山脚下后,玄宗乘着御马登上了泰山,留随从的官员在谷口,仪卫环列山下,连绵百余里。随后,玄宗又带着宰相及礼官登上山顶,祭祀昊天上帝,群臣则在山下的祭坛祭祀玉帝和百神。唐玄宗将玉册藏在封祀坛的石函里,随后点着了备好的柴火。燎火上升时,群臣高呼万岁,声音从山顶一直传到东岳之下,响彻山谷。玄宗回到斋宫时,天上突然现出祥云,太阳周围也出现了亮丽的光环……

封禅期间,济州上下都处于高度戒备状态,各级官员和百姓不胜烦扰。目睹一个真实的社会,对王维是一种极大的警醒。王维也感到困顿,以为朝中如此大规模的活动,实在是过于扰民。当然,此种看法王维只存在于心里,从不与外人言说。

一段时间之后,裴耀卿调任宣州刺史,济州百姓为感谢裴耀卿所做的贡献,自发募捐竖起一块《裴仆射济州遗爱碑》,推选王维著文并手书。在文中,王维记述了济州为玄宗泰山封禅所做的工作,浓墨重彩地叙述了防汛救灾诸事,颇为自豪地提及了济州在朝廷考核中名列第一之荣光。在文中,王维也"假公济私"地提及了自己:"维也不才,尝备官属。公之行事,岂不然乎?维实知之,维能言之。"

在济州的岁月,年轻的王维承受了基层各种具体事务的锤炼,对社会底层百姓的生活和精神面貌有了较深入的了解。王维最切身的感受就是,底层的百姓实在是太贫穷了,贫穷不仅使人志短,还使得人目光短浅,缺少振作和自立的力量。人在很多时候,都是作茧自缚,要改变人的面貌,最根本的,就是改变贫穷对人的羁绊,提升人的教育水平。这一切看起来容易,可是想做到的话,比登天还难。有时候,王维会突然觉得,在时间面前,人们竭尽全力所做的事,是那样微不足道,就像是在玩一个于事无补的游戏一般。这样一想,王维顿时会觉得颓然而沮丧。当然,有时候王维也会因为做成某一件事情感到愉快,可是这样的快乐是很少的,也让人感觉不真实。因为太多的沮丧和失望,王维感觉时光就像树上不断飘落下来的叶子一样。

裴耀卿走后,王维对"蚁忙"的事务工作,已失去了兴趣,各种繁杂事务的目的,不是为了民生福祉,而是为了官员的升迁和安全。王维的想法也由东山再起的渴望,慢慢转为对个人自由和境界的追求,以及对艺术的深入。只要稍有空闲,王维就沉耽于绘画、抚琴、思考、坐禅、读书,除了读一些诗文之外,更多的是读一些佛经。不得不说的是,如此觉醒,最为根本的,是"慧根"在起作用,人意识到心灵的力量,努力通过自己的眼睛、耳朵、味觉、触觉去感知,去认识,去判断。如此状态下的生命,才具有生命的意义,才能达到某种意义上的自由。

王维在济州时期最好的诗,莫过于《济上四贤咏三首》。这组诗,借他人酒杯浇自己块垒,真心觉悟到了生命的真谛。从诗中看,此时的王维,早已不是之前写《少年行四首》的自己,那个时候的王维多么意气风发啊,总以为自己会平步青云,天将降大任于自己,胸怀天下,肩负使命。可是现在呢,只要有短暂的快乐和自由,王维就感到幸福。比如《济上四贤咏三首》之一的《崔录事》:

解印归田里,贤哉此丈夫。少年曾任侠,晚节更为儒。
遁迹东山下,因家沧海隅。已闻能狎鸟,余欲共乘桴。

在济州的后期,好友祖三专程从长安来济州看王维,这让王维十分兴奋。他尽着地主之谊,每天与祖三在一起吟诗、游玩、喝酒。王维一连写了很多首诗,与祖三唱和。分手之时,王维依依难舍,一直送祖三至齐州,又赋诗《齐州送祖三》赠别:

相逢方一笑,相送还成泣。祖帐已伤离,荒城复愁入。
天寒远山净,日暮长河急。解缆君已遥,望君犹伫立。

王维怅然若失,一直看到祖三的身影慢慢消失,这才沮丧地转身归来。一路上,王维想到自己还不知什么时候能离开这个荒芜冷清的地方,心情黯淡极了。在埋头喝了很多天的闷酒之后,王维突然觉得,既然朝廷早就将自己忘却,又何必自作多情地苦苦等待呢?既然如此,还不如弃官回京都,以做他图。王维甚至后悔没有早做决定,觉得自己白白地耗去了诸多时光。

开元十四年(726),王维收拾好行李离开了济州,骑着毛驴沿原路西返。此时的王维,就像一只从西部飞来的白鹭,经过一段时间的蛰伏,已蜕变成为云中鹤。五年中,济州的山水、自然和人,宽容地惜护和慰藉着王维,慢慢地目睹了这一过程。因有着彼此的凝望,济州和王维各自的天空都有改变:济州继曹植后,镀上了又一层诗意的月光;王维呢,因济州的体验,又增添了几分灵性和超脱。一路上,王维感到轻松极了,感觉自己不是在骑驴,而是有着骑上骏马的感觉——在蜕去了无聊的俗务之后,王维真切地感觉到"无官一身轻"的快乐!人类卑微如蝼蚁,如尘埃,充满着疾苦和荒谬。世人蚁忙,可实质上,却如无知无助的孩童,也如混沌茫然的虫豸。这一切,都是不觉悟的结果。只有觉悟,才能改变个体的状态,才能将人们从平日里沉陷的各种执念中解脱出来,也将人们从各种困苦中解脱出来。

一个月后,王维重回长安。一开始,王维充分享受着自由的时光,读书、写诗、画画、念佛,有时跟弟弟和诸友人一起,出门游玩。王维最喜欢的,就是游历长安附近的终南山了。终南山在秦岭山脉中段,《诗经·

小雅·天保》写道:"如月之恒,如日之升。如南山之寿,不骞不崩。"此处的南山,便是终南山。终南山山川连绵,气势森然,奇崛幽邃。那种浑然天成的大宁静,为长安城增添了一道绚丽而神秘的光彩,也给诸多灵魂以抚慰。有时候,看着终南山,王维会觉得那些飘忽的云,那些掠过山林的风,都飘荡着历代隐者高贵的气息。

开元十五年(727)春天的时候,王维应自己的好友、在淇上做县令的房琯的邀请,去淇上谋得一个差事。淇上即淇河之上,在今河南省淇县郊外,是传统的鱼米之乡。唐代时,淇水已不通黄河,只是卫河的支流,这里一望无际,风光旖旎,水汽氤氲,蒹葭苍苍。《诗经》里曾经多次提及这个地方,流传着很多诗意的故事。又兼大量船只络绎不绝,成为一个著名的口岸和码头,风气特别开放,与桑间濮上齐名。王维先在衙门里当了一个小官,随后觉得又不合适,干脆辞去了职务,就隐居于淇上了。他还特地将母亲从长安接来,跟自己住在一起。在此期间,王维在淇上娶了一个何姓女子。关于这一次婚姻的起因和过程,以及何氏的相关情况,几乎没有任何文献资料,这让王维此生中一段重要的经历显得尤为神秘:王维为什么娶了何氏?何氏到底是什么人?王维的母亲跟何氏相处得如何?她后来因何死去?一切均不可考。有说法认为,何氏女子系淇上当地女子,可能是歌伎,也可能是一个药农的女儿。一个偶然的机会,王维与她相识,一见钟情,随后王维迎娶了她。王维如此匆忙地对待人生中的大事,至少也可以说明他相当性情的一面。很难说王维一定对何氏情深意切,也许对深受佛学影响的王维来说,婚姻是人生中逃不过的某种事件,他必须完成;婚姻和女性唯一的吸引力,就是它充满着未知,必须了解和体验。

一个春天的黄昏,王维独步来到淇水边,潺潺的溪水从桥下流过,溪畔两边是青翠的林木。抬眼往下游看去,水向更深处的幽邃间流去,最后隐于茂密的草木之中,仿佛二者之间,有说不完的喁喁轻语。夕阳的余晖将一切都镀成金黄色,鸟声啁啾,呼朋唤友,纷纷栖枝。王维感觉此时的自己,也像是一只归栖山林的白鹭,张开轻盈的翅膀在暮色中滑翔。王维灵感一闪,随后在《淇上田园即事》中写道:

> 屏居淇水上，东野旷无山。日隐桑柘外，河明闾井间。
> 牧童望村去，猎犬随人还。静者亦何事，荆扉乘昼关。

从诗中可以看出，这种淇上的田园生活很是让王维怡然自得。大概是心情不错吧，诗风轻盈而愉快，就像刚刚辞职罢官的陶渊明似的，有着满满的世俗烟火快乐，与后期诗歌的空灵禅意显然不同。

那一段时间，淇上的生活应该是惬意的，没有事务缠身，只有和他一样安于清贫淡泊的雅士，如高适、李嘉祐等人。王维与隐居的朋友们经常聚会，饮酒赋诗，振衣起舞，彻夜欢歌，随意游历周边的优美风景，去佛寺道观谈玄论道，有时候也去更远一点的淮泗地区走一走。此后，又有房琯、董大、赵仙舟、王蕃等加入阵营。当年孔子曾经梦想的"咏而归"的儒家理想，春天里呼朋唤友一起到清澈的河里洗澡，到舞雩台吹风，然后一路唱着歌回家的生活，王维此时已充分实现。在这一阶段，王维很开心地写了不少应酬诗，馈这赠那，如《送高适弟耽归临淮作》《淇上送赵仙舟》《送从弟蕃游淮南》《送魏郡李太守赴任》《奉送六舅归陆浑》等。总体风格是洒脱逍遥，具有英豪之气。看得出来，王维各方面的状态不错，比如《送从弟蕃游淮南》：

> 读书复骑射，带剑游淮阴。
> 淮阴少年辈，千里远相寻。
> 高义难自隐，明时宁陆沉。
> 岛夷九州外，泉馆三山深。
> 席帆聊问罪，卉服尽成擒。
> 归来见天子，拜爵赐黄金。
> 忽思鲈鱼鲙，复有沧洲心。
> 天寒蒹葭渚，日落云梦林。
> 江城下枫叶，淮上闻秋砧。
> 送归青门外，车马去骎骎。

> 惆怅新丰树,空馀天际禽。

在淇上的日子里,王维算是真正领略到了隐逸的快乐。在自由的时光里,他可以随心所欲地做任何事,也可以随心所欲什么都不做,每天就是散步、聚会、饮酒、作诗,偶尔躺在草地上,看身边的杨树梢上,有燕群飞过、蝴蝶飞过、蜻蜓飞过;聆听着风声、雨声、鸟声。眼前的一切空旷而静谧,漫长而虚无,王维会就着眼前河汉纵横的景致,神游八极,思考生死、性灵、信仰等问题。

一段时间后,王维感受到了来自生活的压力,"小妹日成长,兄弟未有娶。家贫禄既薄,储蓄非有素"(《偶然作》),反映了王维当时窘迫的生活境况。在那个资源匮乏的时代,若不在官场内,是很难养活自己和家人的。秋天到来之后,王维不得不怅然离开淇上,准备回到长安谋求一个职位。临行之前,朋友丁㝢设家宴给王维饯行,王维赋诗一首《丁㝢田家有赠》以抒怀:

> 君心尚栖隐,久欲傍归路。
> 在朝每为言,解印果成趣。
> 晨鸡鸣邻里,群动从所务。
> 农夫行饷田,闺妾起缝素。
> 开轩御衣服,散帙理章句。
> 时吟招隐诗,或制闲居赋。
> 新晴望郊郭,日映桑榆暮。
> 阴昼小苑城,微明渭川树。
> 揆予宅闾井,幽赏何由屡。
> 道存终不忘,迹异难相遇。
> 此时惜离别,再来芳菲度。

这一年,是开元十七年(729)春,时间过得真快,距王维离开长安去济州,已过了八年。如果说八年之前的王维中状元,前途一片繁花似锦的话,那么,八年后的王维,转了一大圈后,仍旧一事无成地回到了原点。这时候,王维的弟弟王缙已有了功名,兄长如此状况,弟弟王缙很着急,四处奔走说情,特别向右相兼集贤院学士张说推荐了王维。张说是盛唐之时的文坛泰斗,德高望重,十分有才,有人认为,盛唐前期的文学圈,就是以张说为中心的;只是到了后半程,才交到张九龄的手上。张说早就听说过王维,立即向集贤院秘书少监张九龄推荐了王维。张九龄当然知道王维,也可能知道王维当年通过玉真公主的关系,在争夺状元的较量中挤掉了自己的弟弟张九皋。也可能是心存芥蒂,也可能是其时张九龄不便力荐王维,一段时间之后,王维得到召唤,只是获得了一个校书郎的位置,职级跟原先的太乐丞相同,甚至地位更低。王维有些怏怏不乐,这一个职位,负责宫中诸多书籍典籍的订正讹误,责任重大,特别辛苦,要求还特别高。可是,获得校书郎这个职位也不容易,也意味着真正回京了。在这种情况下,虽然王维有些不愿意,不过还是去了宫中上班。

《唐才子传》中记录了一个故事,若是真实的话,倒是可以证明王维曾经短暂地做过校书郎的工作:有一天,王维在宫中办公,私下将孟浩然叫来闲谈。忽然玄宗皇帝来了,两人大惊,孟浩然赶紧躲在榻下。王维不敢相瞒,只好直言请罪。皇帝听说是孟浩然,就说:"这位诗人,我已听人讲起过,还没有见过。"当下就叫孟浩然出来,并问他:"带了新诗来没有?"孟浩然回答说,没有。玄宗就让他念几首新作品,孟浩然是个实在人,一时反应不过来,就诵读了自己新写的《岁暮归南山》:"北阙休上书,南山归敝庐。不才明主弃,多病故人疏。白发催年老,青阳逼岁除。永怀愁不寐,松月夜窗虚。"玄宗听了一会儿,忽然脸色阴沉下来,不高兴地说:"是你自己不要做官,怎么污蔑我,说我不用你的呢?——你还是去你的终南山吧!"转身头也不回地走了。从时间上分析,王维若是此时在宫中工作,又有机会见到唐玄宗的话,一定是从事着校书郎的工作。因为王维后来从事右拾遗时,孟浩然已离开了长安。当然,不管这个故事是不是真的,至少说明了王维跟孟浩然的好友关系。

尽管王维在朝中过得不甚开心,却交了很多朋友,从朋友那里,得到了很多安慰。在朋友当中,王维与孟浩然的关系特别好,彼此之间,还有较深入的影响。孟浩然年龄大王维十岁,早年因为生活悠闲无心做官,直到四十岁的时候,经朋友鼓励来京城长安参加科举,可是一直名落孙山。开元十七年(729)冬天,孟浩然再次应试落第。孟浩然感到失望极了,伤心地打算回老家襄阳,再也不参加科举了。临行前,王维等一干好友为孟浩然送行,孟浩然显然对好朋友王维依依不舍:

> 寂寂竟何待,朝朝空自归。
> 欲寻芳草去,惜与故人违。
> 当路谁相假,知音世所稀。
> 只应守寂寞,还掩故园扉。

王维亦有《送孟六归襄阳》诗送之:

> 杜门不复出,久与世情疏。
> 以此为良策,劝君归旧庐。
> 醉歌田舍酒,笑读古人书。
> 好是一生事,无劳献《子虚》。

在诗中,王维真切地安慰孟浩然,劝孟浩然干脆跟从前一样,归于乡野,继续逍遥、任性、适意的田园生活。人生一世,千万不要想不开,辜负了自己。王维之所以劝慰孟浩然,实是此时自己已生隐逸之心,这有可能跟他在校书郎之职位上干得不开心有关。隐与仕,一直是中国知识分子面临的两难。"隐",往往意味着失去了功名;"仕",又因为有过多的牺牲,失去了生命中最为宝贵的自由。王维有此想法,就历史传统和当时的社会文化背景来说,实属正常。唐代建立之初,李氏王朝对四合八荒的社会思潮,较为宽容,放任无为,儒释道各行其是,至于朝廷上层,更倾向于道家学说。这个阶段,佛教全方位接触中国儒道俗以及集权政体,传入过程中,也在慢慢"中国化"。中国人在信仰和生活方式上总体比较自由,诸多知识人"四教合一":居于俗、求于儒、依于道、逃于释。

道家与儒家此时取长补短,有进有退,互为补充,为中国人的生存状态赢得了很大的回旋余地。中国传统知识人,也因此变得相对自由,也更为悠游了。

从诗中看,这个时候的王维,已有了抑制不住的隐逸愿望。王维是在劝慰孟浩然,也是在劝慰自己。这也难怪,朝中无处不在的党争和阴谋,各种无聊和无趣,以及各色各样的得志小人,让王维不胜其烦。每天入宫后,王维都有如坐针毡的感觉,感觉到大部分日子都是虚度,才华在萎缩,肉体在衰弱,敏锐在消失,认知在迟钝。诸多人所追求的成熟,不过是被功利和习俗抹去了棱角,变得世故而麻木。这哪是成熟啊,只是精神和感觉的早衰,以及个性和才华的夭亡罢了。原先一些让人尊敬、才华横溢、丰神俊朗的前辈,在长时间的压抑和忙乱中,逐渐长成奇形怪状的模样:身材臃肿、油腻浑浊、神情呆滞、麻木不仁。如此先兆,更让王维觉得应该逃离,不能浪费宝贵的年华了。

开元十八年(730)十二月,丞相燕国公张说在东都洛阳康俗里的私宅里溘然长逝。张九龄不久也因为母亲去世,赶回老家丁忧。也可能在这个阶段,王维干脆辞去了校书郎一职,离开长安,频繁地去终南山等地游玩。在苍茫宁静的终南山中,王维有越来越深刻的感觉,这一座山,不仅仅无欲无念,无嗔无怨,也不只是巍峨雄伟那么简单,在它的内里,似乎蕴含着一种别致的美,不是风景本身,而是拥有一种冥冥之中的秩序。似乎与自己孜孜追求的佛理禅机,存在着某种同一性。王维经常呆呆地坐在那里,什么也不思,什么也不想,沉浸于某种沉寂无声的波涛之中,感到内心一派澄明和清静。这种感觉,大约就是"空"吧———一如星辰消失的夜,如白云远走的天,如人迹罕至的山。每每有这种感觉时,王维就想长久地栖身于山中,把自己当成一株树,体验无欲、无求、无思、无想的感觉。王维的想法充溢着诗意,只是此时受功力的限制,诸多想法和境界还朦胧飘忽,远不如之后境界深远。

从《终南山》一诗中,可以看出王维的隐逸愿望:

太乙近天都,连山接海隅。

> 白云回望合，青霭入看无。
> 分野中峰变，阴晴众壑殊。
> 欲投人处宿，隔水问樵夫。

这一首诗的写作时间，一直有争论，有人以为写于王维初见终南山时，也有人以为作于"终南别业"，与《终南别业》一诗写于同时。不管怎么说，从这一首诗中，已感觉到王维强烈的向往。

王维还有一首《山中寄诸弟妹》，也是在外地游历时写给诸弟妹的，可以一管而窥那时的生活和境界：

> 山中多法侣，禅诵自为群。
> 城郭遥相望，唯应见白云。

诗中透露的信息是，此时的王维，已悠然自在，有了风轻云淡的感觉。诗人的世界，已从自我和现实的困窘中，渡去了一个新的天地。

在那一阶段，王维还从剑阁入了四川，去了巴蜀诸地，看了别样的风景，著有《自大散以往深林密竹蹬道盘曲四五十里至黄牛岭见黄花川》《青溪》《纳凉》《戏题磐石》等诗。这些行程，很可能出于绘画目的，也很可能跟吴道子同游。从有关资料来看，当年吴道子也曾行走过这样的路线。一路上，王维远眺近观，化景为形，化形为虚，胸中的气息变得更加充沛了。在雁门关外，王维花了很长的时间，走进了一个又一个洞穴，认真地研读云冈石窟中的壁画。那些洞窟里的各式佛像，高鼻深目，气象庄严，姿态飘逸，显示出劲健、浑厚、质朴的气韵。王维想的是：为什么虔诚的信徒们，绘画总是画得更好？其中，精神的支撑，以及思想的静谧在艺术创造中尤为重要。临摹一段时间之后，安静下来的王维觉得自己手中的画笔，仿佛有神控制，游走之时，神出鬼没，竟吸纳壁画上的人物接踵而至，如皮影一般在笔下翩跹起舞。他感到非常惊讶，又不敢声张，只是对笔下的线条、色彩，以及佛像的微笑更加敬畏。

在这个过程当中，王维的修为同时也在增长——他已慢慢学会将自己融于自然之中,先端坐着不动,慢慢减省呼吸的次数,减轻呼吸的力度,同时慢慢地让自己的心跳减少,安静地聆听声音的逐渐轻微。此后,放空身体和思绪,冥想自己变成一朵花、一棵树、一阵风的感受。有时候,一只苍鹰飞越松林,王维会幻想着将那只苍鹰的魂魄吸纳进自己的身体内,这个时候,他时常感觉到自己会腾空而起,随着气流的方向滑翔。一只死去的兔子躺在草地上,王维也试着将自己的灵魂潜入其中,感受阳光的灼热、蚂蚁的叮咬以及野獾的窥视。这些,都让他有了新奇的感受。王维还试图扼杀自己的感官,闭上双眼,从眉宇之间的"第三只眼"来观看这个世界——他的面前起初一片黑色,后来又一片亮色,像太阳从天际线上跳出来,照亮整个世界。放空自己的听觉,将草中的虫鸣感知成一曲无数旋律交织在一起的音乐;也试图中止呼吸,让自己死去,离开这个世界,每到这个时候,他就会感到身体焕发出光泽,有五彩的颜色映出来……这样的经历,无疑是新奇的,也给了他信心。王维突然觉得眼前世界的一切都是不真实的,是虚幻的,世界到底是什么样子,取决于观察者本身——若是观察的角度和性能变化的话,那么,眼前的世界还是这个样子吗?

那段时间,王维似乎收获到了真正的自信,也似乎感觉到某种意义上的成熟——它应当是独特个性的形成,真实自我的发现,精神上的结果和丰收。至于好的东西,其实更简单,就是"从心",按照自己的意愿和意志,以自己的方式达到圆满。如此"顿悟",使得王维的绘画和音乐,不仅在技艺上达到一定的高度,还打开了一个个新的世界,感觉到新世界那奇异的光亮和声音。由此,王维对禅宗所说的"一花一世界,一叶一菩提",又有豁然开朗的理解,那是说世间有万千世界,无论大小,无论属性,每一个独立存在的个体,都是一个世界;每个世界都有着属于自己的奇妙和玄幻,作为一个艺术家,就是力所能及地发现它、展示它。因为有着别致的眼光,王维别出心裁地对山岳的颜色做了比较。他突然发现,这些山的山峰、溪水、树木、枝叶、花鸟等,颜色是那么丰富,仿佛世界上所有的颜色,都能在这里找到。在外期间,王维每天都认真而敏锐地观察山川草木,看到可以入画的,便描摹下来。他细心地研究山色的变化,力求自己的笔墨能捕捉到最美、最真实、最细微、最贴切的变化。碰上刮风下雨,无法用纸笔,他就悉心观察眼前的山景,揣摩风雨之中山川颜色的变幻。后来,他终于明白了,世上的颜色,其实并不是颜色,而是光影——时而丰富,时而折损,折损和丰富的程度不一,就会呈现不同的颜色。黑色,不是颜色,而是一种暗。暗,是光的沉默,也是光线的残疾,可是残疾也是一种美,就看你怎么运用。这样理解后,一下子就把握住了颜色的真谛,对色彩的把握,也变得更加准确了。有一次,终南山天降大雪,斑斓的山景之上,覆盖着雪花,那种纯粹简约之美,是王维从未看到过的。王维兴奋极了,他最喜欢的,就是这种省略了不必要的颜色,独独露出黑白色,也是最本质颜色的世界。王维不顾天寒路滑,依次爬到各个山峰上,去看季节的碰撞和交流。他每天都在画,画了很多很多山岳图。当他把很多张不同的大景、中景、小景放在地上比较的时候,他这才发现,这个地方之所以神秘和丰富,是因为这里独一无二,连景色随季节的变化,也与其他的地方不一样。他明白一个道理:事物和地方越美丽,就越有神性。美来自神性,也暗藏神性,神性是美的根本。只有没有慧根的人,才对美没有觉知;并且,美还能让人变得善良,变得心软。王维在想,若是日后手中有了钱,一定要隐居在这个地方,仔细地品味着这里的一草一木,一花一叶。它们虽然渺小,可是跟这个世界一样丰富,也是有着生命的。以这样的理念和理解出发,王维重新开始创作自己的山水人物画,画好后一比较,绘画的气韵,分明比之前饱满了很多,不仅线条不一样,连山水人物透露出来的精神,也大不一样了。

　　在外地游历了一番,回到长安后,他尝试着把自己耳目一新的作品拿给朋友看。很多人看到了都目瞪口呆,都以为王维所画的,无论是山水自然,还是佛像花鸟,笔法所到之处,总有一种匪夷所思的别意,好像是山水,好像又不是山水,仿佛山水之外,总有一种意蕴,跟人的生命有关,也跟人的痛苦和解脱有关。有人看得呆若木鸡,有人看得坐立不安,有人看得泪流满面,这都是慧根在不同阶段的结果。王维心中因释然而欣喜,觉得自己孜孜不倦,并没有走向歧途,一切都在正途之中,也明白般若真正存在于人的心中,只要是好东西,能打动人的东西,就能引发它。他又想,芸芸众生必须经历反复的轮回,才有满满的慧根。也有人羡慕他为什么就能画出这么好的山水,问他,王维轻描淡写地说:"我是以自然为师,心中尽是天地山水,慢慢消灭人的欲望,也慢慢消灭人的自以为是。人,其实是山水自然的一分子。明白了山水自然,也就明白了人;明白了人,也就明白了山水自然了。"王维的话,说得一干友人面面相觑,人们突然意识到,这一个才华横溢的年轻人,在步入中年之后,突然变得沉静,突然间就有了非同一般的境界和认知、这真是一种造化啊!

也可能是王维在外旅行期间,妻子何氏因病去世。有人认为何氏是难产而亡,也有人认为是意外而亡。《旧唐书》本传云:"妻亡,不再娶,三十年孤居一室。"由此可见丧妻对王维的影响,王维再一次尝到了失去亲人的痛楚,死亡的影像从心里泛起,重新变得清晰起来。让人费解的是,直到现在,还没有发现王维悲悼妻子的诗歌,是失传了,还是压根没有写过?或者是自责,或者是情到深处反而不好表达了。真正体会到不幸之时,才知道自己一直忽略的是什么。过度的悲伤之下,王维有可能只选择静默,以静默来怀念,在静默中达到逃离。与此类似的是,王维现存的诗文中,也没有谈到父亲,不知道是不是有诗文丢失的缘故;或者,出于同样的原因,让他不敢触碰这样的痛点。

当一扇门关上时,另一扇门就会打开。此后的王维,又一脚踏入悬崖,落入真空的失重和迷茫。尽管从外部看不出什么变化,可王维的人生自此有了本质改变,已习惯于站在生死分界点上思考生命的本质。他所想到的是,人类所有的聪明和智慧,与主宰命运的潜在巨大力量相比,只能算木偶的把戏,一切都会消散,一切都会破灭。与其短暂地占有,还不如不纠缠,不沉溺,去独自面对,独自承担。那一段时间,王维闭门静默,不见外人,甚至李白入京,很多人介绍,王维都不想见面。这当中的原因,有王维陷入忧郁和哀伤的困局,有信仰上的不一样,也有王维不喜欢李白的猖狂和傲慢。或许,在两人之间,有可能存在不足向外人道的尴尬。后来有人猜测,王维《偶然作》第一首,就是揶揄李白的:

楚国有狂夫,茫然无心想。

散发不冠带,行歌南陌上。
孔丘与之言,仁义莫能奖。
未尝肯问天,何事须去壤。
复笑采薇人,胡为乃长往。

客观地说,作为盛唐时最为优秀的两位诗人,王维和李白二人一直没有交集,的确有一些违背常理。从现存资料看,王维跟李白有共同的好朋友孟浩然、张九龄、王昌龄、贺知章、崔颢等,李白跟这些人互有赠诗,王维也跟这些人互有赠诗。可是,在王维的文字中,从不提及李白;同样,李白也一直"无视"王维。不过,深入一想,似乎也在情理之中,以王维的出身、个性、认知以及当时的地位,能瞧得上的又有几人呢?李白同样也如此。才华横溢的人就如同刺猬,是很难彼此挨得很近的。除此之外,两人性格和趣味也不一样——李白个性张扬,极度自负,是一个十足的狂狷酒徒;王维呢,沉静而深邃,为人内敛,相比喝酒,他更喜空洞而无用的沉思冥想。

悲情稍稍平复之后,王维再一次来到皇家大荐福寺,想正式拜道光禅师为师学习佛法。王维刚从济州回来时,就曾跟道光禅师认真地探讨过佛法。王维的才华和见地,给道光禅师留下了深刻的印象,两人也因此成为好友。此番见面,王维更是庄重地问询道光禅师:"为什么人生会如此悲苦呢?"道光禅师淡淡地说:"人生之苦,实属必然,生老病死遵守的,只是大自然不变的法则罢了,人必须学会接受自己的命运。"

王维想了想,又嗫嚅道:"一直以来,自己接受着命运的垂青,全心礼佛,可为什么会遭此劫难,又因此感到惶惶不可终日呢?"道光禅师回答:"人所处的世界,是娑婆世界,本来就是不完美的,也是虚幻的。你所经历的,其实都是虚幻,最重要的,是从虚幻的现象中,看到本质,解决心理上的混乱和恐慌。当然,要达到宁静的境界,必须经过严格训练,要建立尘世生活的规范和戒律。"

王维问:"我该如何学佛呢?"

道光禅师回答说:"学佛的目的,不是遵从佛意,而要把人自身的心灵力量诱导出来,充分唤醒自己对于生命、存在和价值的理解和感悟。真正能够让人生有意义的,只能是洞明实相的心。"

王维又问:"宇宙间存在着一个绝对的力量吗?"

道光说:"是的,它就是'梵',你看不见它,可是它就在那里。'梵'处于天的最高层次,世间所有一切的运转,都服从于它。人的灵魂,也归结于它。"

王维若有其事地点点头,似乎明白了一点,又似乎什么都不明白。他感觉有一肚子的话要说,可是具体又无法说出来,仿佛尚未开口,就泥牛入海消失得无影无踪了。也许,是因为困惑太多了,反而无从说起了。人从本质上来说,就是大困惑啊!对此时的王维来说,信仰更像是撒满鲜花的泥泞之路,既是心智的逃避,也是灵魂的勇气。一切,都是命数,可是又不确定。对于此,王维存有希望,也怀有害怕,他感到困惑太多,不知道如何进入佛法。

当王维迟疑地表示,自己想出家,想跟随道光禅师在大荐福寺出家的愿望时,道光作为过来人,也作为王维的好友,坦率地告诉王维,出家意味着接受一整套严谨而无情的信条、刚毅而坚定的信仰,甚至对于自己的苛刻和责难……道光微笑地训导王维说:"佛法是医治'病人'的,像你这样沉静而洁净的人,早已在佛法之中了,并不需要刻意学习什么。至于出家,有诸多牺牲,也身负使命的,不可偏离自身,强行为之。"王维不听,执拗地表达了自己的愿望。道光禅师见状,便安排王维成为一名佛家世俗弟子,挂单在大荐福寺。在此之后,道光禅师一直谆谆教诲王维:"只有觉醒的灵魂,才是真正高贵的。人其实跟树一样,越是向往高处的阳光,根就越要伸向黑暗的地下。"

自此之后,王维一直虔诚持戒,刻苦学佛,再未续弦,一直独居,禁肉食,禁欲,表现得像一个僧侣一般。如此做法,不单单是修行,还是积极主动地跟自己相处,走一条跟别人不一样的道路。他所做的,其实也是他一直探索的,只是佛教满足了他的某些愿望而已。当人能轻松而愉快地跟自己相处时,他其实是找到了一种与万物相处的和谐方式。至于性,对王维来说,他应是已悟到了性的本质是空性状态,能悟到空,实践到空,性就变得可有可无了。

当然,所有的修行,都是渐进式的。自此之后的王维,虽然从理智上明白诸多道理,可在行为上,仍不由自主地处于一种摇摆和犹豫:一方面,仍无法摆脱强烈的入仕愿望,渴望以功名来抵挡平庸,让无意义的生命荡涤在有意义的追求中;另一方面,王维不由自主地沉隐信仰之中,对佛教越发虔诚,一直试图以绝情弃爱、自我约束的生活,来消解自己的痛苦。终于有一天,当王维从痛苦不堪的人生中抬起头来,以诗人的直觉感觉到诸多伦理道德的虚假和欺骗性,感觉到语言文字的笨拙与孱弱时,他突然产生和形成了自己坚定的想法:所有的过去都是虚假的,至于回忆,是一条没有尽头的小径;以往的春天都不复存在,诸多岁月静好、现世安稳,归根结底也不过是转瞬即逝,唯有孤独永恒。生命最好的状态,是拥有信仰,向死而生,舍弃自我,诗意地生活。如果这样的话,人对爱恨情仇、生老病死便会变得无所畏惧。至于人生努力的方向,王维更坚定了自己的想法——那不是飞黄腾达,也不是随心所欲,而是如何寻找一种方式来逃避和化解痛苦和虚妄。至于最好的修行,就是适当的自律,那些短时间内让你快乐的东西,一定会让你感到痛苦;而那些让你痛苦的东西,有可能最终会让你心安。无论如何,一个高级的目标,只有通过孜孜不倦的努力和克制才能达到。

时间一天天地过去了,王维的生命中,又出现了比较大的转折。开元二十二年五月(734),张九龄加中书令(相当于宰相),张九龄上任后不久,王维写了《献始兴公》,对张九龄之前对自己的关爱表示感谢:"宁栖野树林,宁饮涧水流。不用坐粱肉,崎岖见王侯。鄙哉匹夫节,布褐将白头。任智诚则短,守任固其优。侧闻大君子,安问党与雠。所不卖公器,动为苍生谋。贱子跪自陈,可为帐下不?感激有公议,曲私非所求。"这一首诗的前八句,王维写胸中的激越和悲愤,表明自己的傲骨,可是到了后来,着力于奉承"大君子",佩服他的"动为苍生"的情怀,低下了高贵的头颅,"贱子跪自陈,可为帐下不",请求在张九龄的手下谋一个职位。

这一首诗送出后,音讯全无。一段时间后,王维有些着急,又写了一首诗,让人呈交张九龄,可张九龄还是没有回音。在此过程中,京都长安爆发饥荒,唐玄宗带领"三省六部"移驾洛阳,朝中文武百官大多随之来到东京洛阳办公。王维也将家搬到离洛阳不远的嵩山,在山脚下购置了一间茅屋,隐居了下来,一边绘画读书写诗,一边窥视着朝中的动态。他的邻居,是永嘉籍的画师张諲。张諲很多年前就来长安洛阳一带了,不仅诗文画俱佳,还善易卜草隶,倜傥洒脱,颇有"魏晋之风"。张諲跟孟浩然也是好友,年纪应该比王维略小一些,王维一直称之为弟。张諲曾留下不少画作,后来南宋的贾似道曾收藏过他的《春山游赏图》,明朝时杨慎在京肆见过他的《神鹰图》。王维与张諲经常在一起喝酒画画,写诗互赠。王维留下的诗有《故人张諲工诗善易卜兼能丹青草隶顷以诗见赠聊获酬之》《戏赠张五弟諲诗三首》,比如其一:

吾弟东山时,心尚一何远。
日高犹自卧,钟动始能饭。
领上发未梳,床头书不卷。
清川兴悠悠,空林对偃蹇。
青苔石上净,细草松下软。
窗外鸟声闲,阶前虎心善。
徒然万象多,澹尔太虚缅。
一知与物平,自顾为人浅。
对君忽自得,浮念不烦遣。

天宝年间,张諲辞官去了南方,归隐宣城的山林之中,从此不复再现。王维还曾写有《送张五諲归宣城》:

五湖千万里,况复五湖西。
渔浦南陵郭,人家春谷谿。
欲归江森森,未到草萋萋。
忆想兰陵镇,可宜猿更啼。

王维除了与张谭惺惺相惜,结下了深厚的友谊之外,还与在当地隐居的诗人、画家卢鸿一交上了朋友。由此可见,嵩山这一带,曾经是盛唐之时的"画家村",有很多画家隐居在这里绘画,王维在此环境之中,通过不断地切磋技艺,画技得到了明显的提高。

一段时间后,有可能还是生存的压力吧,王维拗不住,第三次写了一首《上张令公》：

珥笔趋丹陛,垂珰上玉除。
步檐青琐闼,方憩画轮车。
市阅千金字,朝闻五色书。
致君光帝典,荐士满公车。
伏奏回金驾,横经重石渠。
从兹罢角牴,且复幸储胥。
天统知尧后,王章笑鲁初。
匈奴遥俯伏,汉相俨簪裾。
贾生非不遇,汲黯自堪疏。
学《易》思求我,言《诗》或起予。
当从大夫后,何惜隶人馀。

这一次,王维稍稍注意了分寸,诗的前十六句赞颂张九龄,看起来基本得当,并不过分。后四句,王维又按捺不住,直接向张九龄表达出仕愿望,由此可见王维求仕的急切。这其实是第三次给张九龄"上诗",请求张九龄赏识自己。为了避免投书丢失,王维特地从嵩山赶到了洛阳,专程向张九龄递交了这首诗。这也难怪,在当时的状况下,一个游离于体制之外的人,是很难生存的,更谈不上尊严了。当时流行的"干谒诗",本来就是唐代文人求仕的主要方式,一般是通过歌功颂德奉迎和展示才华来打动当权者,求得一个入仕的机会。不仅王维如此,李白、杜甫、高适、岑参等人也如此,如李白所写"使寰区大定,海县清一"、杜甫"致君尧舜上,再使风俗淳"之类的豪言壮语,都出自干谒诗文中。

王维在向张九龄呈交了第三首"干谒诗"后,仍没有获得回音。无奈之下,王维只好心情忐忑地回到了嵩山。他似乎觉得没有什么希望了,准备长时间居住在嵩山,靠着绘画手艺来谋生了。从下面这首《归嵩山作》中,可以看出他的想法:

清川带长薄,车马去闲闲。
流水如有意,暮禽相与还。
荒城临古渡,落日满秋山。
迢递嵩高下,归来且闭关。

王维此时内心虽有些焦急,不过心态也调整得很好,若进而为仕,他就去朝中;若无机缘,就准备长期隐逸于嵩山脚下"闭关"了。这一首诗写完后,王维大约觉得挺自得,又派人将这一首诗专程送给张九龄,以示提醒。随后,因一直没有消息,王维将此事撂在一边,全身心地享受着隐逸的快乐。那段时间,王维还有《东溪玩月》《过乘如禅师萧居士嵩丘兰若》等诗作。也可能是此时的画作较受欢迎,王维的生活不再像之前那样窘迫,变得相对优渥了。从这些诗中看,王维行止坐卧,随物赋形,与自然化为一体,已初有"物我统一"的大境界。诗人与大自然相处得如此和谐,浑然一体,以至于与鸟兽、云霞一样成为大自然的一部分,完全回到了自然本真的状态。这一种清静无为、享受自然乐趣的追求,并非道家所独有,也是禅宗所主张的。禅宗本向,就是佛教在传入东土后,与道家等融合的结果。佛与道,在禅之中,在某些时候,已很难见清晰的界线了。

开元二十三年(735),王维突然收到应召,朝廷召他任中书省的右拾遗,这应是张九龄对王维多次干谒的回应。在此之前,张九龄高高在上,可能是忙于事务,也可能是存心要冷落一下这个清高的才子。直至第三次见到王维的干谒诗后,才决定起用王维。唐代时,左、右拾遗为谏官,左拾遗隶属门下省,右拾遗隶属中书省,"拾遗"的字面意思是捡起皇帝的遗漏,主要职责是负责向皇帝奏论政事,称述得失,也有举贤荐才的职能。右拾遗虽然级别不高,跟原先的校书郎同为正八品,可是位置极重要,权力也很大。这一年,王维三十五岁。随后的第二年,王维随玄宗和文武百官重返长安,在新迁的兴庆宫办公。后来诸多研究文章,习惯于把王维任职右拾遗,作为从政热情高涨的表现,其实这是一种误解。王维重新出山,既有对功名政事的热忱,也有耐不住寂寞的成分,毕竟,此时的王维只有三十多岁,还没有真正步入官场。若过早隐居山林,过着逍遥寂寞的日子,对他来说,还是有些不甘心的。

　　人永远是一个矛盾体,"失之东隅,收之桑榆"。从王维这一阶段的诗歌可以看出:即使是在右拾遗的位置上,王维仍流露出对自然和山林生活的向往和眷恋,如此摇摆,很明显是王维骨子里的认知和个性决定的。比如《留别山中温古上人兄并示舍弟缙》一诗:"解薜登天朝,去师偶时哲。岂惟山中人,兼负松上月……荆扉但洒扫,乘闲当过歇。"这也难怪,古人排遣政事烦恼的最好方式,就是隐于山林,以自然来安抚被侮辱与损害的灵魂。自贬官济州后,王维已看透了官场的本质,对儒家"修齐治平"的本质,已有了清醒的认知,对官场的提倡,没有太大的兴趣。虽然王维也有建功立业的想法,不过更多的还是想着在仕与隐之间,如何寻找某种平衡,寻找安身立命之道,完成自己潜在的追求。对王维来说,因为有了一段时间的隐居修行,无论是艺术功力上,还是洞见觉悟上,已然达到了一个新的境界。至于此岸的世界,他已了然本质,洞若观火,也有着游刃其间的智慧了。

　　在这一阶段,有一个姓元的朋友奉命同使西域,王维写了一首《送元二使安西》,诗洋溢着清风扑面的友情,也传递着新鲜迷人的异域风采。没想到流传到世间,被改名为《渭城曲》或《阳关曲》,一时广为传唱。那一段时间,从京都的庙堂到市井,到处都在流传着王维的诗:

渭城朝雨浥轻尘,客舍青青柳色新。
劝君更尽一杯酒,西出阳关无故人。

王维出任右拾遗的第二年,也即开元二十四年(736)十一月,朝廷下令,大唐首席宰相张九龄被罢相,迁尚书右丞相;开元二十五年(737)四月,再贬为荆州大都督府长史,迁出京城。张九龄离开长安之前,与一同罢官的裴耀卿、韩休、萧嵩等一起游宴于韦氏逍遥谷。王维也参加了,并写有《暮春太师左右丞相诸公于韦氏逍遥谷宴集序》,记述了张九龄、裴耀卿、韩休等人游赏逍遥谷的情形和心态。从文中看,张九龄等人丝毫没有罢官之后的沮丧和愤懑,反而有一种解脱和轻松。张九龄如此轻松对待罢相之事,对王维来说,更是一种教育和启迪。王维更崇敬张九龄,又写了一首《寄荆州张丞相》:"所思竟何在,怅望深荆门。举世无相识,终身思旧恩。方将与农圃,艺植老丘园。目尽南飞雁,何由寄一言。"充分表达对张九龄知遇之恩的感激,并在诗中继续抒发自己的隐逸之情。

张九龄收到王维的诗作后,作了一首《复王维》:"荆门怜野雁,湘水断飞鸿。知己如相忆,南湖一片风。"他以"知己"称谓王维,这是一个很高的待遇了。

张九龄被罢相后,李林甫接位首相,大唐政治进入了长达十六年的李林甫时代。关于唐朝历史,有一种说法以为张九龄的罢相,是大唐由盛转衰的转折点,为安史之乱埋下了祸根。与此同时,李林甫也被视为盛唐的终结者。《旧唐书》曰:"林甫性沉密,城府深阻,未尝以爱憎见于容色。自处台衡,动循格令,衣冠士子,非常调无仕进之门。所以秉钧二十年,朝野侧目,惮其威权。"其实,李林甫所为,大部分都是玄宗的授意,执行的是皇帝的意志,或者投其所好罢了。就王维与李林甫的关系来说,作为上下级,两人相处还是不错的。王维是一个佛教徒,性情温和,清心寡欲,对人和善,不极端,不暴怒,遇事随遇而安,很少有权力欲望。两人还有着相同的爱好,除了诗文之外,李林甫还跟王维一样,善丹青,懂音律,对艺术有一定的认知。张彦远在《历代名画记》中说:"李林甫,亦善丹青……余曾见其画迹甚佳,山水小类李中舍也。"就李林甫而言,王维"才高八斗",名气太大,于人又和善,又何必跟他过不去呢?以王维当时的官职,与宰相李林甫的政治地位相差很大,难有过于亲密的交集。在李林甫为相的十数年中，王维的职位由八品上的右拾遗一路升迁，历任监察御史（正八品上）、殿中侍御史（从七品上）、左补阙（从七品上）、侍御史（从六品下），这些都不属于"平步青云"，只是正常晋升，最主要的原因，还是王维谦恭处事、待人和睦、智慧平和，不卷入帮派的矛盾的结果。

开元二十五年（737）夏天，王维以监察御史的身份出塞劳军。在凉州，王维一度被崔希逸辟为幕府节度判官，在塞外待了两年左右。王维是第一次来到大漠，看到了不一样的风景，也领略到了不一样的风情，禁不住内心的激动，写了很多首边塞诗，如《凉州郊外游望》《凉州赛神》《双黄鹄歌送别》《使至塞上》《出塞作》《从军行》《陇西行》《陇头吟》《老将行》《送崔三往密州觐省》《灵云池送从弟》等。其中《使至塞上》《出塞作》两首，气象极好，抓住了大漠、孤烟、长河、落日、天骄、白草、暮云、秋日等不俗意象，不多一字，画面尽显，一时广为流传。

使至塞上

单车欲问边，属国过居延。
征蓬出汉塞，归雁入胡天。
大漠孤烟直，长河落日圆。
萧关逢候骑，都护在燕然。

出塞作

居延城外猎天骄，白草连山野火烧。
暮云空碛时驱马，秋日平原好射雕。
护羌校尉朝乘障，破虏将军夜渡辽。
玉靶角弓珠勒马，汉家将赐霍嫖姚。

自河西回来后不久，王维又出任"知南选"，被朝廷选派前往岭南。他的主要任务是在当地以考试和选拔的方式，任用一批当地人为官吏，让他们为大唐尽忠尽责。朝廷对"知南选"官员的要求是很高的，不仅需要敏锐的观察力和决断能力,有识别人才的能力,还要求做事周到沉稳,不能引起当地的纷争和动乱。唐代经常性的"南选",只在岭南和黔中举行,王维此次"南选"的目的地在桂州,汉代为苍梧州,属交趾郡,是汉蛮杂居地区,一向敏感多事。这一次朝廷委任王维"知南选",可以视为对王维能力和忠诚的信任。王维受到指派后,从长安出发,经大散关先入湖北襄阳,随后乘船经夏口、长沙等地南下。在襄阳,王维闻孟浩然已去世,不由得潸然泪下,情不自禁作《哭孟浩然》诗:"故人不可见,汉水日东流。借问襄阳老,江山空蔡州。"

  船继续向着南方的腹地前行,这一路水旱兼程足足走了两个月。那种山水清美、寂静安详的感觉始终荡涤着他。王维大多时候,都是在船上看着风景,沉入非想非非想。有时候,他弃舟登岸,且行且听溪声鸟鸣,感受风声穿过竹林奇异的声响。天色向晚,停舟于某一处码头后,王维也会携酒登临,与人畅谈,濯洗一天的疲惫。王维体会到旅行带来的种种自由,也体会到芸芸众生的各种不易,一颗心时常不由自主地游离于身体之外,甚至来到寰宇之中。某一日,王维的船只顺着湘江将要进入灵渠时,王维看着眼前的一泓清水,突然听到有一个细微却异常清晰的声音:世间万物种种,都是因人而生,可是茫茫宇宙之中,人的心念起伏,意义又何在呢?这声音如此清晰,让王维吓了一跳。紧接着,王维突然感到电光一闪,通体透亮,自己仿佛已不存在,世界就是他,他就是世界,连眼前的河流和船只都不在了,四周一片金碧辉煌。

  应该说,王维在那一刹那的体验,是见到了真我,达到了觉悟的境界。在随后的日子里,王维对此前这种奇怪的感觉,一直耿耿于怀,试图思索这一种现象的来源和合理性。可是诸多理性思维,哪里能解释得了体验的玄妙呢?甚至连人自己,都无法迈入同一条河流。不管怎么样,王维的这一次南方经历,对开阔视野,广泛而深入地了解边地风情和社会面貌,是极有好处的。虽然王维是一个官员,可还一直葆有艺术家的视野,南方带有《离骚》的气息,具有浪漫的精神,独一无二的叛逆性、灵动性和自由性,都能给他的绘画、音乐、诗歌带来启迪。与崇尚现实、思维理性的北方不一样,南方氤氲的气息,就像古老的"巫"风,也像是一场梦境,渗入到王维的诗画之中;至于令人震撼的雷雨、令人战栗的虫鸣、令人悚然的树林呜咽声等,都可以视为音乐。由于心思越来越宽广、沉静和绵密,王维切身地感觉到,凡是让人怦然心动的感受,都可以入诗,而且可以成就好诗……应该说,王维艰苦的南方之行,对诗歌题材、绘画风格、音乐多元,都有很大的拓展。这很正常,心的领域扩展了,审美的领域、艺术的领域自然宽广。这一相对平稳的阶段,促使王维的内部发生着某种悄然而巨大的改变。另外,王维还隐约感觉到一条幽秘的心灵通道——只有内心散发出自由的光亮,才能与山水、花鸟、人物共鸣,才能寄情和言志,才能导引出心中的激情和忧伤。

　　一个带有强烈精神性的伟大人物,总能在不自觉中,悄然完成某种转向。虽然王维人生之途较为平坦,少有惊涛骇浪的冲击,也难以看到某种特别明显的生命转折点;可王维的南方之行,对其内心的冶炼和拓展,无疑影响巨大。南方给了王维别样的世界,在那里的一年多时间里,除了拜访友人、游历风景外,行走于寂寞的旅程之中,王维得以有时间遭遇信仰问题,思索人类的归宿、人生的意义,以及世间各种难解之谜。在不断地思考和感悟中,王维明白了很多东西,明白不仅仅是山水、植物和艺术,人本身也是具有神性的,只不过人内部的神性一直被污浊的东西包裹,很难被发现——人认识到自己的神性,慢慢发现和培育,让自己的神性得以茁壮成长,这才是人之为人的正途。就这样,开元二十九年(741)暮春,王维从桂州"知南选"归来时,特地选择了另外一条道路:出桂州后,经湘江抵达洞庭湖;抵长江沿江东下,经庐山至润州,再循大运河的邗沟、汴水、黄河归长安。沿途之中,王维特地到访庐山的辨觉寺、汴水上的千塔寺等寺院。不一定是焚香敬拜,他只是喜欢感受寺院和道观宁静和虔诚的氛围,以此获得某种无形的力量,间或与各住持坐而论佛理,一时不亦乐乎。总体上来说,王维更喜欢佛学的思辨和博大,至于道家,王维喜欢道家洋溢的自由主义精神,对其教义和做法中的神秘主义,有着本能的排斥。

　　王维还特地写诗纪念,比如《登辨觉寺》:

竹径从初地,莲峰出化城。
窗中三楚尽,林上九江平。
软草承趺坐,长松响梵声。
空居法云外,观世得无生。

到达开封附近时,王维特地转道去了南阳临湍驿,与新兴的禅宗神会大师谈经数日。神会是禅宗六祖惠能的晚年弟子,属于佛教南宗,也就是禅宗重要的传人与创建者。惠能没有念过书,长期生活于社会最底层,对劳苦大众的生存状态和精神需求有着深入的了解。出家后,自创了一套超越书面语言之上的佛法话语系统,这也是南禅独树一帜,弃繁文缛节,提出明心见性、直达本心思想体系的内在根本。最为显著的是惠能的诗:"菩提本无树,明镜亦非台。本来无一物,何处惹尘埃。"以高妙的禅诗方式,诠释真谛,绍介方法,直接人心。与北方佛法信徒众多,一直致力于积德行善的世间修为不一样,南宗顿门肯定人人具有佛性,甚至人皆可成佛的观念,比起北宗,更为下层大众所接受,也具有"方便法门"的意味。

王维与神会见面时,南宗还属于佛教的别宗,不太被人理解,甚至被歧视为旁门左道。后来,正是因为神会的努力,惠能在禅宗中的正统地位被确立,被尊为六祖。王维之所以想拜会神会,是因为他觉得禅宗所提倡的,跟北方的佛教不太一样,特地想了解禅宗的修行方式。

王维兴致满满地问:"禅,跟北方佛学有什么区别呢?以禅如何见佛呢?"

神会一笑,继而淡定地说:"北方佛学,多讲修为,多讲功业,以修为和功业见佛。禅是修心的,教外别传,不立文字,直指人心,见性成佛。诸多烦恼,都来自妄念,若是把妄念去掉,让本心起来,凭着每个人的本心,就能够自见佛性。这一个过程,也叫见性成佛。没有本心,就没有禅;或者可以说,本心就是禅。"

听了神会的回答后,王维本能地觉得神会所说非常有道理。过了一会儿,王维又饶有兴致地问:"现在佛家的门派林立,各家都说自己的方式是最好的,可是我觉得诸多认知,都有些空疏,让人很难明白佛教的核心问题,也让人很难找到路径。您认为什么才是最好的信仰办法呢?"

神会答道:"世间有万千法门,各人信仰之路,目标一致,方法不一。不过,从总体上来说,人不能过于沉耽于信仰,而忽略生命的体验。对一个信徒来说,信仰和生命同样重要,也密不可分……甚至后者更为重要。"

王维专注地问道:"如此这般,怎么理解?"

神会神秘地一笑:"道在日常,不通过日常生活中对自己的觉知,是很难认识佛的真谛的。"

过了一会儿,王维又问:"该如何'修道解脱'呢?"

神会说:"众生本自心净,若更欲起心有修,即是妄心,不可得解脱。"

神会进一步阐述道:"所谓由'戒'生'定',由'定'生'慧',最后到涅槃境界,其实是不准确的。修行无须先'定'后'慧',只要没有取舍执求之念,便是定慧,而且时时处处均可定慧,当下沉静无欲,即是定慧,即是解脱。"这一个话语系统,若以现代汉语来说明,意思是,人的内心,就像一片未开垦的处女地,应该播种美丽的花草,让清新、高尚的思想占领心灵的庭院。要警惕和反省自己的邪恶之心,培育自己的善良之心,通过天天自观和反省,扫除心中的邪念。

王维告知了长年修道的困惑,感觉到自己的精进很慢,在学的诸多佛典之中,似乎存在着某种矛盾,比如什么是"自性"?解释莫衷一是,到底应怎么理解?神会的回答是:"所有的言语和文字,都是片面的,只是半个真理而已。它们都缺乏完备、圆融与统一。语言是有限制的,佛陀世尊在宣讲关于世界的教义时,不得不把世界分为轮回与涅槃、虚幻与真如、痛苦与救赎。可是,人别无选择,只能通过语言和导师来体味教义,这本身就是有缺陷的。也因此,六祖惠能说禅宗至理非可言说,为传佛法,直指人心,明心见性,是谓'方便法门'。"

神会接着说:"至于'自性',其实就是'梵'啊!是'梵'在个体身上的体现。真正的'自性',是非空非有、非善非恶、非实非虚、非烦恼非菩提,自性还是无是无非的,从未有一人或一事纯属轮回或者纯属涅槃,从未有一人完全是圣贤或者罪人。"神会坦诚地告知王维:"'自性'这种东西,是本色天然、幽微难言的,若忽视这些特征,所看到的只能是表面的贤愚是非。可本质上的人心,就像女童那样幼稚、愚懦和无助,只有深入地了解它,明白它,才能校正自己的行动。至于坚强和自信,不是人情的本质,只是人们表面假装出来的。如果以禅定方式深入自己的内心世界,就会发现无论是怎样的强人,内心深处都像一个无助的孩子。"

神会还对时间有独特的解释。他说:"禅坐之时,为什么会觉得时间消失得很快呢?因为时间是某种真实之物,人本身就在时间之中。可人在禅坐时,已居时间之外,所以会觉得时间过得很快。与此同理,人若居于世界其中,是难见世界的真面目的。时间并无实体,时间也并非真实。若时间无实体和真实的话,现世与永恒,痛苦与极乐,善与恶之间的所谓分界线也只是一种幻象……"

王维听得两眼都放出光来,问:"有解脱的方便法门吗?"

神会微微一笑:"到达一个地方的道路,有万千条,其中,必定有最远的,也有最近的。这都不重要,重要的是,以自己的内心为指导,选择适合自己的方式。"

"佛是什么样子呢?"王维大着胆子问。

神会大笑起来:"我也不知道。这个问题太复杂,不好表达。不过,你终究会明白!"

神会还告诫王维:"人一定要善于倾听自己内心的声音。一个人,若是不能听命于自己,就要受命于他人,对自己的人生之路,就会失去控制。悟道,必须一意孤行,是所谓'金刚大法',甚至要'逢佛杀佛,逢祖杀祖'。"

最后,神会告诉王维:"生命太短促,好自为之吧……"

在与神会深入对谈几次后,王维连呼"大奇",有恍然大悟之感。自此之后,王维对佛学的亲近,更倾向于南宗。在此之前,王维一直自惭于潜藏在自己身上的懦弱、敏感和忧伤,也为自己携有的诸多习性感到不安,觉得自己很难融于佛法,难以自渡,更谈不上"普渡众生"了,一度为求佛之路如此艰难而沮丧。现在,王维从神会的话语中,通晓了另外一条道路,感觉到这一条道路更为自由,也更适合自己,觉得自己以"单骑突进"的方式,也可以成功。如此觉悟,让王维感到无比高兴,也感到释怀,仿佛心中原先的黑暗处,已有光亮照射进来。在这个关键点上,他悟到了什么呢?悟到了"佛有万千法门",一切"不二",只要心中有佛,也就有通向佛的道路。王维还感觉到,"禅"是最适合自己的道路,它不仅是一种行为,更是一种生命方式。禅,还是艺术——自己以艺术、绘画和诗的方式去求佛,也不失为一条适应自己的道路。

神会对王维的才华、修养和情怀也颇为敬重,恳请王维为六祖惠能作碑铭,以配合《坛经》的推广。神会之举,也是想借王维名声推广禅宗。王维觉得此道可行,随即应允下来。双方言谈甚欢,彼此启迪,相见恨晚。这一次与神会之间的深入对话,可以视为王维精神领域的一个重大转折点,是王维对禅宗之理的"顿悟"。这一年,王维四十一岁,刚刚过了不惑之年,仕途正呈上升时期。此时遁入佛教,不应看作王维对事务和人生的逃遁,应视为王维对自己内心的尊重。跟诸多世人不一样的是,王维是那样地重视自己的内心,他一直苦苦地想穷极世界之理,也想找到真正的自己。自此之后,王维想逃离俗务的愿望变得更加强烈,他想躲到一个不为人知的地方,去参禅打坐,觉知不为人所知的真理。对王维来说,他始终跟别人不一样的是,他不是以信仰寻找安慰,而是以信仰虔诚地寻求真理。

神会是道光禅师之后对王维人生理念和生活方式影响巨大,也帮助较大的同道之人。从佛学修为来看,王维自跟神会接触之后,更注重自身的修行和觉悟,抛弃一切外在、神灵和权威膜拜,只相信自性觉悟,不舍日常生活,更愿意在与自然和山水的亲近中找到自性。在此之前,王维虽然频繁地接触到佛教,对佛教的教义越来越熟悉,但还是觉得诸多教理跟自己"隔"了一层,难以用全部的生命和热情去拥抱它。可是,这一次不一样,神会的"无念禅",一下子开启了王维,让他感到了生命的通明和敞亮。

在此之后,王维留下了极具史料和佛学价值的《六祖能禅师碑铭》:

无有可舍,是达有源;无空可住,是知空本。离寂非动,乘化用常,在百法而无得,周万物而无殆。鼓枻海师,不知菩提之行;散花天女,能变声闻之身。则知法本不生,因心起见,见无可取,法则常如。世之至人,有证于此,得无漏不尽漏,度有为非无为者,其惟我曹溪禅师乎?
　　…………

　　禅宗说"佛有万千法门",以艺术和人生的关系来看,很多艺术家,都是做着做着,就突然觉悟起来了,认识到艺术具有的神性,不自觉地以艺术为载体,去追逐那种隐隐约约的灵光。诸多信徒,各有其途,很多都是信着信着,便以各种各样的方式开悟了。"开悟"其实是对视而不见的东西,有一个小小的觉醒,随之豁然开朗,如光融入光,整体上呈现出一种清澈和明晰。
　　有观点认为,佛家是接道家和东方文化的招,练成了禅宗一派。从严格意义上说,禅宗跟传统佛学有很大区别,是突破佛教樊篱、教派的独创之举,带有浓郁的道家风格。以比喻而言,是印度的种子,在东亚土地上长成了粗壮的大树。禅宗不注重佛经教条,也不注重苦行僧般的执着,而是注重内部的修炼和整理,强调心性的冶炼。禅宗经常用猴子捞月为喻:猴子每一次捕捉,不仅没有捞到月亮,反而把本来清晰的月影搞得迷乱。禅宗认为:肉体犹如水晶器皿,映射伟大存在的彩虹;心灵就像一座清澈见底的大湖,反射出湖上飘过的云彩。风吹湖面,波澜壮阔,都是幻象;至于真相,是原始的平静,需在纯净和本真状态下才能获得。
　　南宗义理更注重实际和当下感受,与王维的心性和境况较为吻合,自王维倾心于如此方式后,在认知和境界上,跃上了一个新的台阶。以王维的理解,在官也好,在家也好,得意也好,失意也好,生活也好,艺术也好,一切"不住"于心,任运自在。王维与禅的结缘,让他从纷争的教义中抽身,学会了直接面对自己,找到了自己,获得了自己,也解救了自己。

王维悟到了什么呢？生命和过往都像一阵风，风吹来吹去，不知其始，也不知所终。人在其中，看不到风来的方向，也看不到风去的方向，人却能感知风，感知风在自己的身前左右，感觉到大风起兮云飞扬，感觉到树欲静而风不止。至于美和艺术，也是感知，就像鸟飞翔时感觉到飞的托举一样。美与情感，不是简单的，也不是单向的，它可以在高层次上，呈现出某种复杂、多样的特点和意蕴，甚至可以自相矛盾，呈现出一种奇怪的美，散发出诡异的光芒。这样的感觉，王维一直酝酿在心中，他只是努力以一种诗歌的方式加以表达。也可以说，禅宗的思想和感悟，是王维后来相关诗歌的哲学基础。高度自由的精神境界，让他的诗歌和画作呈现出一种自然、空灵、安静、圆满之美。与此同时，王维也在不知不觉中，呈现出一种由内到外的优雅和自信。

"知南选"回到长安后，朝廷改任王维为左补阙，从七品上，掌供奉讽谏，隶门下省。因为有着南方的经历，王维隐逸的愿望更加强烈了，他随诸多朋友一道，在终南山脚下买下了一幢简陋的小茅屋，命名为"终南别业"，从此跟终南山正式结缘，成为了历朝历代无数隐逸人士中的一分子。终南山自古以来就是著名的隐居地。除了自然条件之外，还因为离"十三代古都"长安很近，可以方便来去，随意进出。长安城一有风吹草动，隐士们即可以换上官服，乘一辆马车，朝起暮归，登堂入室。想想也很正常，有道则现，无道则隐。隐，其实是无奈，现，才是本心。人生一世，谁不想功成名就获取荣耀呢？可是，世事如此艰难，若无人赏识，还不如隐逸山林自得其乐。隐与现，本来就是阴与阳的关系，是人生哲学的阴阳两面。

中国历史上，一直有"隐士文化"的传统。早期中国隐士，似乎不跟政治关联，却与信仰和哲学密不可分，晋皇甫谧《高士传》记载九十六位高士，排名前三的被衣、王倪、啮缺，就是因为想到生命的本质，想到人在日月山川中如孤鸿般无枝可栖，形若槁骸，心若死灰。这一个"隐"，有关生命哲学的思考，跟"三观"，也就是宇宙观、世界观、人生观有关。伯夷、叔齐饿死首阳山，不食周粟，虽然决绝，但有政治分歧的原因，也有信仰的成分，有宗教精神。这些隐士，大约跟老子一样，有很高的智慧，看不惯世俗生活,也不喜仕途生活,所以要躲起来,走第三条人生道路。中国隐士,绝大多数不像印度隐士那样苦行求道,也不像欧洲中世纪隐士躲在修道院中穷究物理。中国隐士最好的归宿,是融于山水,在山水艺术中销匿小我。"智者乐水,仁者乐山"的说法起于孔子,虽然有点"非逻辑化",却为中国知识人导引了一条道路——凡不得意的、热爱自由的人,都可以以智者或仁者的方式,在山水的"亚宗教"里,找到自己的寄托。

中国历朝历代的动荡,以及统治的专制性和残酷性,使得隐逸文化成为一种难以消亡的独特现象。中国的知识人无奈之下,只能在山水和田园中寻找安慰和寄托,也养活自己。隐士蔚然成风的,应属动荡起伏的魏晋南北朝。魏晋时的"竹林七贤",就是典型的隐士。虽然他们当中有很多是官和僚,不算布衣,可是也喜欢生活在乡野之中。或隐或现,更接近于逸,更像是逃避政治和社会风险,找个地方躲起来。隐士又叫逸士。"逸"什么意思?跟兔子有关,像兔子一样敏捷、敏感、速度快。逸士,就是兔子的形象,多思、善良、天真,从不伤害别人,却容易被别人伤害。一有风吹草动,立即逃逸,悄无声息地躲起来。逃逸什么?既有王权的压迫,还有世俗的腐蚀。

王维此时的"终南别业",跟后来的"辋川别业"应是两码事。从《答张五弟》一诗中,可以看出王维在终南别业时的生活状态:

> 终南有茅屋,前对终南山。
> 终年无客常闭关,终日无心长自闲。
> 不妨饮酒复垂钓,君但能来相往还。

看得出来,王维对终南别业的闲适生活,还是比较满意的,虽然茅屋条件简陋,可是门正对着终南山,山川连绵,奇崛幽邃,气势森然。那种浑然天成的大宁静,能引起人的感发,能安抚躁动的灵魂。黄昏之后,月影清辉,古松廓然,若走出屋舍,只听见脚下踩踏枯叶堆的簌簌声,幽暗的旷野空无一人,只有明月当头。王维忽然觉得充实无比,天地的宁静之气,似乎是自己最好的朋友,诗与绘画,反而变得不重要了。如此思来想去,连王维都不由得抿唇而笑——也许,这就是世界的悖论吧?真是太难以把握了。在这样的悠闲和旷达中,王维有时候闭关,有时候饮酒,有时候垂钓,有时候写诗,有时候画画。无论是诗歌、绘画、音乐,精进得都特别快,如自己滋养的一只只小鸟,个个都生出了无形的翅膀。

王维那段时间还写了好多诗,如《终南别业》《白鼋涡》《投道一师兰若宿》《渭川田家》等。其中,《渭川田家》一诗,将王维对乡野生活的羡慕,对农夫自在随意生活的向往表现得淋漓尽致:

斜阳照墟落,穷巷牛羊归。
野老念牧童,倚杖候荆扉。
雉雊麦苗秀,蚕眠桑叶稀。
田夫荷锄至,相见语依依。
即此羡闲逸,怅然吟式微。

在这一首诗中,王维再次提及"惆怅",这应该是对官宦生活"不得已"的感怀吧?虽然王维此时对田园生活表现出浓烈的热情,可一直身不由己,被诸多无聊的事务所羁绊。如此状态下,王维不免"怅然吟式微",不得不长啸:"式微!式微!"这是《诗经》中一首劝人退隐的歌谣,王维唱着它,不是劝慰别人归去,而是劝慰自己退隐。

另一首《送别》,无意中透露了王维"隐于山林"的初衷:

下马饮君酒,问君何所之?
君言不得意,归卧南山陲。
但去莫复问,白云无尽时。

这首诗浅显易懂,几乎每个读者都能看出王维诗中归隐的急切心情——此时的王维,是多么想与无聊的政事告别,与繁琐和虚荣告别,真正地在白云缭绕的终南山深处,找回"真我"啊!

王维为什么要隐？为什么选择居家信佛，不选择落发山门？这应是王维的个性和知识决定的。王维对寺院一直熟悉亲近，对环境、境况、僧人的习性和素质等一清二楚，太熟悉了，反而要认真掂量了，所以他选择了更接近于道家的方式修佛。至于他为什么要"隐"？还是个体的诗性自由，与一切在群体环境下诞生的庸众教条和世俗规训背道而驰。

在此之后，王维一直在亦官亦隐的两岸摆来摆去。这很正常，作为一个有血肉之躯的社会之人，王维不可能不问世事，不顾生存，完全潜心于诗意和禅境；可王维又不可能让机械、呆板、乏味的时光压抑自己的心灵。恰是这样的矛盾和摇摆，让王维获得了某种平衡，获得了一定程度的自由，也从这种相对自由中找到了诗性的泉源。王维时常会感觉到内心中有一个轻柔的声音，静静地给自己以提醒，或者悄悄地抱怨，声音如此细微，以至于难以觉察，也难以验实。这声音来自何方？是来自自己的"故乡"吗？王维真切地感觉到，所谓的现世，只不过是一次短暂的旅行而已。相比于"故乡"，这个世界其他地方表现得更为虚幻。至于"故乡"，是逝去的记忆，也是已经告别的异乡。所有的人，都是流水溅出的水花，至于漂至何方，又有谁知道呢？

正是这段"不羁一身轻"的日子，令王维真正地见天地、见鬼神、见众生、见自己，他的诗歌也突飞猛进，仿佛时时有神来之笔。这当中最具代表性的，当然是《山居秋暝》：

空山新雨后，天气晚来秋。
明月松间照，清泉石上流。
竹喧归浣女，莲动下渔舟。
随意春芳歇，王孙自可留。

这首诗，写于王维四十岁过后，也应是王维遭遇"中年危机"之后的感悟。人在"不惑之年"，往往会面临信仰上的危机，也会经历一个心理焦虑的阶段。这时候，如果找不到一个合适的出口，很容易自甘堕落，自我毁灭，诸如柳宗元、秦观等，都是在这个年纪郁郁而亡。若是真正找到一个精神支撑,或者找一个合理的情绪出口,就可以摆脱危机,从容跃上一个新的境界。如杜甫在贫病之际咏出"尔曹身与名俱灭,不废江河万古流",满满的是励志情怀;也如苏轼感悟"寄蜉蝣于天地,渺沧海之一粟"时,以世俗的三昧真火来抵御世事的空渺。一切都微不足道,可是人的价值,不正是这样的微不足道吗?一片茫然之际,如果再进一步,反而是一片坦然了。王维也是这样,因为有辋川的机缘,让他更从容地将心思转向山水,转向无忧无虑的男耕女织的田园生活。王维切身地感觉到,真正的"我",都是无形无影无因无果的,只有极少数人,怀揣着特定的使命,坚定而宁静地寻找,才能踏上自己的回"故乡"之路。

那段时间,王维的人生有了很大改变,南、北禅兼修,顿、渐并行不悖,以渐门戒律规范日常行止,以顿门妙悟实践艺术创作,以佛教哲理浸染内心世界。如此作为,至精至诚,实是坚守理论与实践相统一,以孜孜精神求得圆满。王维在此期间的诸多诗歌,都带有某种佛理禅境:比如《过福禅师兰若》"欲知禅坐久,行路长春芳";《游感化寺》"誓陪清梵末,端坐学无生";《春日上方即事》"北窗桃李下,闲坐但焚香";《与苏卢二员外期游方丈寺而苏不至,因有是作》"共仰头陀行,能忘世谛情";《苑舍人能书梵字兼达梵音,皆曲尽其妙,戏为之赠》"莲花法藏心悬悟,贝叶经文手自书"等。这些诗,都可以视为王维"拈花"的微笑,诗意地传递给友人和读者。

在此期间,王维还在长安见到了当年同在嵩山隐居时的老朋友丘为。丘为是苏州嘉兴人,是一个才子,也是一个奇人。丘为来长安,是他准备暂回东南老家唐州,特地来跟王维告别的。与丘为的短暂相见,更激起了王维的隐逸愿望,王维赋诗一首《送丘为往唐州》:

> 宛洛有风尘,君行多苦辛。
> 四愁连汉水,百口寄随人。
> 槐色阴清昼,杨花惹暮春。
> 朝端肯相送,天子绣衣臣。

可以这样说,王维最终以禅宗的方式"渡己",是与自己的"自性"最吻合的。王维以捕捉"诗性"的方式,去体味"禅";或者说,以"诗性"的方式来捕捉"禅"。此种方式,就那个时代来说,无疑是一种创造和探索。诗性也好,禅意也好,就像上天把气吹到人身上,有了这样的"第一推动力",人就是活的;如果没有这一个"气",没有呼吸,即使身体健壮,也是一具行尸走肉。可这一个方式也有弱点,文字和语言对飘忽不定的"禅意",有时候难以捕捉,更谈不上传达了。正因为如此,禅宗也好,禅诗也好,始终难以走出僧侣与学者的"小圈子",无法像儒家学说那样深入民间。

天宝四载(745),王维迁库部员外郎,从门下省转兵部,主管武库等事。此后,王维再次出使塞北的榆林、新秦二郡。一直到第二年,王维才回归长安,迁库部郎中(从五品上)。在外人看来,王维仕途顺利,节节上升,春风得意。可是,在王维心里,事务越是缠身,越让他感觉到白驹过隙,此生将逝。当是时,王维隐逸的心思越来越浓郁了。

王维三次代表朝廷出使边疆地区,也看得出朝廷对他的信任,对他工作能力的认可。所以,尽管李林甫去世之后,朝廷追剥了李林甫的官爵,也清理了一些相关官员,王维却一直平安无事,仍旧逐步升职:天宝十一载(752),王维拜吏部郎中(从五品上),之后,又迁给事中(正五品上)。这也证明王维与李林甫之间的关系是正常的,没有同流合污的嫌疑。唐代的给事中,职责主要在纠驳,属门下省的监察督查官员,因执事于殿中,故名。

王维升迁也有一个潜在的原因和优势,那就是王维善丹青,尤其是山水画。当此时,吴道子长于人物,王维长于山水,韩幹善于马,他们都被认为是最好的画师。以高超的绘画手艺干谒,要比写诗作文有用得多,在那个时代,哪一个官员不希望自己留有一幅生动的肖像?谁不希望在家中挂一幅气势恢宏的山水图呢?那些所谓的划线评价的方式,更多的是道德评判,将诸多政治和社会关系武断地简单化了。

传统政治的道路大概是这样的:起初,大部分入仕之人都怀有济世理想,一心想着"修齐治平",一段时间之后,理想慢慢湮没,只剩下变形的欲望,与此同时,权力变成了强者任性的游戏。人们故作姿态地戴着面具,圆滑、逢迎、揣摩、恭维、黏缠,表面上是一团和气,风平浪静,实际上却是阴谋诡计,暗流涌动;表面奉承和迎谀,背后却是蔑视和陷害,或者幸灾乐祸,落井下石。诸多朝中事宜,既要求人们足够坚韧地承受和忍让,又必须保持足够的清醒,以免落入无所不在的陷阱。每个人心中都暗藏诸多不服,希望挤在别人上面,又不得不委曲求全,以期鲤鱼翻身。一个人若是没有铁杆的条线和利益关系,又不够心狠手辣,骨子里依然存有颓废消极之感的话,职位到了一定程度,必定会停滞不前。在一个崇尚威权和阴谋的时代,不仅对于人的自由,哪怕是对人的淡泊,也是不能容纳的。王维所处的盛唐,虽然相对宽松,实质也是如此,只是程度不一罢了。虽然自己对这一切看得很清楚,可是王维仍坚持自己的行为和思想。从总体上来说,王维的化繁为简,以静制动,不过分热衷交往和关系,避免成为口舌,同时尽量保持谦逊和恬淡,以恒常来消解别人的敌意和警惕。以王维的智慧和修为,对付诸多琐事,还是游刃有余的。可王维在平静而克制地做这一切时,他的善良和纯真却感到憋屈和压抑,以致一段时间之后,心灵深处总怀有无法遁逃的疲惫和厌倦。即使是无心而作的宴饮诗、应制诗和送别诗,也有着难以抑制的魏晋风骨,渴望以自己内心的独特体验,找到任情与适性的自由。

  一个人行为的动力,最重要的,是他的"三观"。在朝中碌碌的官员和知识人中,王维的思想无疑是独树一帜的,有着相当的个性色彩。这一种个性的突显,不仅仅是才华,更多的是思想的深厚、自我的发现,以及精神上的强大和丰沛。作为一个善意而觉悟的人,由于内心强大的判断,必定会使得他在对待一切行为时,会以良知加以度量,而不是将手头上的事务只当作工作。这很正常,觉悟之人的判断,不是遵循空洞的概念和框架,而是来自心灵深处的良知。以善恶和心灵的标准每每衡量自己所要做的事,以及眼前的一切时,必定会有痛苦相伴,且越良善温柔,就越感到痛楚和辛苦,感觉到自己身心的能量在做无谓的消耗。每每感觉到自己已临近或者正陷身于某个污浊的泥潭时,王维即在心底升腾起隐逸和逃遁的愿望。这种愿望越来越强烈,他迫切地想逃逸到深山里去,逃到蓝天白云、清风明月中去,就像自己独创的山水画一般,将自己画成一个小人儿,藏进那千山万壑中去。

因为有了"终南别业",王维像一只倦飞的鸟儿,落在了清风明月、绿水青山之中。稍有闲暇,王维就会骑着毛驴,或者乘着马车来到终南山。在"终南别业"里独自住上一段时间,或者邀上三五朋友同游,放空自己,拭洗世俗的烦扰和尘埃。王维有诗"北阙献书寝不报,南山种田时不登",庙堂在北,山居在南,两点一线构建了一条唐代文人的"终南捷径"。那时,大家都爱唱《南山南》,不过有人面北谋入世,有人朝南求出世。南山隐居未必意味着逃避,也可以看作一种抵抗的态度。"宁栖野树林,宁饮涧水流。不用坐梁肉,崎岖见王侯。"王维在《山居秋暝》中表明的处世姿态,并非风轻云淡,而是心中有耿介。从总体上来说,王维隐于终南山阶段,有求道和修行成分,可以视为佛家的隐,可又与寺院出家不一样。王维的隐,相比于出家,更纯粹,更无目的,也更智慧:中正平和,能进能退,不走极端。

自"终南别业"的生活初尝愉悦之后,王维对隐居的生活更加依恋和投入。不过,真正促使王维生命的杠杆倒向隐逸的,是他最好的朋友殷遥的突然去世。殷遥是丹阳人,天宝年间曾任忠王府仓曹参军,与王维年纪差不多,志趣高疏,颇有才华,曾经跟王维学佛,共慕禅寂。天宝三载(744),殷遥突然去世。王维得知后悲痛异常,先写了《哭殷遥》一首:

> 人生能几何,毕竟归无形。
> 念君等为死,万事伤人情。
> 慈母未及葬,一女才十龄。
> 泱漭寒郊外,萧条闻哭声。
> 浮云为苍茫,飞鸟不能鸣。
> 行人何寂寞,白日自凄清。
> 忆昔君在时,问我学无生。
> 劝君苦不早,令君无所成。

故人各有赠，又不及生平。
负尔非一途，恸哭返柴荆。

随后，又亲自将殷遥送至石楼山安葬，再写《送殷四葬》：

送君返葬石楼山，松柏苍苍宾驭还。
埋骨白云长已矣，空馀流水向人间。

对王维来说，殷遥就像是他的另一个影子。殷遥的逝去，让王维感慨万千，也让王维对生死有了更切身的感受。生命如此脆弱，时间如此短暂，在落花流水的生命和时间面前，应抓紧时间修行悟道才是。从那时起，王维的隐逸愿望变得强烈了，有一种力量无形地推动着他，让他卸下身上沉重的包袱，迈开脚步走入山水。自知和觉悟，让他心中的天地更为宽广。

正是在这样的背景下，也可能觉得"终南别业"太小了，也可能是"终南别业"所在的地方太热闹了，反正，在天宝三载（744）左右，当朋友带着王维去看蓝田辋川的一处遗宅时，王维异常满意，当即决定买下，这就是著名的"辋川别业"。这样，从天宝四载（745）开始，一直到天宝十四载（755）安史之乱爆发，这十年中，王维的生活跟"辋川别业"的交集尤其密切，除了母亲去世后在此丁忧三年外，天命之年的王维一有空闲，就寻找各种各样的理由，悄悄地来到这里隐居下来，放松自己，融入山水。这一段时间，是王维此生中最逍遥、最悠游、最幸福、最愉快的日子，不仅完成了自己一生中最好的作品，为平淡的生涯增添了一段佳话，还让王维在平静中完成了内在的转化和提升。自此之后，王维仿佛身心轻灵，开阔广远，暗契真谛，尽得妙心，达到了一个很高的境界。

第三章　空灵

王维在辋川购得的别业，原来是唐初诗人宋之问的山庄。宋之问是唐高宗和则天女皇时的官员，相貌丑陋，却才华出众，先逢迎张易之、张昌宗兄弟，后来又依附太平公主、安乐公主。唐玄宗登基后，宋之问被朝廷赐死，遗留下这一个别业，在蓝田辋川。

辋川居于长安东南的蓝田，跟别业众多的南郊相比，离长安的路程较远。蓝田距长安大约百里，从蓝田到辋川，有一个二十多里的绵长峡谷，呈西北东南走向，这就是辋谷；辋谷的中间，是一条溪流，是为辋河。王维的"辋川别业"，就在峡谷的最南端，分为孟城坳、华子冈、文杏馆、斤竹岭、鹿柴、木兰柴、茱萸沜、宫槐陌、临湖亭、南垞、欹湖、柳浪、栾家濑、金屑泉、白石滩、北垞、竹里馆、辛夷坞、漆园、椒园等二十几处。各处之间，有小径相通，沿途建了些凉亭茶舍，可以随时弹琴饮酒，观景赋诗。

王维购买"辋川别业"的初衷，原本是想帮助母亲了结心愿，寻一所离长安近一点的清静精舍供她修行。辋川的附近有很多寺院，如石门精舍、感配寺、感化寺、法池寺、津梁寺、悟真寺、永福寺、崇仁寺、玉泉寺等，可以方便母亲去这些地方烧香拜佛。王维看了"辋川别业"后，一下子喜欢上了这里。除此之外，王维一直想找一个清静之地，专心于绘画。毕竟，作为盛唐顶级画师之一，王维不得不奉命，或者出于应酬和生计，要完成诸多画作。在"辋川别业"，他不仅身居山水之中，还可以不受干扰完成绘画，这也是王维如此热衷此地的重要原因。

初到辋川，王维即在《辋川别业》一诗中兴奋地写道：

>不到东山向一年,归来才及种春田。
>雨中草色绿堪染,水上桃花红欲然。
>优娄比丘经论学,伛偻丈人乡里贤。
>披衣倒屣且相见,相欢语笑衡门前。

这首诗,应是王维刚刚迁入辋川所写。这是一个春雨绵绵的黄道吉日,王维看着辋川当地农户春耕的景象,心里兴奋不已:雨中萋萋青草浓浓的绿色,足可染物,将远远的山景全染成绿色;水上火红的桃花像是要燃烧起来,十分迷人。此处的僧人也好,隐居乡里的父老乡亲也好,一听说诗人来到了此地,一个个披衣倒屣赶来相见,争先恐后地跟他述说柴门之事。如此情景,还是辋川吗?分明是带着浓郁的"桃花源"风。

雨停之后,辋川又是一番别样的风景:山下的炊烟袅袅升起,百姓们忙着蒸藜煮黍,随后将饭食送到东边田里。稻田蒙蒙,白鹭翩翩起舞;树荫浓浓,黄鹂婉转歌唱。深居山中,修养寂静的心性,面对朝槿,悟出人生无常的枯荣:

>积雨空林烟火迟,蒸藜炊黍饷东菑。
>漠漠水田飞白鹭,阴阴夏木啭黄鹂。
>山中习静观朝槿,松下清斋折露葵。
>野老与人争席罢,海鸥何事更相疑。

这首《积雨辋川庄作》,是王维田园诗的代表性作品。古往今来,很多人将之推崇为全唐七律的压卷之作,诗中所描述之田园风光,已是文字所达之极致,诗中洋溢的气息和通感,就像是莫扎特的《A大调单簧管五重奏》,或者拉赫玛尼诺夫的《第二钢琴协奏曲》,泛着梦幻斑驳的光影,如辽阔的原野、森林、河流,像飘荡着雾气的水面,也如阳光射入漆黑的森林。清代赵殿成认为:"淡雅幽寂,莫过右丞《积雨》。"诗中"漠漠水田飞白鹭,阴阴夏木啭黄鹂"两句,更成了千古佳句。

有了此仙境宝地,怎不让人魂牵梦萦?一有空闲,王维就急切地跋涉辗转来到辋川,尽享山中明月,水上清风。每次推开别业柴门,王维感觉自己就像一个疲惫的病人,需要不断的抚慰来恢复元气;也如困惑的灵魂,汲取山川河流的滋养。每天,当王维醒来时,总有一个崭新的世界,夹裹着雾岚呈现在他面前。起床后,王维一般会走到园子门口,静静地观看眼前的山峦。春天到来,清风浩荡,绿色的山峦之上,点缀着斑斓的色彩。有鸟在远近高低地啁啾,不知道发自哪一个点。春山随处都是奇花异草,河边的幽潭清澈得可以照出人影。夏山的晴天是炽热的,只有黄昏之时,山野里才有凉意,密密麻麻的鸟儿在密林中升起又落下。秋山,夕阳从山坳里照射过来,山野里一片缤纷绚烂,像各种各样的颜料打泼了似的。至于冬天,大雪封山,天寒地冻,万物萧条,可是天一晴,那些冻土就会在阳光的照射下氤氲出岚烟。这袅娜缥缈的岚烟,就是无穷无尽的生命吧?至于山,雄伟而辽阔,像一面巨大无朋的屏风一般,远远地挡在那里。人在天阔地辽的山野里,会不由自主地自甘渺小,如微尘,如砾石,如田野里的一棵野草;却又并非真小,间或会感觉宽广无垠,可以与自然融为一体。

在辋川,王维变得越来越沉静,并且,随着沉静的深入和扩展,越来越有"通灵"的感觉——每当王维静静地耽于冥想之时,那些山峦仿佛会意,也变得肃穆而沉静,就像两个老友之间默默地凝视。此时身边的一草一木一石一鸟都显得别开生面,寓意无穷。他看着它们,仿佛时间凝固,感到了永恒,生命的感怀更强烈了。

行为思想与社会的关系,往往是这样的:对理想失望的时候,就会寻找生活的支撑;对生活失望的时候,就会寻找文化的支撑;对传统失望的时候,就会寻找现代的支撑;对人失望的时候,就会寻找自然的支撑……从总体上来说,王维也不例外,可王维又有特殊的地方:对生命本质的追求,才是他隐逸的真正原因。这很正常,对灵道之人来说,深入地探索真理,了解生命的意义,一直具有强大的吸引力。每一个智者都有自己的精神追求,都渴望找到解脱和跃升的路径。那些孜孜不倦内观的人,最有希望超越苦痛和世俗,感觉到最卑微、最简单、最尘埃的真理。宗教也好,艺术也好,绝不是自我孤立,也不是孤芳自赏,而是一种方法和路径,让有所准备的人感悟,跃上一个更高的境界。王维的隐逸,以及他越来越多地沉耽于佛禅,其实也是如此。

在《书事》一诗中,王维写道:"轻阴阁小雨,深院昼慵开。坐看苍苔色,欲上人衣来。"可以想象的是,细雨刚停,天气转晴,静静的院落大门慢慢打开,诗人看着这寂静清幽的景色,感觉此刻已跟外部的自然融为一体,连院内外的绿色青苔,都延伸到自己身体上来了。诗意自然妙趣,宛如天成,达到了"不知何者为我,何者为物"的超然境界。

一般来说,中国读书人过了四十五岁之后的诗文,往往清癯干硬,瘦骨嶙峋,很难看到文字中的灵性,很难看到文字背后的圆融、觉悟和通透。这通常是儒家思想的结果,人到了这个阶段,遭遇种种不如意,理想破灭,现实困窘,难以接受。贾岛、杨万里等都是如此,即使如杜甫,也有这样的一面。可是,王维不是这样,写《辋川集》时的王维,仿佛身体轻灵,腋下生风,突然跃上一个新境界,将身体内多年积淤的凝滞彻底化掉,继而身轻如燕、捷敏如兔、宁静广远。虽然这一组诗表面上素朴,可是在内里,仿佛有神鬼导引,玄机莫测;又仿佛暗香缕缕,勾魂引魄。字词语句,仿佛拥有生命,自行寻找幽然的路径,自觉进行归位;各种洁净明晰的感觉,犹如从天上降临似的,带着青绿和蓝白的色调,划着曼妙的弧线,如音乐般叮当作响……庄子云:"朴素而天下莫能与之争美。"朴,是未加工的木头;素,是没染色的白绢。朴素,就是一种朴拙、本然、澄明的美。布衣陋舍是朴素,粗茶淡饭是朴素,山静心空是朴素,夜寂心安也是朴素。大道至简,三千繁华,终归朴素。朴素,是极致的美,最接近于道。譬如一枝白莲,清清净净立于水中,不染纤尘,素雅而高贵,胜过万千姹紫嫣红,诠释花的意义。

王维《辋川集》有一种朴素之美,它看起来淡淡的,可是非寡淡,而是淡然、自然。追求最本真的自己,追求自己心底的感受,看似风轻云淡,实则容纳万千。它的好,很难用理论来解释,甚至很难用语言来表达,就像我们很难用文字来描绘音乐的好一样。一切理论都是结论,而艺术永远是追溯、启迪和抒怀。王维所说的,是在描写中求得解脱,在抒怀中求得觉悟。

朴,还是寂的开始;素,是在减法中不断体悟明亮与欢喜。世间的禅意,从来就是建立在朴素基础之上的,淡极始知花更艳,花到无艳始称绝。弱水三千,只取一瓢饮。只有历尽世间喧闹浮华,才明白平凡蕴含的真谛。只有尝遍天下美食,才知晓人间至味,是清淡的欢愉。

王维为什么会写出不一样的《辋川集》?应该是某种顿悟和会意——很可能于某一个夜半或清晨,王维从睡梦中醒来之后,翻来覆去怎么也睡不着,于是来到舍外,仰首一看,顿时惊呆:苍穹之上,是无数繁星,它们自由地旋转,灿烂地开放,就像高高悬挂的一只只银色风铃,那种群体的光亮,就像是动员着天地山川,集体进行一场声势浩大的演奏似的。王维突然觉得身体内部透亮,仿佛运行着某种星辰,与头顶上的星辰一样,带有生命的力量。它们一直在默默地凝视,也在默默地对话。不仅仅是彼此,那些草木花树、山川河流,甚至天地自然,都参与了进来,连最微小的蛐蛐和纺织娘也不例外。世界无所谓大小,时间无所谓长短,事件无所谓利害,意义无所谓深浅……心即存在,若没有了心,无法感知的话,那么,就不会有眼前的一切;真正的艺术,关心的永远是人和人的灵魂。在那一刹那,王维的心房洞开,思绪也豁然开朗,感觉有美丽的光影荡漾其中。这还是天地无形的力量吧,当天地人直接面对,因缘被赋予某种使命时,潜藏于人体内部的东西更容易被唤醒。这是一种冥冥之中的指引,是某种静穆的力量对自己的恩赐和垂怜。

王维后来想,这就是"神性"吧,或者是"佛心",容纳漫漶的生命气息,慢慢凝聚为一种情绪,随后激荡出跳跃的火花。好的艺术,一定是觉醒的、自由的,也是有"神"的。这一个"神",可以解释为一种韵律,一种道,一种将人类和天地融为一体的理念。所谓智慧,就是人以思考和虔诚,完成与天地万物的连接,尽可能地探索和遵循"天道"与"天命"吧?王维突然觉得,一定要为辋川别业写一部诗集,将辋川的每一个景点,都赋予某种天地自然之理,捕捉它最有意蕴的一刹那。如此这般,每一首诗,都像一幅画,又不仅仅是一幅画,还是心灵和理念融会和交流的艺术世界。诸多"禅"都是这样的,语言照亮之前,它是一片黑暗,如孤寂的水面,无从感知。可是一旦用文字点亮,它一下子就变成了波光潋滟,变成了诗意的存在。

"文章本天成,妙手偶得之。"这是南宋诗人陆游的佳句。陆游,显然是从诗文的写作中,感悟到了某种鬼斧神工的意味。一个写作者,或真切地意识到心灵的战栗,深深地潜入记忆与想象,深入到时间和情感的暗黑地带,采撷到人之为人、伦理之为伦理、欲望之为欲望等绚烂的蘑菇,随后化有形为无形,赋予历史与当下、传奇与故事、理想与现实以特定意义时,所有的文字,便会如花朵一般开放。真正的写作,是没有喧哗和聒噪的,只有倾听,只有静观,只有呈现,随后交流,随后记录,随后流动。来自内心深处的呼唤,跟来自天地的声响一样,永远是朴素、单纯、澄明又寂寞的。

正因为如此,《辋川集》达到了王维个人诗歌修为的巅峰,成为盛唐时代一座难以逾越的高峰,同时也成为中国古代诗歌中最有特点的一本诗歌集,它开拓了一条道路,将那些难以用名词、动词、形容词、副词表达,也难以用定义、概念、逻辑、理性阐述的东西,充分运用有形的诗歌,以及无形的绘画、音乐手段,通过"造境"的方式表达出来。避免人们因为语言和文字的缺陷和短板,丢失了诸多感觉和灵性,也让那些缺乏艺术视角的人意识到还有一个别样的世界。可以这样说,如果没有《辋川集》,王维的作品只是具有超出常人的才华,呈现出精致、精巧、雅致的特征,而《辋川集》的横空出世,让王维的诗歌具有了鬼斧神工的气韵。《辋川集》中每一首诗,都有着植物的属性,像花朵一般摇曳生辉,像月光一样静谧流淌——那是一个美丽绝伦的崭新世界。

真正的好诗,是浑然一体的,是难以分拆的。对这样的诗,当明白的是它真正的精神、感情和生命之所在,不应当将它肢解成一字一句,去分析它的好处。对王维的《辋川集》,尤应如此。比如说第二首《华子冈》:

飞鸟去不穷,连山复秋色。

上下华子冈,惆怅情何极。

多年之后,王维曾这样描述他对华子冈的感受:"夜登华子冈,辋水沦涟,与月上下,寒山远火,明灭林外,深巷寒犬,吠声如豹,村墟夜舂,复与疏钟相间。此时独坐,僮仆静默。多思曩昔,携手赋诗,步仄径,临清流也。"《华子冈》这首诗,很容易让人想到后来李白所写的《独坐敬亭山》:"众鸟高飞尽,孤云独去闲。相看两不厌,只有敬亭山。"有人认为,李白的《独坐敬亭山》,深受王维《华子冈》的影响。虽然这说法难以论证,不过可以肯定的是,这两首诗有着异曲同工之妙,同属华美的绝唱。

《辋川集》的好,首先在于"闲"。人有了"闲",自然而然地会松弛下来,变得从容而有余裕,这时候的内心是舒缓的,情绪是舒展的,"闲情"和"闲愁"都出来了,思绪若飞鸟盘旋于"春江花月夜"的上空,诗文中尽是静谧和旷远,自然而然地呈现出来。

《辋川集》中最脍炙人口的,是《鹿柴》:"空山不见人,但闻人语响。返景入深林,复照青苔上。"这首诗,一直被誉为"五绝圣境",指的是这首诗意蕴无限,达到了五言诗所能表达的至高境界。它不仅是诗,也可以说是画,更可以说是音乐。诗与画到不了的地方,就有音乐响起。王维的诗,有一种音乐性暗藏在里面,不仅读起来非常舒心,还能感觉到诗中有一种妙不可言的节拍感,如音乐的律动。如此内在律动所产生的音乐性,从某种方面,也可以说是神性,是文字组合的别样神意。诸多鬼斧神工的艺术作品,如绘画、音乐、诗歌等,都是有着如此神性的。王维的诗,就是如此,仿佛融通了诗、画、乐,于诗情画意中氤氲而起,如雾霭,如光影,如清风,让人叹为观止,拍案叫绝。这种诗表达的是什么?说王维在别业的山沟里散步,四周不见人,也不想见人,却远远听到好像有人说话,那应是一些过路人在说话。可是,王维根本不想见人,于是"返景入深林",只是专注地看着阳光照在青苔上。"返景"中的"景",其实是"影",因为辋水河谷是东西向,早晨太阳从东边出来,黄昏太阳从西边落下。若是返回的话,只能逆着自己的影子回来。诗如此解释,虽然准确,可也失落了诗歌中最意味深长的东西。不管怎样,这首诗中几乎所有的意象都是至美无双,辋水谷一片静寂,可是在寂静中,又有一些声响和碎影,引得诗人的情绪产生了微妙的变化。由此可见,鹿柴的"寂",

不是死寂,是生寂,是寂然生趣,是生命的如如不动。

"寂",与"静"不一样,暗藏着孤独。孤独分为三种:一种是强者的孤独;一种是弱者的孤独;另一种,应该是智者的孤独。王维的"寂"也好,孤独也好,应该属于第三种。因为有着形而上的智慧,王维从内在精神上,不是弱者,而是强者。他的孤独是没有人懂的,也不需要别人懂,只有自己懂自己,自己明白自己就足够了。真正美丽的世界,一定属于无所求、无所恃、无所期待的内心。凡自己完美,拥有智慧,明察幽微,人与外部世界的关系也会发生相应的改变——见,或者不见,都不重要;见到了,或者没见到,都不是个问题……只要有雅兴,只要有情趣,赠人兰草,手有余香,都可以成诗,都可以传为佳话。对王维来说,此时的孤独,已是一种状态,也是一种境界,只有到了这样的境界,才没有其他力量能够控制自己、影响自己、干扰自己,然而,这种"寂静"又不是通向绝望,而是通向自由,也通向高贵。它不只是一种状态,而是蕴含一种美学意义,是更深层次的自由,是自己对自己的享受,对思想和道的享受。像雪中的寒冷,只剩精神;如空谷幽兰——但闻兰香,不见兰影。

正因为心境的开阔,王维自此之后的诗、文、书、画、乐,越来越多带有空灵意味,散发着般若和神性之美,既捉摸不定,又有迹可循。这很正常,人越聪明敏感,越容易亲近空灵,尤其是觉悟到命运的无常之后。王维诗最大的特点,是转向了"境"的创造。之前的诗,重点在于"情",也重点在于"景",这与当时诸多诗人的风格区别不大,要么是对客观之"景"的描述,要么是对主观之"情"的描述。可是,一旦有了"境",就不一样了,主客观融为一体了,外在和内在统一了。王维诗中出现的无数意象,此刻也仿佛吹了一口仙气似的,一个个都注入了生命,有了生命的质感,也有了真正的心灵。如此这般,在王维笔下,花是有生命的,水是有生命的,山是有生命的,云是有生命的……一切的一切,都因为视角的变化,心境的变化,变得有生命起来。比如"日落江湖白,潮来天地青"(《送邢桂州》),夕阳渐渐下沉,光影交错之间,江水与落日余晖交汇融合,呈现一片耀眼的白光;而潮水一波又一波地席卷而来,天地之间被晕染成了朦胧的蓝青色。《唐宋诗举要》称赞此句"气象雄阔,涵盖一切"。

"地迥古城芜,月明寒潮广"(《送宇文太守赴宣城》),"秋天万里净,日暮澄江空"(《送綦毋秘书弃官还江东》)等,画面感极强,色彩感也极强。王维喜欢用"天""月"等意象及"明""寒""净""澄""空"等冷色调的形容词,这些都带有空灵的意象,干净内向,寂寥冷艳,有一种别致的意味。

万物皆有灵,这是王维诗画之"境"的最大特点。如此初衷,应是"一花一世界,一叶一菩提"吧?主客观打通了,内外部打通了,自然就有一种"境"油然而生,于是主客观相融,主观之中有客观,客观之中有主观。这一点,就当时的情形来说,是相当了不起的。自此之后,中国诗歌的标准,是否有"境",成为重要的标准;中国绘画是否有"境",也成为重要的标准。至于后来的"文人画",更是将造"境"确定为第一标准。它的首创者,可以说就是王维。

与"境"相伴的,还有平和冲淡的文字。文字是具有神性的,若文字过于华丽铺张,刻意雕砌,一定会虚浮空洞,言之无物,毫无生命。只有平和冲淡的风格,似乎最带有禅意和空灵。《辋川集》中的诗,字与字之间,词与词之间,句子与句子之间,仿佛如苏醒般,巧妙相连、呼应、排队、归位,表达准确,美而不俗,意境、画面、留言、音律都各自到位,仿佛都有呼吸和微笑。汉之后,世间热衷雕虫,不见雕龙,不仅行之不远,也不见真诚,文字有僵死的趋势。王维的文字,平淡中仿佛自带生命,自然而然,富有雍容沉着之气度,兼有灵性和贵气,笔墨所到之处,如枯木逢春,如风吹杨柳,如春江水暖,如桃花流水。什么原因?无非是平实而见心,心到之处,便有春风化雨。如此这般,是以有限通连无限,以有形连接无形。"禅"是一枝花,蕴含在文字之中,也开在文字之外,关口一开,轻风吹拂,如月下碎影、兰桂幽香、飞鸟振翼、虫豸啼鸣。

相比之下,孟浩然、韦应物等人的诗,内心深处始终有细碎的冲突,有隐约的尘世杂音干扰,难以纯净,也难以纯粹。虽然同样清淡闲逸,却始终无法达到将思想的深度、境界的升华以及愉悦的想象融于一体的空灵境界。

都说王维是"诗中有画,画中有诗",其实不只是这样,他的画也好,诗也好,还有诗与画之外的意蕴,有声音,有色彩,有各种各样灵动元素,甚至暗藏着某种游弋其中的性灵。以现在的概念来看,王维的《辋川集》,不仅仅如一幅幅水墨画,也还如照片般丰润,甚至像是数十秒乃至五分钟之内的短视频般生动,不仅色彩缤纷,还有着风声、雨声、鸟声、虫声。只是这一个"声音",是悄然无声的,是阅读之时心尖上的潋滟。

远看山有色,近听水无声。
春去花还在,人来鸟不惊。

最好的文字,可以说就是文字的消失——文字在将读者导引到某种情境之后,倏尔不见,只剩下"明月松间照,清泉石上流"。这一首《画》,即是如此。

《辋川集》的好,当然在于诗歌所呈现的"禅意",它就像一缕轻烟一般,使得诗歌本身,散发着氤氲的气息,也使得诗歌所呈现的境界和别意,成为冰山的一角。这是一种很奇怪的感觉,如果对艺术的真谛加以深入追溯的话,就会发现,艺术连接着某种"神意",至于"禅",仿佛天地之灵的自然氤氲。它是一种感觉,像食物的味道,像清风明月,也如冬日阳光的温暖舒心。"禅"可以说是一种简化到极致的美,如临济法师所说"佛法幽玄"——当此时,文字可有可无,思想可有可无,一种浅淡的神性如花蕊般绽放,如淡雅的茶香,缥缥缈缈,形散神不散;也像静静的池塘的水面,落入一个小石子,突然间生气尽显,画面和氛围都"活"起来,各种美好一并唤醒。

"禅"还可以理解为一种过程,是一段不长的桥梁,它终究导引出一个个巨大的"主体",如果我们将那种浩瀚的"神意"称为主体的话。文字终止的地方,禅意出现了,它让我们意识到一个更加浩瀚的世界。

王维的诗,是一种禅意的体悟。"禅",有模糊性,有神秘性,是一种很细微的感觉,飘忽不定,不好确指;它不是物象的,也不是抽象的,它可能是一种氛围,也可能是一种情境,也可以说是一种带有哲学意味的诗。它似乎是躲藏在语言边际的一种东西,超越语言之上,只能意会,不能言传。能感觉到它,是一种能力,也是一种福分。"禅",不相信语言和文字,也不舍弃语言和文字。语言和文字,一直是一种很奇妙的东西,它仿佛有着神性,也有着悖论:过分地依靠语言,反而不会有好的语言;怀疑语言的本质和功能,反而会有好的语言,也有好的文字。此所谓"鸟啼花落,皆与神通……但见性情,不着文字",或是语言和文字,能活起来表达细腻的性情,就一定是好的语言和文字。这一段话,同样意在表明语言是孱弱的,在语言之外,还有更好的东西。跟禅意相关的诗,都是好诗;跟禅意有关的文字,都是好文字。欣赏禅意,得有禅心才是。如糖遇到舌头,甜之味才能觉察到;遇不到味蕾饱满的舌头,再好的味道,也是白搭。所谓禅意,就是隐藏在语言文字之中的内在意思,也可以说是语言之中的"桥梁性"。

诗与禅,仿佛"并蒂莲",也仿佛"双生花"。都是倏然一念,天然有着玄妙而透通的习性,得意忘言,意犹未尽。相比于诗的简约,禅更为内在化,它是人已觉察,有感觉,却难以用文字和语言表达的。在本质上,禅是最好的诗,也是无字的诗。诗,是禅的衣袂,是禅的火花印记。

诗,缥缥缈缈,无所定指;禅,也缥缥缈缈,没有确定——往往是越不确指,就越发意味深长。好的艺术,一定是有"禅"性的,它既是一切艺术的源头,也是一切艺术追求的目标。对王维来说,他可以说是恰到好处地将两者结合起来,使得自己的诗,充满着一种纯粹性。也使得自己的禅修之旅,因为充盈着艺术的清风明月,不至于那样孤寒寡淡。

禅,实际上是一种看待问题的新方法和新视角,也是试图越过文字来理解诸多"性"与"理"的方式,它的内在逻辑是大道无言——既然大道无言,无法表达,那么就不要在语言这一棵树上吊死,不要执着,不要拘泥,以"悟"来达到对诸多玄理的明白。如此看法,其实是对的,真正深邃的法则,大多只可意会不可言传,尤其是对古汉语来说,由于缺失逻辑的方式,以及相关的定义和概念,在表达诸多抽象和虚玄的事物和性质时,往往难以表达。这样,就必须寻找一种新的方式和路径,"禅"即属于人们想依托的路径。人们不是通过逻辑和概念,而是通过意象和比喻,或者巨大的空白,来表达对佛理等诸多事理的认知。这种方式,似乎在老子的反向思维和庄子的诗性思维基础上,又进了一步。禅还让人们明白了智慧和知识的区别:知识表明你知道某一样东西,智慧是能把知识和日常生活结合起来。知识属于社会,智慧属于个人;知识可以授受,智慧只能启迪。

智慧分为几种:一种是生存智慧,属于人性,大部分是算计;另一种是形而上智慧,有神性意味,更多是想象,以及对真理的觉知。王维的智慧,显然是后一种。它是这样一种东西:感性觉醒了,就是理性;理性觉醒了,就是感性;感性和理性同时觉醒,就是智慧。

至于智慧的最佳状态,是与慈悲合二为一。没有慈悲的智慧,是没有归宿的智慧;没有智慧的慈悲,同样也是没有根的慈悲。

就禅论禅,难以捉摸,通过艺术去触摸禅,是一条路径。禅是"佛"的光泽,艺术是"禅"的光泽。佛比道高,禅比艺术高,艺术有禅境,是较高的境界;人有禅境,那种静谧、游离、洒脱的精神和个性自由就都出来了。人在追求自由的过程中,若将精神性附之于艺术,会汲取丹心,境界自然扶摇而上。总而言之,尊重内心,感觉内心,内心自有很多反馈。其中三昧,别人难以觉知。有因就有果,有这一个因,会产生非常好的果。

众多诗人弄禅,往往是一知半解,偶尔触及,用诗来讲一讲佛理。可是王维弄禅呢,有着对佛理和世理的巨大感悟,是造大境,把自己都笼罩进去了,有着无人可及的大高妙。

王维的诗,如"雨中山果落,灯下草虫鸣",极具般若性,仿佛触及神性,一切让"神"来说话,自己则躲在一边。这样的诗句,的确是鬼斧神工,自己什么都不说,又什么都说了。艺术的至高境界是禅境,这指的是艺术调动无形的能力,不仅仅局限于语言,或者线条什么的,还将周围的有形和无形,都纳入其中,形成艺术之"场",这就更为高蹈玄妙了。

语言和文字,一直伴随着人类,它带有某种神性,给人类以指导,只不过在很多时候,神性飘忽不定,显得更加缥缈氤氲罢了。一个作品,如果意在获取,它就倾向于政治;如果意在表达,它就倾向于文学;如果意在表述,它就倾向于哲学;如果意在给予,它就倾向于宗教。就王维的诗与画来说,它意在什么呢?在表达中给予,只是给予,或者传递,而不是获取。也可以说,它具有艺术性、哲学性、宗教性,就是不具有政治性,它似乎不屑于为某一种势力发声,它只传递自己的感觉、经验和悟彻,这就足够了。

　　王维的诗,还有着一种高贵的松弛感,气定神闲,不紧张,不做作,自然而然,性灵毕显——只有松弛,才会有性灵,而紧张、做作和自视崇高,是很难见到性灵的。好的诗歌,就是呼吸;好的语言,也是呼吸——对人来说,有呼有吸,方为自然。这一点,诗歌也好,艺术也好,自然也好,道理是共通的,不仅仅是写作,凡是具有高级感的东西,几乎都有着相同的习性。中国古代的诸多诗文,看起来华丽铺陈、花团锦簇,可是很多都没有呼吸,相反,很多字词语句密不透风,让人窒息。王维的诗却不是这样,一呼一吸,淡定自然,通俗易懂,从不佶屈聱牙,也没有让人纠结的个人情绪,只有淡淡的哀伤,淡淡的欢喜。诗极具画面感,描述的大多是景,可是在景致之上,却是静谧的情,若镀有一层月光,那是王维眼中亘古未变的清丽光辉。

　　王维还以《辋川集》创立了一个诗派。《辋川集》中的诗,跟之前《乐府》《古诗十九首》等朴素现实的诗风有很大的区别,极大程度地提升了艺术高度,形成了哲学层面上的美学意义。自此之后,一种富有"禅机"和哲理的,具有"高级感"的诗风在中国古代诗歌中独树一帜,作者当中,有很多都是僧人和居士。诗僧云集,互相启迪,他们留下的诗句,如风来竹面,雁过留声,一直在湖光山色中闪动着波光潋滟,成为诗史上一道最捉摸不定的风景。

　　天宝九载(750),王维的母亲在辋川去世。两《唐书》均有记载:"居母丧,柴毁骨立,殆不胜丧。服阕,拜吏部郎中。天宝末,为给事中。""母丧,毁几不生。服除,累迁给事中。"这一段话叙述了母亲去世后王维的变化,由于过分哀恸,王维吃不下饭,睡不着觉,骨瘦如柴,形销骨立,几乎要崩溃了。虽然王维对生死之事早不陌生,不过母亲的死,还是让他感到悲戚无比。王维终止了一切事务,丁忧辞官离朝,回辋川为母亲庐墓守孝,直到天宝十一载(752)三月初回朝复职,前后共两年零三个月,这也是王维居辋川后时间最长的一次"屏居"。在那一段时间里,王维朴衣素食,闭户修禅,每每想到母亲当年对自己严格的教导,辛劳地将自己抚育成人,都忍不住潸然泪下。可以想象出母亲去世给王维带来的伤痛,由于父亲早逝,知书达理、笃信佛教的母亲,对王维的影响,可以说是巨大的。王维的母亲是一个有大格局的女性,她不仅培养了孩子成熟平和的性格,还时时给孩子以启迪,真切地教育子女,把世间诸事当作一种磨炼,修己心,体会到其他人的痛苦,尽力去扩展认知边界,在磨炼中去背负困惑,感受自己的心、他人的心,不断地调校、反省、精进。每个人都有自己差异化的特征,作为王维来说,他与众人最大的差异化,就是来自母亲的教育和影响。

能显出王维悲恸欲绝的另外一个佐证是:在这长达两年多时间里,现在留存下来的只有一文一诗,很难想象王维在这一阶段竟然完全搁笔!这两篇诗文,也是在特殊情况下不得已而为之的:一文是为前京兆尹韩朝宗写的墓志铭。天宝十载(751)十月,韩朝宗葬于蓝田县白鹿原,韩朝宗的儿子请王维写墓志铭。因为韩朝宗是王维居住地辋川的"父母官",二则韩朝宗的终葬之地是蓝田,王维对此无法推辞。一诗是《酬诸公见过》,作者在题下还特别加注"时官出,在辋川庄",证明确实写的是丁忧辋川事。诗应是朋友们来辋川看望丁忧的他,王维为感谢朋友的深情而作。

嗟予未丧,哀此孤生。
屏居蓝田,薄地躬耕。
岁晏输税,以奉粢盛。
晨往东皋,草露未晞。
暮看烟火,负担来归。
我闻有客,足扫荆扉。
箪食伊何,副瓜抓枣。
仰厕群贤,皤然一老。
愧无莞簟,班荆席藁。
泛泛登陂,折彼荷花。
静观素鲔,俯映白沙。

> 山鸟群飞,日隐轻霞。
> 登车上马,倏忽云散。
> 雀噪荒村,鸡鸣空馆。
> 还复幽独,重欷累叹。

这首四言诗,说的是母亲去世后,王维孤独地在辋川过着屏居躬耕的生活。诗意大致为:可叹啊,我这个母、妻皆丧独己尚在之人,凄苦地过着这孤独的生活。在这几乎与世隔绝的蓝田辋川,亲手耕种着一些瘠薄的田地,到了年底缴纳赋税,以充朝廷祭祀所用。清晨蹚着露水下田干活,傍晚看见炊烟升起,才肩背担挑归来。听说有朋友来访,就认真地清扫了茅屋的里里外外。山庄里没有珍馐佳肴招待,只有自产的瓜枣。我自己已是一个鬓发斑白的老朽,羞于并列于来访的群贤之中。最惭愧的是连像样的座席都没有,竟是把荆条和禾秆铺在地上请客人来坐……

由诗中可见,这个时候的辋川别业,还不像后来《辋川图》中所画的那样。辋川别业在这个时候,还是简陋的、粗放的,只是到了后来,经过大量投入和精心维护,才变得堂皇壮观。大约是事先没有招呼,诸多友人的突然造访,令王维猝不及防,庄园里一时竟拿不出什么可以吃的,只能赶快从地里摘一些自产的瓜果;没有足够的椅凳,只能让来宾坐在荆条柴火上。王维称自己的居所为"荆扉",亦即柴门、茅屋,看来也不完全是谦辞。王维购买辋川别业时,大约还要缴纳一笔赋税,或者还欠下一笔借款,这使得王维不得不早出晚归背负肩挑地躬耕劳作,就连洒扫庭除,也往往亲力亲为。总体上来说,王维的生活不至于很贫困,只是他一直崇尚安贫尚简、清心寡欲的生活方式罢了,更何况"丁忧"在身,各种生活从简从陋,如此状况,也很好理解了。

不得不承认的是,这一段时间艰苦而清静的修行,让王维的境界提升很快。在静谧的山野中,王维一直思考着死亡、生命、亲情与世界的关系,在这种潜在的对话中,王维逐步消融悲恸,也递减了很多执念,越来越接近于物我两忘、无欲无求、无嗔无怨的境界。王维真切地感受到,意义与实在并非隐藏于事物的背后,而是寓于事物自身,寓于事物的一切现象。当一个人能够单纯、专注、觉醒地注视当下,毫无疑虑又毫无顾虑之时,生命才是一种赏心悦目的存在。至于其他,一切均毫无意义,甚至包括写诗、绘画、音乐之类的艺术活动。艺术最美之处,在于一刹那的光泽,在于什么都有又什么都无的空灵。就像在辋川的日子里,最美妙的日子,不是写诗,不是绘画,甚至不是与老友对话,而是呆呆地看着眼前山野,日光绚烂,云去云来,万物无情,看着树梢上的鸟群飞过,蝴蝶飞过,蜻蜓飞过,心骛八极,神游虚空。这一种状态,就是当天的喜悦吧?——过去之心不可得,未来之心不可得,现在之心不可得,万法皆如,俱入当下。

那一段时间,王维还对艺术的本质有了深入的思考。在王维看来,艺术一直是与"道"连结,给人以无限的启迪,是真正的"众妙之门"。艺术,是捕捉形而上之光的,没有形而上的光泽,就难以称得上是真正的艺术。在这个世界上,只有真正的艺术,才具有"清醒的、觉悟的目光",表现出这个世界的复杂性、多样性和玄妙性。它不仅是"对人的具体存在的探究",更能不断地发现人本身的神奇,也发现外部世界的神奇,还能意识到人与外部世界关系的神奇。能感觉到艺术玄妙的人,是有福的,因为艺术是人类消除和减轻自身痛苦和无聊的最好东西。因为如此,一个浸淫于艺术的人,会有一种若有若无的神采,也可以说是缥缥缈缈的仙气。若是没有艺术的灵性滋养,很容易枯燥、寡淡和乏味,也很容易油腻、滞重而干涩。艺术就像水分和光泽,润泽众生,让人变得生动、广远、幽默,心量和心力更强,从容地面对世界的危险和无常。

从此之后,一个以"禅"为追求,深深地知晓世界真谛的智者诞生了——我们看到了一个喜欢拜谒名寺,顶礼大德的摩诘,一个以禅诵为事、以玄谈为乐,写下了许多游寺庙诗的摩诘。对王维来说,他真心地以为自己还有另外一个影子,如同月光一样照耀着自己,那一个人,就是"上人"维摩诘。"上人"这个词,意指人上之人,出自他钟爱的《维摩诘经》。王维曾有诗写给"上人",表达自己的景仰。对王维来说,生命就是一个影子,若是能意识到影子的背后还有影子,这个人就已经是"圆觉"了。

丁忧前后,王维还写了大量描写辋川田园生活的诗歌,涉及辋川的有《辋川别业》《辋川闲居》《积雨辋川庄作》《戏题辋川别业》《归辋川作》《别辋川别业》《春中田园作》《春园即事》《田园乐七首》《山居即事》《山居秋暝》《早秋山中作》《泛前陂》《山茱萸》《山中》《山中送别》《蓝田山石门精舍》《过感化寺昙兴上人山院》《游感化寺》等。除此之外,在辋川别业居住期间,还有一些酬答之作,比如《临高台送黎拾遗》《酬虞部苏员外过蓝田别业不见留之作》《赠刘蓝田》《林园即事寄舍弟纮》等。由此可见,辋川对于王维的重要性,就像苏东坡的黄冈、陶渊明的南山、李白的宣城等,这些,甚至都不能与辋川相比。可以这样说,辋川成就了王维——若是没有辋川,王维只是无本之木、无源之水。

这个时期,王维还作有《山中示弟》诗,因是写给家人,言辞间不免放松。从这一首诗中,似乎可以看出王维隐居后心中的滋润,颇有些得道成仙的自得,仿佛触及了真理的边际:

> 山林吾丧我,冠带尔成人。
> 莫学嵇康懒,且安原宪贫。
> 山阴多北户,泉水在东邻。
> 缘合妄相有,性空无所亲。
> 安知广成子,不是老夫身。

需要重点指出的是,王维绝对是有悟识的人。古今中外,诗人很多,文学家很多,可是有悟识的诗人和文学家,却并不太多。悟识,一定得建立在慧根的基础上,它还不止慧根,还得有机缘,是慧根加上机缘,才有可能得到真正的悟识。

最好的艺术作品,一定跟智慧和心灵紧密相连,也一定蕴含某种思辨触角,以感知和表现人性深处的神与魔。能突显出魔性的,是深刻的;能突显出神性的,是高贵的。在王维那里,一直有着中国文化所缺少的脆弱、幽微、精致之美,这些,又跟人生的本质联系在一起,带有某种不朽的寓意。这是很难得的,也是具有启迪性的。

王维隐逸，是"道隐"，还是"佛隐"，一直存有争论。其实，执着于此，意义不大。王维所崇尚的禅宗一派，本来就有佛与道融合的成分，带有浓郁的本土风格和方式。所谓隐逸，其实就是躲藏，不仅躲藏在人迹罕至的地方，也躲藏在政治的后面，时代的后面，甚至自己诗文与丹青的后面，做到真正的"空无"。若是有了觉悟的升华，有了对山川河流万事万物的融入，无论"道隐"也好，"佛隐"也好，都是手段和路径，结果才是最为重要的。一个人若是在大野中生活久了，一定会葆有清新单纯之气，像一株植物般无欲无念。王维因为对天地自然的亲近，已明白了天地的真谛，随遇而安，草木皆喜。此等境界，实际上是不以依附于主体的面貌出现，而是与人的精神达到了高度的统一，升华为人类的精神归宿和灵魂家园。人于此世，并不一定得慷慨悲歌、纵横万里，最重要的是，自甘渺小，获得生命的真谛，也就是佛语所说的"三昧"。

"三昧"一词，来源于梵语 samadhi 的音译，是佛教的重要修行方法，意指排除一切杂念，让心神处于宁静的状态。如何集中精神，可分为两种：一是与生俱来的能力，即"生得定"，另一种是因后天的努力而使集中力增加，即"后得定"。前者靠积德，后者靠修行，最终让人具备进入更高境界，并完全改变生命状态的神秘力量。通俗的说法，可以用"真善美"来诠释，凡是艺术之中，能探究到一种真性，转而有一种善意和真情的话，那么，如此艺术表现肯定是美的，散发着美的灵光。一个人得到"三昧"，是诸多缘分共同努力的结果，也是命运之缘对于人的垂青。

三昧的前提是"静"，诸多细微而深入的认知，是跟静心有关系的。有了静，眼前就会产生一个别样的世界，若是难以静心，深层次的世界就无从谈起。就如同王维的《竹里馆》诗，林中独坐，月下弹琴，以琴音和长啸跟自然对话，消除了彼此之间的距离——此情此景，即是人心；人心所在，即景情交融。这一个阶段的王维，已由他的静心和禅修，明白了很多幽微之理，也明白了诸多欢喜和悲怆。这也是一种精进吧？从总体上来说，王维在终南山隐居之后的诗，充满着佛学和禅意，达到了相当高的境界，是一种觉悟的美。

中国自魏晋之后，开始欣赏空灵凄清，也会欣赏幽远寂静，这应该是佛教的影响。佛教以为世界的本质和生命的本质一样,总体上是孤独、无助和苦难的,唯有认识到这一点,才能寻得解脱,达到觉悟的境界。佛教传入中国前,中国文化,偏向于外向性:社会以儒家纲常治国,框条众多,慢慢地呈现出"空心化"的特征;文章也是如此,过于崇尚赋策,过于注重文辞,大而化之,铺陈繁琐,华而不实,也呈另一种"空心化"。佛教,让人注重心灵,有内向性,弥补了人心的空泛。佛教文化,是对儒家文化最好的补充。

一阴一阳之谓道。以比喻来说明,佛教进入之后,中国文化的天空中,不仅有了太阳,也有了月亮;不仅有了阳光和雨露,也有了风。

佛教一直因缘而变,在印度,它具有印度特色;在中国,它具有中国特色;在日本,它具有日本特色……佛教的外部形式,它的说法,经常有变化,可是它的骨架,它骨髓里的东西,却一直凄清冷静,它就是"空",就是"无",如明月中的夏夜一般清凉。关于生命,它的说法就是无意义的;或者说,所谓的意义,就是无意义。

中国文化,东汉之后,呈现为儒释道"三位一体"的特征。在审美上,也是如此。儒家的美学境界,是"温清",主要是精神,是个体在群体面前的安分守己,表现为温柔敦厚;道家的美学境界,是"虚静",是以虚带实,期望精神上的超越,表现为行为的不羁和洒脱。佛教或者禅宗的美学境界,是"寂静",是在泯灭一切善恶、是非、贵贱的世俗标准后,追求精神上的真如,表现为对有无、色空、虚空的超越,只期回到当下和本来。"寂静"之美,在中国佛教文化中,表现得不明显。王维的横空出世,诗中所蕴含的生命哲学,不仅对后世诸多人有影响,还在整体性上,影响了日本的文学和哲学。都说日本文化有唐风,日本的俳句,其实是继承和发扬了王维一脉的风格,走的是禅宗偈语这一条路子,清浅恬淡,画面感很强,暗示性也很强。

日本文化中,专门有"侘寂之美",纯粹、小心、静谧、高妙,意在对鬼神的尊重,对大自然规则和秩序的忌惮。这一个概念,应来自佛教,或者干脆说,来自中国,是日本文化吸纳了唐宋文化以及佛教文化之后,生发的一种独特的感知。无论是紫式部的《源氏物语》、松尾芭蕉的俳句,以及近现代谷崎润一郎、三岛由纪夫的小说,都可以领悟到这种别样之美。"侘寂"一词,指的是一种别有意味的静穆之美,无比自然,无比随意,甚至带有荒凉和颓废的意味。"侘寂之美",是有内在本质的——美是好东西,不美,是不好的东西,可是美与不美,美的东西与不美的东西,都是平等的,都得一起往前走,变成美的东西。也因此,"侘寂之美"可以说是一种发现,一种努力,也是一种"禅"。"侘寂"为什么美?因为有着言外之意,满是内容和玄机,跟生命的本质有共鸣。生命在表象上热热闹闹、喧哗嚣动,其实在骨子里,还是凄静、斑驳和苍凉的。

理解王维,也可以借"侘寂之美",顺势理解那种超越、幽冥和决绝的精神。王维的诗,有人生的终极感悟,有宗教的启示意义,以觉知敏锐、通透超越,直接抵达生命的本质。都说王维的诗有禅意,禅意是什么?如临济法师所说"佛法幽玄",像一种浅淡的神性,如淡雅的茶香,缥缥缈缈,形散神不散;也像静静的池塘的水面,落入一个小石子,突然间生气尽显,画面和氛围都"活"起来,各种美好一并唤醒。

日本文化,受唐宋影响很大,这当中,也有王维的影响。当年日本"遣唐使"阿倍仲麻吕,汉语名晁衡,曾经在长安工作和生活过很长一段时间,跟王维曾经是好朋友。天宝十二载(753),晁衡回国,王维特地送别,还写了一首《送秘书晁监还日本国》诗:

> 积水不可极,安知沧海东。
> 九州何处远,万里若乘空。
> 向国唯看日,归帆但信风。
> 鳌身映天黑,鱼眼射波红。
> 乡树扶桑外,主人孤岛中。
> 别离方异域,音信若为通。

王维对日本文化的影响,既表现在绘画、诗歌上,也表现在参禅上。关于这一个话题,此处就不展开了。总而言之,王维是一个诗人,更是一个智慧的哲人。哲学的真谛,就是爱智慧,是解决人与世界的关系,解释诸多困惑的。对王维来说,选择以哲思和禅定的方式入诗,也是出于这样的考量,他已不满足诗歌的抒情,更渴望在此生能够触摸生命的本质。至于诗歌也好,绘画也好,禅定也好,都是这种触摸的手段之一,也是触摸过程中的感悟。王维的诗,既有禅机和欢喜心,还夹杂着悲悯心、虚无感、疲惫感,在当时,很难找到与他类似的风格。如此"一骑绝尘",使得王维达到了"高处不胜寒"的境界。至于王维是否真的完全觉悟,是否真正达到了圆满,如人饮水,冷暖自知。不过,就王维来说,那种觉悟的"欢喜心"是显然可见的:"轻舸迎上客,悠悠湖上来。当轩对尊酒,四面芙蓉开。"(《临湖亭》)此情此景,难道不是一种欢喜吗?四野绽放的,不仅仅是芙蓉,还有心花。

"欢喜"也有深浅的寓意:若"欢喜"不是从悲哀中生成,必然会携有浅薄。这很正常,若内心只是欢喜,欢喜何来,必是疑问。若欢喜自悲哀中出,若莲花从淤泥中来,出淤泥而不染,这才是真正的欢喜。人也是这样,若只是满足世俗,满足功名,沾沾自喜,未免会陷入浅薄和浮华;若苦尽甘来,必定如甘蔗一样甜蜜。对王维来说,又何尝不是如此呢?

不过,从总体上来说,王维一生之中,始终如一地保持着纯真和良善。如此性格,应来自他的出身吧,或者某种宿命,或者油然而生自良知的善意,或者知识累积后的淡泊,或者经历命运磨砺后的释然。一个人将自己的一生一世只看作是某种长远过程的某个阶段时,必定会坚定地恪守自己的认知和理想。

王维的《辋川集》还有一个贡献:它将传统五言诗发扬光大,甚至推到一个新的高峰,一览众山小。原先的五言诗,在面对新出现的七言诗时,有些力不从心,因为七言诗更有气势,更丰富具体,变化更大,更适合直抒胸臆,爆发力更强。《辋川集》的出现,让五言诗重显优势——五言诗少两字,简雅而空疏,迂回空间更大,境界更高,更有超脱之仙气。如人脱去鞋袜羁绊,赤脚弹跃溪石之上,有凌波微步之自由,也有风轻云淡之超脱。王维以他习惯性的淡然,继承和发扬了汉语轻妙绮丽的美学特性,让威严而庄重的传统焕然一新,令煞有介事的说教变得轻松而自然。王维将文字的美学意味发展到了极致,不仅突出地描绘出景致的意义,还渗入内心的情感和直觉,触发了世界的诗意颤动。他的诗歌,不仅展示了与整个文化传统紧密的关联,还以难言喻的空灵,让诸多谜一般的暗藏得以显现。如此方式,就当时的诗歌来说,无疑前进了一大步——它不仅是语言和想象上的有形进步,更是幽远和玄妙上的无形拓展。

  辋川之时的王维,仿佛繁花开到荼蘼,抵达终点,已然领略了"空"的精髓,也从"空"中获得了最大的能量。"空",是一种状态,也是一种觉悟,若"如来"——好像来,又好像没来。人获得觉悟,都在这种似是而非的悖论之中,过尽千帆,抵达终点。人"放空"自己,是拓展内心的广大;以"小空"融入"大空",是有限融入无限——正是终南山的"修道",让王维放弃了"小我"——如水滴融入了大海,如树融入了天地自然,如星辰融入了天空。人弃"我"而立,反而变得浩荡无限,波澜壮阔。

第四章　空情

　　人们公认的是，王维居于辋川的那一个阶段，应是他一生中最快乐、最惬意、最通透、最放松、最自得的阶段。其中最为重要的原因，是一个人在接近自然的同时，也更接近他的灵魂。置身于山水中的王维，因远离了朝廷各种势力的明争暗斗，变得轻松愉悦、神思绵邈。"辋川别业"落成后不久，王维邀请了崔兴宗、卢象、裴迪等几个朋友一起来辋川游玩。崔兴宗是王维母亲这一系的同族兄弟，卢象是王维的同僚，为朝廷的秘书郎，这两个人，都是王维终身的朋友。至于裴迪，诸多著作对他的身份认定有些不确定，有人认为裴迪最初是王缙的好友，王维是通过弟弟的介绍认识裴迪的。也有人认为，那一个裴迪与这一个裴迪不是同一个人，王维此时交往的裴迪更年轻，比王维小十五岁左右，是个年轻的秀才，正在长安求功名。裴迪开始出现在王维诗文中时，王维已四十出头，官居六品，诗名在外，是京城文化界的巨擘。裴迪只有二十来岁，在张九龄帐下打杂，也可以说跟孟浩然、张谔同属张九龄幕僚。王维和裴迪初次见面的地点，应是在长安城南门东侧青龙寺的一次雅集，参加者还有王昌龄、王缙、昙璧上人等。虽然两人身份、地位、年龄有一些悬殊，在一起却十分开心，完全没有诸多界线，都有相见恨晚的感觉。

　　裴迪与王维的第二次见面，应是王维出使河西回来。王维回长安后不久，与一帮人在终南山脚下购得了"终南别业"，准备休假时居住。在离他不远的地方，好友张谔、崔兴宗也购置了屋舍。有一种说法认为，裴迪有一个兄长裴回在基层做官，重病去世前，嘱咐裴迪请王维为其撰写墓志铭。此时,王维正在"终南别业"休假,裴迪于是跋山涉水去终南山见王维,说明来意。裴迪的到来,令王维心生欢喜,爽快地应允此事。在王维眼中,裴迪相貌俊美,谈吐不俗,言谈举止典雅而诚恳。在裴迪眼中,王维清越清癯,待人平等和善,智慧的眼神禅意邃远。王维亲自为裴迪沏茶,裴迪赶忙欠身,也为王维续茶,两人相视一笑,十分默契,随后安安静静地坐下,推心置腹地谈天说地。王维邀请裴迪留宿了几日,一同漫步周边小径,听寺庙梵音和雅。秋意渐浓中,霜叶红于二月花,轻轻地落在并肩而行于幽径的两人身上。

几天后,王维写好了《裴回铭》,让裴迪带了回去,裴迪十分感激。自此之后,因为有着共同的佛缘、性情和爱好,两人来往变得频繁,很快成为无话不谈的莫逆之交。后来,裴迪有《辋口遇雨忆终南山因献王维》回忆这一段经历:

积雨晦空曲,平沙灭浮彩。
辋水去悠悠,南山复何在。

诸多学者不明就里,对此诗有一些猜测臆断,实属郢书燕说。此诗中的终南回忆,应是回忆那一段岁月静好的时光,也感谢王维给予自己的指点。裴迪跟王维密切交往后,受王维影响很大,两人常相携游玩,又一起静修禅坐,诵读经文,谈吐之中也饶有禅机道心了。

也有说法认为,裴迪为兄长裴回求墓志铭在前,江宁丞王昌龄因公入京办事邀约王维、王缙、裴迪参加长安青龙寺聚会在后。无论之前之后,都缺乏确凿的时间证据,只是以情理推测。反正,因为这两件事的渊源,两人的关系快速升温。对裴迪来说,每一次与王维交往,都有神清气爽的感觉,感觉身体刹那间有了一个通口,不时有清新之气穿行萦绕。至于王维,让他感到奇怪的是,每一次与裴迪交流,总感觉神思泉涌,胸中原先的积淤,会抽丝剥茧似的变成一丝丝银线,变得鲜亮而清晰。这是一种适度的兴奋吧,从莫名处得到的无形力量,更有助于凝气定神,获得智慧。

《辋川集》的由来,应是居于"辋川别业"后的某一个黄昏,正在山阴道上漫步的王维,突然感觉到头顶上的雁鸣如花朵般落下。举头看去,只见幽暗的天空中,掠过一行白鹭,就像闪亮的诗句一般。这时候,月光如水,满天繁星,天地之间,传递着无法述说的深情。王维怦然心动,心里溢满柔情与渴望。他赶忙疾步回到屋中,提笔书写信札一封。第二天一早,交人转送裴迪,这就是著名的《山中与秀才裴迪书》:

近腊月下,景气和畅,故山殊可过。足下方温经,猥不敢相烦,辄便往山中,憩感配寺,与山僧饭讫而去。

北涉玄灞,清月映郭。夜登华子冈,辋水沦涟,与月上下。寒山远火,明灭林外。深巷寒犬,吠声如豹。村墟夜舂,复与疏钟相间。此时独坐,童仆静默,多思曩昔,携手赋诗,步仄径,临清流也。

当待春中,草木蔓发,春山可望,轻鯈出水,白鸥矫翼,露湿青皋,麦陇朝雊,斯之不远,倘能从我游乎?非子天机清妙者,岂能以此不急之务相邀。然是中有深趣矣!无忽。因驮黄蘖人往,不一,山中人王维白。

即使是翻译成现代白话文,也是一篇上等的散文:

农历十二月的末尾,气候温和舒畅,旧居蓝田山很值得一游。您正在温习经书,仓促中不敢打扰,就自行到山中,在感配寺休息,跟寺中住持一起吃完饭,便离开了。

我向北渡过深青色的灞水,月色清朗,映照着城郭。夜色中登上华子冈,见辋水泛起涟漪,水波或上或下,水中的月影也随同上下。那寒山中远远的灯火,火光忽明忽暗在林外看得很清楚。深巷中狗叫,叫声像豹叫一样。村子里传来舂米声,又与稀疏的钟声相互交错。这时,我独坐在那里,跟来的仆人已入睡,多想从前你与我携着手吟诵诗歌,在狭窄的小路上漫步,临近那清澈流水的情景。

等到了春天,草木蔓延生长,春天的山景更可观赏,轻捷的鯈鱼跃出水面,白色的鹭鸟张开翅膀,晨露打湿了青草地,麦田里雉鸡在清晨鸣叫,这些景色很快就来了,(您)能和我一起游玩吗?如果您不是有着与众不同的天性,我怎能以这样闲适的事情来招请您呢?而这当中有很深的旨趣啊!不要忽略。因为有载运黄檗的人出山,托他带给你这封信,不一一详述了。

这篇文章,既有骈文的美感与韵律,也如诗歌一样隽永优美,收放自如。文字虽然清简,却怀有一片深情。完全可以猜测到裴迪看到这封书信时的心情——此时的裴迪,正在家中备考,在见到这封信函的召唤之后,还管什么科举呢?当下即收拾行李,风尘仆仆地赶到天朗气清的辋川,与王维一起吟诗抒怀。从两条线索可以推测裴迪的身份:一是裴迪有《辋口遇雨忆终南山因献王维》,他用了"献"字,这一般是下级对上级或者晚辈对长辈的尊称。二是王维一直称裴迪为"裴秀才"。从这个称谓中,可以看出裴迪的年轻,也可以看出长辈对小辈的戏谑成分。可以肯定的是,二人虽然最初是"偶像"与"粉丝"的关系,可是当相交相知成为朋友后,关系绝对平等融洽,甚至能感觉到某种超越一般交情的情感。

在那一段时间,王维和裴迪就像两个单纯的孩子一样,纶巾布衣,终日相伴。清晨出门,踟蹰于辋川山野蜿蜒的山间小道,谈论星辰、云彩、风雷、生命之理,识别各种各样的树和花,辨明迎空飞舞的鸟、飞舞蠕动的虫豸,交流晴雨的先兆、夜间鸟兽的啼鸣。正午之时,他们或在野外品尝带在身上的点心,或者在菜地里摘点瓜果蔬菜带回,烹煮吃过之后各自午睡。下午起来后,再次来到辋水之滨,谈古论今,从朝廷以及边塞的战事,聊到孔孟和老庄,一直到天渐黄昏,微风渐起,岚气从辋水及山峦深处氤氲而起。两人感悟人生就像重重的雾霭,飘浮于世,来不可解,去不可知,只能以佛家的禅境,暂获心灵的安静。到了晚上,两人继续坐在上百年的文杏树下,呷酒、喝茶、聊天;或者于屋子里焚香弹琴,赋诗啸咏;或者闭目玄思冥想,悠然忘我,心游大道。所有的一切都是自然而然,默契相融,直到月光和露水清凉之时,才彼此道别。此时,"辋川别业"里万籁俱寂,天光如青墨,蛙声沸腾于浅塘,花木笼罩于静谧,一切清疏神秘,但觉身心愉悦。有时候,翻来覆去睡不着,会听见瓦屋顶上有间断的淅沥声响,空灵细微,也像夜间游动闪亮的思绪。

王维和裴迪分别为"辋川别业"各个景点写了二十首诗,都是同题,王维写一首,裴迪和一首;或者裴迪写一首,王维和一首。有时候,裴迪觉得不满意,在和了一首之后,又再度和一首,王维同样笑纳了。王维的诗,与天地人物、山川河流有一种与生俱来的关系,它是重叠的、双向的、互渗的。诗不仅是诗,又如鬼斧神工的水墨,洇开来的,就是重叠的精神和情感。裴迪的诗呢,有亮度和层次,有光线和效果,可缺乏天地鬼神的助力,更像一幅精致的工笔写生。裴迪有时候会沮丧地问王维:"为什么我撰写的诗歌,感觉离您所写,总是差那么点感觉呢?"王维总是笑而不答,有时候问得紧了,王维会悠悠地说:"不要思考,要去感受。人的内心就像一面铜镜,是需要经常擦拭的,若是擦拭得清净了,反射出去的影像自然而然会更清晰明亮一些啊!人心的昭明灵觉、圆融洞彻,其实就是经常擦拭的缘故啊!"

裴迪又问:"您一直说智慧无比重要,智慧有什么用?什么又是真正的智慧呢?"

王维回答:"智慧是用来抵抗愚蠢的。在这个世界上,若没有智慧,必定愚蛮。只有智慧,才让人广大、通达,同时细腻而灵敏。智慧是内在转化的结果,佛法所说的智慧,就是探究世界的本质,以之为观照,让心变得更加明净和敏锐。人在这世界上,最重要的,就是超越所有的概念,直达内心,明白我是谁。人达到智慧的目的,不是离开这个世界,而是不要被这个世界,也不被这个世界的各种关系奴役。这才是重要的啊!"

"那么——艺术呢?诗歌呢?你怎么看待呢?"裴迪表现出了极大兴趣。

王维沉吟了一下,随后深深地吸了一口气,回答说:"对艺术,我一直抱有最崇高、最热情的希望,以真实的想法,我无法接受任何东西凌驾于它之上,也因为太热情,所以不愿意做出任何割舍……"

裴迪感叹说:"我明白了,众人都说包括诗歌在内的艺术,属于个人追求的目标。殊不知艺术属于阳光普照,这世界诸多力量和因果的源头,其实就是来自艺术啊!"

王维听后怦然心动,心想裴迪是一个多么聪明的年轻人啊,一下子就明白过来了。

裴迪又若有所思地说:"这世界真有地狱吗?"

王维一下子笑了,这真是只有年轻人才会提出的问题。王维说:"地狱就在人的身边啊!很多人活着,就在经受着地狱。地狱这一个概念,还是一种比喻吧——那些生不如死的体验,其实就是地狱啊!"

"那么,您如何理解'空'"?裴迪继续问。

王维苦笑了一下:"还是恐惧吧——人总是这样,没有觉悟,是对痛苦的恐惧;觉悟,其实是对觉悟的恐惧。"

裴迪怔了一下,没再说话,他在细细地辨别王维这一句话的含义。王维也在想,我真的将这一种感受说清楚了吗?似乎说清楚了,也似乎没有说清楚。王维想说的是,一个人,如果不借助于对空性的认识,就难以在内心中获得真正的自由。可是,他想了想,没有将这话说出口。

那一段时间,裴迪是辋川一个特别的存在。王维住在孟城坳,裴迪住在南垞,两处隔着一汪幽静的水潭。两人浮舟往来,一人在船尾划着船,一人悠然坐在船头,于静谧的湖面上随意谈话。有时候,风和日丽,两人就随小船停泊在水面上,仰天长啸,聊寄春云暮树之慨;或当孤月新映,幽情霞起,逸兴遄飞,时与空山松涛相答。他们的同题诗,不为高下,而是切磋,是为了交换内心的感受。后来,王维将自己和裴迪的四十多首诗歌组成《辋川集》。这一举动,有些意味深长。让裴迪感动的是,在此之前,王维似乎从不将自己的诗文当回事,甚至对自己的很多作品都懒得留底,连同墨宝随手就赠人了。此番精心成册,除了表明他尤爱这一系列诗作外,绝对有提携自己的意思。毕竟,裴迪在当时还是一个不引人注目的小青年,而王维已是诗文艺术界的"泰斗"。

王维如此看重裴迪,主要还是裴迪同为道心之人。以王维的才情、学问和性格,要找一个可以匹配的人,一定是很困难的。人与人之间的相惜、相怜和交谊,不仅仅是才情的共赏、政见的相通、忧天下之共情,还有相同的"三观"和趣味,以及冥冥之中的缘分。有才华、有能力的人很多,若有慧心,还真是稀罕之物。在王维看来,裴迪绝对是有慧心之人,善解人意,也善于接纳。

《辋川集》共四十三首,其中王维的诗有二十首,都是五绝,试着点评其中的一部分,对裴迪的同题,以助理解:

孟城坳

新家孟城口,古木余衰柳。来者复为谁,空悲昔人有。(王维)
结庐古城下,时登古城上。古城非畴昔,今人自来往。(裴迪)

作为《辋川集》的第一首,这一首诗,像是书前的序语,敞开了大门,也确立了风格。"辋川别业"很大,有二十多个景观,开门即是孟城坳,王维就住在这里。这首诗开门见山告诉大家,自己的"新家"是一座衰朽的旧宅,残垣破壁,门前有几株古老而衰朽的柳树。住在宋之问先前住的地方,王维感慨万千:现在自己住在这幢屋子,将来呢?会是谁住在这里呢?王维的感慨,还是人生无常。

华子冈

飞鸟去不穷,连山复秋色。上下华子冈,惆怅情何极。(王维)
日落松风起,还家草露晞。云光侵履迹,山翠拂人衣。(裴迪)

诗人立于山冈,举目远眺,面对飞鸟翱翔、落日余晖的绝美秋景,却有着极度惆怅之情。王维为什么惆怅?一方面是英雄迟暮之感;另外一方面,还有"人生苦短"的无奈。如此喟叹,不是王维个人的伤感,而是人类的"千古一叹"。

文杏馆

文杏裁为梁,香茅结为宇。不知栋里云,去作人间雨。(王维)
迢迢文杏馆,跻攀日已屡。南岭与北湖,前看复回顾。(裴迪)

斤竹岭

檀栾映空曲,青翠漾涟漪。暗入商山路,樵人不可知。(王维)
明流纡且直,绿筱密复深。一径通山路,行歌望旧岑。(裴迪)

鹿柴

空山不见人,但闻人语响。返景入深林,复照青苔上。(王维)
日夕见寒山,便为独往客。不知深林事,但有麏麚迹。(裴迪)

以上几首诗,不一一诠释了。若用另一种语言来表达王维诗中的意境,把一个人的所思所想传递出去,似乎很困难,也有狗尾续貂之嫌。王维的诗,经常摇摆于触手可及的场景以及抽象的境界之间,以感发、对立、和谐和相悖,共同衍生诗歌的禅意。在此情景与感受下,文字更带有某种神秘性,它更像是指引和暗示,而不是描写。若是静心思索,就会明白,有些文字根本不是写出来的,而是天造地赐、从天而降的。就如同蚕,在嚼食和消化了蚕叶,又吞没了绵长的时光后,自然而然地会吐出晶莹的丝线。这是一种天赐,也是一件水到渠成的事情。

木兰柴

秋山敛馀照,飞鸟逐前侣。彩翠时分明,夕岚无处所。(王维)
苍苍落日时,鸟声乱溪水。缘溪路转深,幽兴何时已。(裴迪)

王维诗中,有诸多"飞鸟"的意象,这一首诗同样如此。王维诗中之飞鸟,不同于陶渊明诗中之飞鸟,有一种落寞和空灵感,仿佛水墨线条划过,淡淡地蕴有一种怅惘,似乎在,又似乎不在。陶诗中,飞鸟就是飞鸟,是实实在在的归来之鸟:"山气日夕佳,飞鸟相与还。"(《饮酒五首》其五)可是,在王维诗中,飞鸟是自由的象征,也是迷茫的意象。王维的"飞鸟"其实是寓意自己,不知何处是家园。这一个飞鸟意象,以及飞鸟意象的频繁出现,是王维对"空"的感悟——人如飞鸟一样,总是有着挥之不去的漂泊感、无力感、孤独感与空无感。

茱萸沜

结实红且绿,复如花更开。山中傥留客,置此芙蓉杯。(王维)
飘香乱椒桂,布叶间檀栾。云日虽回照,森沉犹自寒。(裴迪)

宫槐陌

仄径荫宫槐,幽阴多绿苔。应门但迎扫,畏有山僧来。(王维)
门前宫槐陌,是向欹湖道。秋来山雨多,落叶无人扫。(裴迪)

临湖亭

轻舸迎上客,悠悠湖上来。当轩对尊酒,四面芙蓉开。(王维)
当轩弥滉漾,孤月正裴回。谷口猿声发,风传入户来。(裴迪)

依然是景,依然是动态的瞬间,动静相宜,动静自如,传递着一种真谛。不得不说的是,此时的王维,已有一种灵性的自由,有如白云,漫无目标地飘浮在天空上;有如清凉的山风,不知道自哪个方向来。云和风的动,与下面世界的静,又存在着某种内在的联系,可以将美好的瞬间固定为永恒。所谓禅意,也可以表现为对视而不见的事物属性,来一个轻轻的提醒。王维眼中的"临湖亭",是刹那间的凝视,有了一个火花四溅的永恒。

南垞

轻舟南垞去,北垞淼难即。隔浦望人家,遥遥不相识。(王维)
孤舟信一泊,南垞湖水岸。落日下崦嵫,清波殊淼漫。(裴迪)

小船划向南垞,回头再看北垞,已经渺茫难辨。垞是小丘的意思,人从南岸的小山坡下来,划着船来到北岸的小山坡上。这时候回望南岸,刚才认识的人,聊天的人,恍若隔世。这是写景的诗吗?分明是人生的此岸与彼岸,人在此岸痛失记忆之后,对于往事,难有回忆。这其中,应是一种慈悲吧？对己身、众生、世界的慈悲。相比之下，裴迪诗的境界，就要差很多了，就是纯粹的写景。

欹湖

　　吹箫凌极浦，日暮送夫君。湖上一回首，山青卷白云。（王维）
　　空阔湖水广，青荧天色同。舣舟一长啸，四面来清风。（裴迪）

　　屈原在《九歌》中，曾经营造出湘江的幽静美，"采薜荔兮水中，搴芙蓉兮木末……"深情悱恻，优美缠绵。王维的这一首诗，依旧史无前例，感觉灵性像雨后的蜻蜓一样在湖面上飞舞。依旧是灵性的瞬间，火花四溢，王维以他"顿悟"似的捕捉，赋予场景以诗意或者反诗意。说"诗意"，也许概念是不准确的；它甚至有"反诗意"的意味，不是普通的诗意，而是寓言无穷不可言说的"禅意"。

柳浪

　　分行接绮树，倒影入清漪。不学御沟上，春风伤别离。（王维）
　　映池同一色，逐吹散如丝。结阴既得地，何谢陶家时。（裴迪）

　　这首诗的画面感很强：柳树之影倒映在清澈的水中，彼此对视，不知影是树，还是树是影。在皇城时，王维经常为春天的离别感到哀伤。诸人多是"伤秋"，王维独独"伤春"，这不是为春天哀伤，而是为生命和时光哀伤。伤感年复一年，时光逝去，人在不知不觉中老去。

栾家濑

　　飒飒秋雨中，浅浅石溜泻。跳波自相溅，白鹭惊复下。（王维）
　　濑声喧极浦，沿涉向南津。泛泛鸥凫渡，时时欲近人。（裴迪）

　　这首诗动感十足，描写了辋水中的一段急流栾家濑的情景。"飒飒秋雨中"，是耳之所闻；"浅浅石溜泻"，是目之所见。这两句，看起来平常,似乎并不能显示辋川山林的特别之美。它却是铺陈之语,引出了后两句,精准地把握住了传神的景象:正在岩石上静候鱼虾的白鹭,由于急速水流的撞击,受到惊扰,扑棱着翅膀腾空而起。它转而发现是虚惊一场时,又气定神闲地落回原处,重新守候食物。这首诗,以现在的语言来形容,是画面感极强,不是静态的画面,而是动态的影像。这一首诗的妙处,在于感觉到观察者的怦然心动,虽然没有喜怒哀乐,却能感觉到人心与大自然的相连,这是很微妙的一种境界。如此情景相融,是一种"妙悟"感发。

金屑泉

日饮金屑泉,少当千馀岁。翠凤翊文螭,羽节朝玉帝。(王维)
萦渟澹不流,金碧如可拾。迎晨含素华,独往事朝汲。(裴迪)

白石滩

清浅白石滩,绿蒲向堪把。家住水东西,浣纱明月下。(王维)
跂石复临水,弄波情未极。日下川上寒,浮云澹无色。(裴迪)

北垞

北垞湖水北,杂树映朱阑。逶迤南川水,明灭青林端。(王维)
南山北垞下,结宇临欹湖。每欲采樵去,扁舟出菰蒲。(裴迪)

这三首诗,一个共同的特点,就是"克制"。在自然和神意面前,王维不是妄自菲薄、肆无忌惮,而是以谦逊、恭敬和克制的态度,以最简单的白描手法,使诗歌平添独特的活力。在王维看来,世界是有神意的,它的意蕴,远远大于人类的感知,喧哗而飞扬的才华是没有必要的。只有不事张扬的才华,才能与世界握手言欢。

竹里馆

独坐幽篁里,弹琴复长啸。深林人不知,明月来相照。(王维)

来过竹里馆,日与道相亲。出入唯山鸟,幽深无世人。(裴迪)

王维的诗句,总给人以明亮感,仿佛黑暗中萤火虫的光亮,也像某一间屋舍里诵经的烛火,或者明明灭灭的星辰,或者头顶一轮依稀明月。这种感觉,是文字中有般若溢出,有内在的晨曦东方欲晓。《竹里馆》的好,还在于空寂和洁净。面对虚清的竹林,诗人明显能感觉到其中的自在和自由,于是情不自禁地在竹林中弹琴长啸。道心充沛时,清风拂面,雁过留声,这时候唯有皎洁月光,可以与之遥相呼应。这样的状态,应是难以诉说的"禅意"吧?

辛夷坞

木末芙蓉花,山中发红萼。涧户寂无人,纷纷开且落。(王维)
绿堤春草合,王孙自留玩。况有辛夷花,色与芙蓉乱。(裴迪)

这首诗最为有名,表面是写花,花开花落,自然而然,没有人理会,也没有人观看,字词句中全是清寂。花朵是为了枯萎而盛开吗?诗更像是写自己,写人,写一切人的境况、命运和本质。人就本质来说,是孤独而清寂的:赤条条来,赤条条去;不知从哪里来,也不知去哪里。生命是孤独的自我过程,独自来到这个世界上,随后兀自离开。可是,自我的价值,人的价值,不就是如此吗?自由自在,自在自为,各美其美。就如诗中的辛夷花,独自生长,独自含苞,独自开放,独自凋零,悄无声音,毫不惊扰。生命正是在这样的悄无声息中,达到了觉悟和圆满。

元朝之前,汉族男人一直保有簪花的传统。战国时写《离骚》的屈原,每每到高兴之时,经常采撷一些花朵佩戴在身上和头上。唐宋时的人也如此,不仅女人爱簪花,男人也爱簪花,而且经常将牡丹这样硕大的花朵佩戴在头上。皇帝有时候甚至在上朝时,也赐某一个大臣以花朵,并亲自给他插在鬓角上。在辋川,王维和裴迪游历时,碰到山中的辛夷花、园子里的石榴花、水中的芙蓉花等,有时候也会采撷几朵佩戴在帽子和鬓角上。那一段时间,他们就像孩子一样,兴高采烈,欢歌笑语,无所顾忌。那个一直被各种各样的外在力量压抑的"自性",在辋川如辛夷花一样恣意开放。在自然中,他们终于找到了无拘无束的自由。

漆园
古人非傲吏,自阙经世务。偶寄一微官,婆娑数株树。(王维)
好闲早成性,果此谐宿诺。今日漆园游,还同庄叟乐。(裴迪)

椒园
桂尊迎帝子,杜若赠佳人。椒浆奠瑶席,欲下云中君。(王维)
丹刺罥人衣,芳香留过客。幸堪调鼎用,愿君垂采摘。(裴迪)

王维为妻子、父亲从没写过诗,可是对另一个男人裴迪,王维却又唱又和,诗中的"云中君"是指裴迪吗?在这一首同题诗中,倒是裴迪表达得更明显一些,"愿君垂采摘",这是两个男人的友谊,更是两个道友之间的默契。诗意到了《椒园》,《辋川集》也告尾声,一切都有"赠人玫瑰,手留余香"的意味,可以得出结论的是,王维和裴迪从诗中得到的,永远比他们所需要的多得多。

《辋川集》的好,在于诗中有诗意,诗外还有着诗意——仿佛冰山,露出水面的,只有一个山尖,而大片的东西,其实淹没在水中。仿佛空谷足音,仿佛禅宗偈语,悲伤而空灵,描写的,好像是现实,又不是现实,如风,如光,如幻,俨然生命本质的一种状态。在很多时候,文学是需要"三观"以及人生的经验和感悟支撑的,就像诸多汤汁,若是没有时间的保障,是很难醇厚出味的。若缺少人生的经验和感悟,即使再有才华,也难以火候到位,流于浅白或浅薄。比较王维的诗和裴迪的诗,就可以很轻松地明白这一点。

《辋川集》的好,更在于自由,在于诗中处处显示出"真我"。在此之前,包括王维少年得志时所写的诗,从严格的意义上来说,用的是别人的腔调,抒发的是公众的情。这很正常,诸如写贵族女子奢侈生活的《洛阳女儿行》,写少年侠义情怀的《少年行》,写闺情的《早春行》等,都不是王维的独创,都可以看出别人的影子,看出别诗的意蕴。《辋川集》不一样,相较以前,王维已经从美丑、善恶、对错、新旧等诸多鲜明的对立中抽身而出,眼中只有纯粹的当下,只有和谐,只有内心空明。如此状态,是可以跟一草一木一花一叶交流、交心的。故而在一瞬间,可以捕捉到最诚挚的感受,把山川、河流、花草、景致的可感性放大,以一种准确而到位的直觉,淋漓尽致地表现出来。这种以静远空灵方式捕捉光影的能力,源于王维的佛学修养,更源于一个活跃、灵动、能感受到韵律的心灵。也因此,完全可以说王维的这一类诗"前无古人",是开创性的。这也难怪,虽然王维之前也认识诸多高僧大德,却无法将自己的哲思,以诗的方式加以表达,并且达到一个"会当凌绝顶"的自由境界。正因为有《辋川集》问世,"诗佛"产生了,那种以顿悟的方式捕获,继而呈现风轻云淡状态的诗风横空出世了。

因为有了这样的秘密通道,天地鬼神、日月星辰、清风明月、山川河流,都一股脑地渗入文字中去了。诗在此时,完全地进入了一种自由状态,仿佛字里行间,都熠熠生辉,或者伸出了翱翔的翅膀,既可以触摸蓝天白云,也可以触摸风雨雷电。好的诗文,从来就不是来自外部的华丽描述,而是深入到内部之后的绽放。正是因为这种内在的自由性,王维的诗歌达到了艺术的极致高度,仿佛一朵朵花,自由地绽放出生命。按照后来黑格尔的说法,这样的艺术方式,不仅与宗教和哲学处于同一高度,还成为人们认识和表现神性、心灵中最深广的真理,以及人类最深刻的旨趣的一种方式和手段。

艺术让生活变得纯净,这应该是王维在辋川的整体状态。也因此,王维进入了人生最为自由的一个阶段。那一段时间,王维的内心饱满、充沛而湿润,生命仿佛在宁静中,达到了幽远而自由的境界。每当提笔写诗画画,总觉得下笔若有鬼神盘旋,身处万紫千红之中,仿佛飞花摘叶皆可为诗句。王维常常夜半独坐,空堂寂静,身体之内外皆是"雨中山果落,灯下草虫鸣"。在王维看来,每个人的青丝终将变成白发,生命终究会走向寂灭,唯有潜心妙悟,学习无我无住、无生无灭的佛学之理,才能超越生、老、病、死,到达不隐不灭、无生无死的涅槃境界;才能超越婆娑世界,达到无限的自由。

《辋川集》出版时,王维还写了一个简短的序,着重强调了自己的初衷:

> 余别业在辋川山谷,其游止有孟城坳、华子冈、文杏馆、斤竹岭、鹿柴、木兰柴、茱萸沜、宫槐陌、临湖亭、南垞、欹湖、柳浪、栾家濑、金屑泉、白石滩、北垞、竹里馆、辛夷坞、漆园、椒园等,与裴迪闲暇,各赋绝句云尔。

第一段是序言,说明了《辋川集》诞生的原因。没有任何废话,只是强调此集是与裴迪闲暇时共游"辋川别业"所作,各赋绝句,因而成集。情到深处反而空,一切无须多说。

除了《辋川集》之外,王维与裴迪还频繁有一些诗作答,《辋川闲居赠裴秀才迪》《答裴迪辋口遇雨忆终南山之作》《赠裴十迪》《黎拾遗昕裴秀才迪见过秋夜对雨之作》《赠裴迪》《登裴秀才迪小台》《酌酒与裴迪》《闻裴秀才迪吟诗因戏赠》,以及后来的《菩提寺禁裴迪来相看说逆贼等凝碧池上作音乐供奉人等举声便一时泪下私成口号诵示裴迪》《菩提寺禁口号又示裴迪》等。有人统计,两人之间的赠答、咏颂之作达三十余篇,其数量超过王维与其他任何一个友人。《全唐诗》也收录了二十八首裴迪的诗,全和王维有关,要么是唱酬,要么是同咏。由此即可见两人之间超越文学、诗歌、情趣的相通,那是一种心灵的契合。

王维的《辋川闲居赠裴秀才迪》,最为有名:

> 寒山转苍翠,秋水日潺湲。
> 倚杖柴门外,临风听暮蝉。
> 渡头馀落日,墟里上孤烟。
> 复值接舆醉,狂歌五柳前。

这首诗写的是王维拄杖伫立在茅舍的门外,迎风细听山野里暮蝉的吟唱,似乎在观望,也似乎在等待。渡口那边太阳快要落山了,村子里的炊烟缕缕散尽,可是裴迪的酒还没有尽兴,正纵情地在五柳树下歌唱。如此场景,充分表现了他们之间自在的生活,裴迪此时,也把自己当作山庄主人了。一个人,若能身处自然之中,至情至性,真是一种幸福啊!

  裴迪的诗中,明显可以看出王维的影响。他也是想以情感交融的方式,将身外的自然化去,悠悠地纳入诗歌之中。裴迪努力袭用王维诗静中寓动的表现手法,凸显山中之静谧,创造出恬淡的诗境。虽然很多时候有些力不从心,不过诗文中,已初现别意。在同题诗《华子冈》中,裴迪写道:"云光侵履迹,山翠拂人衣。"《竹里馆》诗云:"出入唯山鸟,幽深无世人。"这些诗句,遣词造句都可以说恰到好处,把静僻的山中景象写活了。由于两人在内心情境、遣词造句方面各有不同,历代行家对二人诗歌评价不一。从总体上说,王诗邈远幽深,裴诗相对狭隘,情韵也显单薄。不过,裴诗中,也有数篇高妙之作,已属不易。

  王维写给裴迪的诗中,也有一些引导,不是正襟危坐的教诲,而是循循善诱的启迪。这也难怪,真正的影响,一定是以理服人的。从哲学的意义上来说,人都在"理"中,自恃的一切,哪有"理"强大呢?比如《酌酒与裴迪》:

  酌酒与君君自宽,人情翻覆似波澜。
  白首相知犹按剑,朱门先达笑弹冠。
  草色全经细雨湿,花枝欲动春风寒。
  世事浮云何足问,不如高卧且加餐。

从那首《赠裴迪》中可以看出二人之间非同一般的情谊:

  不相见,不相见来久。日日泉水头,常忆同携手。
  携手本同心,复叹忽分襟。相忆今如此,相思深不深。

  智极成圣,情极成佛,诸多事理到了顶峰和极端之时,都是可以通禅的。艺术家、文学家都是天生的"情种"。与生俱来的情,现实中无路可去,转到精神观念上,往往能成大气候,成就大智慧、大明白。王维就是一例。

唐代以诗文相交的诗人有许多,譬如元稹和白居易,俱是平分秋色的才子名家,他们相交的原因,是"孤且直",此后二人赋诗唱和,宣泄心曲,一片深情,诸多风流之事更是闹得满城风雨。一直到元稹去世多年之后,白居易仍念念不忘地写诗云:"夜来携手梦同游,晨起盈巾泪莫收。漳浦老身三度病,咸阳草树八回秋。君埋泉下泥销骨,我寄人间雪满头。阿卫韩郎相次去,夜台茫昧得知不。"相比之下,王维、裴迪则内敛很多,王维用含蓄的词语表达着对裴迪的关切,裴迪也用同样的文字回报他。诸多史书,在提及王维与裴迪的关系时,似乎有些含混不清,也有些不越雷池。二人的关系,首先应该是"道友"吧,有一致的三观、情趣和爱好,也有着相互的默契和会意,彼此都可以从对方身上看到一个潜在的自己,也能汲取彼此的内在能量。

裴迪还可以视为王维的影子,为王维的知音和陪衬,特地来激发王维的诗性和道心的。若无裴迪那一段时间的相伴,王维不可能写出《辋川集》那样完美的诗作,生活也会缺失某种生机、意趣和思念。当然,若没有王维的光泽,裴迪肯定湮没在历史的阴影之中。可以有充分的理由认为,王维与裴迪的关系,既带有浓烈的古典性,也有强烈的现代性,他们之间,不仅是道心妙合、至情至性,还是一种将伦理亲情、恋人爱情和至交友情融为一体的"深情厚谊"。是情的交织而不是爱的碰撞,既温暖、温顺、温柔,又春风扑面入怀。这一种情愫,既是王维自己所言"相忆今如此,相思深不深",也是后来汤显祖所云"情不知所起,一往而深"。在《牡丹亭》中,主人公杜丽娘对梦中书生柳梦梅倾心钟情,为情所伤而死,可是绝不放弃,化为鬼魂继续相恋,最后起死回生终得圆满。

爱与情,是有区别的:爱是一朵花,可以毫无保留地开放;情呢,尚没有绽放成花朵,只是内在的蓓蕾。它是有节制的,并未形成男女之间的能量互换,而是对自己、他人和尘世报以怜悯。情,可以通过儒家的仁和恻隐,通过释家的慈悲,悠然而节制地释放。情包罗万象,泛然无际,郁郁黄花,青青翠竹,一枝一叶,一沙一石,鸟兽鱼虫,皆可关情。情至极处,可以通于老子的"天地不仁,以万物为刍狗";也可以通于禅的斩断和凛然,游走于有限与无限。如此情愫,与天地齐寿,与万物同源。

  最好的文学作品,都有一种大于文学的东西作为支撑,或是思想,或是智慧,或是情愫。让王维诗歌独秀中皋的东西是什么呢?是"自深深处"的感怀,也可以称之为"空情";是"情到深处竟成空",是意识到所有的"情"都会寂灭,因而特别留恋和珍惜当下的天地情怀和生命意识。以此来看待,《辋川集》就像是花朵的绽放,是蝴蝶的蹁跹,是日月交织,天地为之动容的一瞬间。对每一个有幸阅读王维诗歌的人来说,若能从如此的"空情"中,感受到一种美好、一种诚挚、一种启迪、一种善意、一种觉悟,已经足够。

第五章　空寂

　　虽然唐朝的诗歌如晚秋的银杏树叶一般,闪烁着金色的光芒,洋溢着深情和渴望,可是最好的诗歌,却一直潜伏于洪流之下,永远是每个人内心隐秘的浅斟低唱。必须强调的是,一个好的写作者,可以是时代的记录者和开拓者,也可以是不可重复的生命轨迹的摹写者。至于写作,既包括外在的社会变化、内在的心路历程,也包含着对人类理想和愿望的探究和抒怀。杜甫、王维和李白,正好对应这三种最伟大、最具有意义的写作方式。他们齐心合力,共同将唐诗推向一个空前的巅峰。

　　将"诗佛"王维与同时代的"诗仙"李白,以及"诗圣"杜甫进行比较,是一件有意思的事,这种横向的比较更能说明各自的特点和风格。就盛唐而言,王维在诗坛,乃至文化界的地位,是很高的。尤其是上层社会,对王维的诗文书画推崇备至,皇帝大臣、王孙公侯都不讳言是他的忠实"粉丝"。王维诗在当时的影响,以杜甫的诗句来说,就是"最传秀句寰区满"。李白和杜甫,还得往后排一排。王维在盛唐时,无论是地位,还是影响,比李白要高得多,更不要说杜甫了。杜甫一直想认识王维,屡被王维婉拒,此中无他,因王维清傲内向,不喜结交陌生人。可杜甫一直痴心未改,以诚意和作品获得了王维的认可,也从中获益不少。杜甫对王维的态度,一直到王维去世后,还可以从杜诗《解闷十二首》看出:"不见高人王右丞,蓝田丘壑漫寒藤。最传秀句寰区满,未绝风流相国能。"王维的确是一个高人,一直独自精进,瞧不上别人,也瞧不上年轻时的自己,"少年识事浅,强学干名利","少年不足言,识道年已长","晚知清净理,日与人群疏"……这些,至少说明王维对于自己的不满意,以成年后的博学、深厚和幽远,若是回视年轻时的浅薄和轻浮,肯定会鄙薄地俯视的。

　　王维去世后不到一年,肃宗驾崩。接替肃宗的,是长子李豫,后来的庙号是代宗。《旧唐书》记载,代宗皇帝读王维诗,"旰朝之后,乙夜将观",并以"诗名冠代""天下文宗"的美誉评价王维。这也难怪,代宗先道后佛,钟情三玄,想必对王维诗作,有共鸣,有共情,也有着更深层次的感同身受。因为极其喜欢王维的作品,代宗下令时任宰相的王缙负责征集王维的流散作品。王缙在广泛征集王维的作品之后,向朝廷报告:摩诘作品损失大半,只征集了四百多首(篇),不到王维诗作的十分之一。代宗《答诏》曰:"卿之伯氏,天下文宗。位历先朝,名高希代。抗行周雅,长揖《楚词》。调六气于终篇,正五音于逸韵。泉飞藻思,云散襟情……"这是一个极高的评价了。因为代宗的遵从、倡导和影响,当朝的"大历十才子"李端、卢纶、吉中孚、韩翃、钱起、司空曙、苗发、崔峒、耿湋、夏侯审,诗风都颇受王维的影响。

　　代宗之后,李杜慢慢声名鹊起,有超过王维之趋势。开成二年(837),诗人姚合在编撰盛唐诗歌时,仍然将王维列居第一。到了武宗时,王维诗歌的地位已明显下降,这一变化,跟唐代后期唐武宗的"灭佛"运动有关,也跟韩愈提倡"古文运动"有关。武宗时,佛教泰极否来,遭遇反佛,地位一落千丈。韩愈与一帮儒士提出"古文运动",主张全面复兴文化传统,特别是儒家文化传统,实质是恢复儒家在"儒释道"三教中的"一家独大"地位。王维毕竟是佛教徒,总体人生提倡是出世,诸多思想和行为不具有建设性;诗中有不为普通人领会的禅机,也让一般人深感清高与晦涩。统治者大多主张入世,宣扬积极进取。当一个人的诗里,充满着高妙艰涩的禅意,并且以二元认知的哲学方式看待世界时,肯定为大众所不解,也会与大众有相当距离,在很多时候,还会遭到排斥。境界就像登山,越接近山顶,身边的人越少,空气也越稀薄。人生入了化境,云腾雾绕袅娜于半空时,人们怎么去捕捉和接近你?对普通人来说,他们更愿意欣赏倜傥洒脱、元气饱满、朝气蓬勃的李白,也更愿意从"朱门酒肉臭,路有冻死骨"的呐喊中,与杜诗一起共鸣共振。自韩愈、元稹后,中国文学的标准,越来越清晰地倾向于儒家精神,文学的济用性越来越强。鉴于杜甫诗的广博性、多样性,以及全面准确反映时代的"诗史"作用,杜甫的地位不断攀升,直至很长一段时间为众多的传统知识分子所推崇。

光化三年(900),晚唐韦庄编选本朝诗集,作为姚合选编的续集,开始将杜甫、李白和王维放在一起,作为盛唐诗的三个代表人物。这一种方式,为后来的唐诗评价定下了基调。此时,唐朝已完全从"贞观之治""开元盛世"的神坛跌下,荣光不再,千疮百孔,危机四伏。晚唐急吼吼地要从盛唐中获取荣光,给现实以支撑,需要有一个具有浪漫主义精神的人,来给社会注入元气和精神,让人们缅怀和追忆,也为传承正名。李白诗歌罡风浩荡,一泻千里,成了大唐最好的"强心针"。

唐之后,宋是儒家立国,吸纳佛与道的成分,以理学重构儒学。至于明清,也是如此。历朝历代一直想"复兴",榜样也是大唐盛世。李白的地位随之越来越高,甚至到了一马当先的地步,这当中的原因,一方面是才气,就才气和能量的勃发而言,谁能比得上"谪仙人"呢?沈德潜说李白是"大江无风,涛浪自涌,白云卷舒,从风变灭"。另外一方面,是因为诗风的原因——李诗的洒脱与狂放更能代表传说中的大唐,忽而九天,忽而九渊,忽而高亢长啸,忽而云破日出。此风格如腾云驾雾,甚至可以一直追溯到《离骚》扶摇直上的传统。至于杜甫,这个读书人有着始终如一的家国情怀,忠君卫道,悲天悯人,率真克己,老实厚道,最吻合"原儒"的价值观,跟中国儒家的道德提倡和价值观相匹配。与此同时,杜甫的诗还显示出充沛的多样化和丰富性:现实主义有之,浪漫主义也有之;人文关怀有之,老庄佛道也有之;批判性有之,抒情性也有之;描述手法有之,感发直觉有之……正因为杜甫的中庸和全面,在诗坛的相应地位节节攀升,很快超过了王维,名列前二,甚至跟李白不相上下了。

李白和杜甫,还有现代性——李白有自由的心灵,个人的"小宇宙"中,其实有人道主义的"大宇宙",尤其是他慷慨激昂、披头散发的平民之风,给陈腐和呆板的传统社会注入了新鲜的活力。杜甫呢,有早期儒家的精神,有强烈的人文关怀意味。这些,都是跟现代社会的价值观相吻合的。李白和杜甫后来一路走高,这也是重要原因。

相比之下,王维诗歌"内向性"太强,向外发散得太少,向内收敛得太多,气质过于优雅寂静,风格过于单一专注,且带有隐晦和艰涩,与大唐之浩荡雄风不相匹配。宋之后,文学评判的标准慢慢由佛家、道家等多元方式,变成了儒家标准,注重社会性、现实性,注重道德评判。因此,中国史学家、哲学家和诗人,都一度将杜甫置于荣耀的最高殿堂,以为杜诗代表着中国诗歌的最高峰,也代表着儒家最广大的同情和最高的伦理原则。

王维排名的退后,还跟诗风暗藏的佛意有关——好,在佛意;坏,也在佛意。王维的诗,虽然华美,却也冷艳,走的是冷肃寂寞的山间小路。王维不像很多诗人那样故弄玄虚,也不像有些诗人那样自命不凡。他只是追随自己的心灵和直觉,静静地等待、感觉、观察、寻觅那种隐隐约约的东西,竭尽全力将它们捕捉,与心绪杂糅在一起表现出来。诸多人难解其中三昧,只能敬而远之,甚至有意贬损。也因此,带有"三玄"意味的王维,声誉慢慢下降,落在李杜之后,实属正常。最一流的诗歌,往往因为具有前瞻性、幽玄性和独立性,与时代保持着距离,也为大众不理解。因为有这样的玄机,王维诗品虽然极高,可曲高和寡,地位不断下降。不得不说的是,在唐诗史上,王维落在第三,也是相当不易了。王维完全是靠自己接近于生命本质的性灵抒怀,赢得了诸多士大夫和知识人的共鸣,才能保住如此地位的。

当然,有关王维的诗歌地位,唐之后也曾有摇摆,清代孙洙编撰的《唐诗三百首》权威选本,共收录了七十七家唐代诗人的三百一十一首诗,入选最多的是杜甫,有三十九首;王维列其次,三十八首;李白列第三,二十七首;第四名,是李商隐,二十二首。到了清代,王维的地位又有攀升,这大约跟清朝诸多当权者、士大夫和文人普遍喜欢佛学的静修有关。

中国文化,自宋之后,一直有一个奇怪现象:文学判断,是儒家标准;书画判断,与文学不同,依旧延续了佛老标准。佛家也好,道家也好,慢慢开始边缘化。若是从时代上找原因的话,是因为盛世不再,自由不再,趣味也相对不再。当时代缺乏自由,需要激越之风来"打强心针"时,以思想深度、灵魂启示为追求,带有独立、沉静和悲怆意味的高层次启示和艺术自然被弃之一边。

给三人排名,也有简单粗暴之嫌。诗仙、诗圣、诗佛,也有弱点:太白浩荡,有时不免天真;老杜坚定,有时失之笨拙;摩诘玄妙,有时耽于晦涩。三人的诗,极具特色,也极具互补性。诗与诗之间,很难说谁更好,写诗也好,读诗也好,都是以诗为镜,放大"自我"——"我"是什么样的特质,就会认准方向,亲近那一类风格,随后不自觉地找自己的归宿。很多人身上,都既有属于李白的部分,也有属于杜甫、属于王维的部分。

李白和杜甫名声上超越王维,还有传播上的原因:相比王维的曲高和寡,李诗和杜诗通俗易懂,更为一般百姓所接受,更有利于民间的吟诵和传唱。尤其李白,妇孺咸宜,朗朗上口,通俗好读,符合白居易所提倡的"老妪能解",是一个重要原因。杜甫,诸多诗文涉及草民的苦难,自然赢得了人们的共鸣。实际上,对真实的人生而言,苦难是一座山的底部,至于山尖,则是觉悟——就如同这世上毕竟只有极少数人到达过山尖一样,也只有极少数人真正懂得觉悟。如此状态下,也难怪王维遭遇民间的冷落了。

诗仙、诗圣、诗佛的组合,还让我们看到儒释道相融的华彩:三者,都不应是孤立的,孤立必陷入偏执和狭隘,只有组合排列在一起,彼此互补,彼此映衬,才会生动活泼有生命。文化是这样,社会是这样,个人也是这样——儒释道,如红黄蓝三原色,大部分时间里就那样交织在一起,演变成中国文化的姹紫嫣红,只不过身处其中的很多人没有意识到罢了。

王维之所以被称为"诗佛",主要是王维禅诗的境界无人可比。众多诗人弄禅,往往是一知半解,偶尔触及,用诗来讲一讲佛理。可王维弄禅呢,有着对佛理的巨大感悟,是造大境,把自己都笼罩进去了,有无人可及的幽玄和高妙。在王维的"境"中,既有与天地的共情,又有与事物的共理,还有与景象的共感;人居于世,既有贵族般的超然与优雅、女性的敏感和细腻,又有从自然人性出发的,不纠缠于道德束缚,对万事万物的包容、理解和同情。如此状态下的写作,就不完全是诗了,而是法喜,也是禅悦,是天地共情的欢喜,不是世俗之快乐,或者文学之写景抒情。

王维从不像儒家那样强加,只是像佛家一样暗示。他的诗,如"雨中山果落,灯下草虫鸣",极具般若性,仿佛触及神性,一切让"神"来说话,自己则躲在一边,仿佛静静地观望。这样的诗,仿佛不是语句的搭建,而是神性的生长;是内部的自然长成,而不是外部的描述。艺术的至高境界是禅境,这指的是艺术调动无形的力量,不仅仅局限于语言,或者线条什么的,还将周围的有形和无形,都纳入其中,形成艺术之"场",这就更为高蹈玄妙了。王维的诗,仿佛将语言的内在精神运用到极致——那些字词组合在一起,似乎什么都不说,又什么都说了;看起来平平淡淡,组合起来却神奇无比。就纯粹艺术本身来说,王维的诗,是境界最高蹈的,仿佛明月之澄澈,仿佛清风之爽悦。

将诗佛、诗仙与诗圣在一起比较,是一种极有意思的事。更有意思的,还可以将佛学意识浓郁的王维,与在此之前的儒道兼容者陶渊明,以及在此之后的"儒释道俗"集于一身的苏轼相比较。如此比较,不是横向,而是纵向,因而更具有立体性。就像以王维为中心确立的一个坐标系,可以更深入地观察王维诗歌的意蕴,更能认识到诗歌风格走向,以及社会文化的审美变化,还可以让他人的风格清晰自现。

诸多诗人和评论家,一直喜欢将王维归入陶渊明一派,从风格和题材上追溯王诗的源头。二人最大的共同点在于,都是诗人和隐士,可在实质上,却完全不同。宋时"苏门六君子"之一的陈师道,在《后山诗话》中如此归纳:"右丞、苏州(韦应物),皆学于陶,王得其自在。"徐增《而庵诗话》也说:"诗到极则,不过是抒写自己胸襟,若晋之陶元亮,唐之王右丞,其人也。"以王国维的说法,诗歌分为"有我之境"和"无我之境"。"有我之境",是"泪眼问花花不语,乱红飞过秋千去","可堪孤馆闭春寒,杜鹃声里斜阳暮"。"无我之境",是"以物观物,不知何者为我,何者为物",陶渊明的"采菊东篱下,悠然见南山",就是如此。写真景物,有真感情,谓之有境界。就像"庄生梦蝶",不知是庄生化为蝴蝶,还是蝴蝶化为庄生,是"物我两相忘"。至于王维诗歌,肯定是"无我之境",诗人将自己与明月、清泉、野花、谷鸟、落日、夕烟、松树、石头、竹林、浣女、莲塘、渔舟等景物融为一体,无间无隙,如自然生长一般。人一旦"小我",视自己无足轻重,必定能齐万物,诗中的禅意,也就慢慢地显示出来了。

表面上看起来相似,可实际上,陶渊明与王维的区别还是很大的,甚至南辕北辙:陶诗视角向外,看的是外部的风景;王维视角向内,看的是内心之镜反射出的风景。这就完全不一样了。南山脚下,陶渊明"隐"于东篱,是真正地居于乡村,就是回到田间地头,做一个彻底的农夫。蓝田辋川之中,王维的隐,更多的是求道和修行成分,可以视为佛家的隐,可又与寺院出家不一样,也有道家闲云野鹤的自由。王维的隐,相比于出家,更随意,更无功利性,也更智慧——起码表面上中正平和,能进能退,不走极端,就如他的偶像维摩诘一般。

谢灵运、谢朓的山水诗,是道家思维,总体是外观,是努力把自己的心灵寄于山水。陶渊明呢,不是旁观,是亲力亲为,是自己下手的躬耕诗人,主业是躬耕,是生活和生存,副业才是写诗。陶渊明对生活全身心投入,热情劳作,可一直困苦而窘迫,在这种情况下写的诗,自然、本色、单纯,主旨不是空寂,是日常生活的诗意记录。王维呢,亲近山水田园,不是寄托,不是生存,而是自我修行,是寻觅心心相印的禅意。如此状态下的作品,洋溢着一片意蕴无穷的空寂和禅意,如行云流水,如桂花雨落。比如说《鸟鸣涧》,这一首诗,应是去终南山好友皇甫岳的云溪别业游玩时所写:

人闲桂花落,夜静春山空。
月出惊山鸟,时鸣春涧中。

皇甫岳与王维一样,同为修行的高人。王维在《皇甫岳写真赞》中曾有描写:"有道者古,其神则清。双眸朗畅,四气和平。长江月影,太华松声。周而不器,独也难名。且未婚嫁,犹寄簪缨。烧丹药就,辟谷将成。云汉之下,法本无生。"可以看出,皇甫岳偏向于道家,喜欢炼丹辟谷,可能对佛理也颇为精通。两人在一起,呷茶论道,身心俱悦。这一首诗,正是道心盎然的表现,表达的是高蹈而幽微的通感:月光为什么会"惊山鸟"?不是太亮,而是月光在山坳中突然跃出。它是寂静,可是在寂静中,又带有巨大"轰鸣",如此这般,人听不见,鸟却能听得到。这一种感觉,以及感觉之外的东西,就是"禅"。王维以诗来表现,不仅将主观和客观打通,也将声音和光影打通了。人皆说王维"诗中有画,画中有诗",殊不知王维静穆的诗句中,还有音乐的韵律,有鸟声、人声、水声、花绽开的声音……甚至有月亮腾空而起的声音。可以说,无论是画,还是音乐,对王维的诗歌,都起着某种推动作用。不得不承认的是,王维的诗歌,有着绝好的通感。

王维的诗,描摹最多的是鸟鸣。"万壑树参天,千山响杜鹃"(《送梓州李使君》),是忧伤的杜鹃声;"漠漠水田飞白鹭,阴阴夏木啭黄鹂"(《积雨辋川庄作》),雨后初晴的耕田里,是黄鹂轻快的啭声;"落花寂寂啼山鸟,杨柳青青渡水人"(《寒食汜上作》),暮春时分,打破山野寂静的,应是布谷鸟悠扬的叫声吧……鸟鸣之中,山野多了情致,也多了生机。除了鸟鸣,还有风声、雨声、水流声、蝉鸣声、树叶的沙沙声……如"倚杖柴门外,临风听暮蝉"(《辋川闲居赠裴秀才迪》),寒蝉本象征愁绪伤情,这里却"一反常态"没有伤感,成为了挚友相聚时一段悦耳的配乐;"泉声咽危石,日色冷青松"(《过香积寺》),山石高低疏密,流淌其中的山泉似幽咽一般,一个"咽"字,准确描摹了泉水受阻缓流的声音和情态……如此声响,都可以视为王维以音乐的方式来描述场景。情、景、声交融并举,其实也是"三昧"——表面上空寂,实际却是"有声";自然中的声响,会让自然变得更加寂静。

相比之下,陶渊明的诗文,就没有如此"玄妙"了——王维的诗,是"玄妙";陶渊明的诗,只能勉强说是"高妙"。两者的差别,在于"形而上"的哲学和宗教的思考,没有"形而上",哪里谈得上虚玄呢?陶渊明的诗好,文好,文字很干净,不故作姿态,有情怀也有境界。人也好,很实在,不狂狷,不自傲,有修养。陶渊明的价值,被承认得很晚,《世说新语》中没有陶渊明,是因为陶渊明当时不出名,不能登大雅之堂。最初《晋书》《南史》皆将陶渊明列入《隐逸传》,并非《文苑传》,对他的定位是隐士而非作家诗人。陶渊明生前的密友、当时的大作家颜延之,在陶渊明死后作《陶征士诔》,盛赞其人品高洁,只字未提他的文学成就。最初发现陶渊明诗歌艺术并予以肯定的,是南朝梁昭明太子萧统。萧统"爱嗜其文,不能释手;尚想其德,恨不同时",亲自编订《陶渊明集》并作序,且撰写了《陶渊明传》。可是,在此之后的六百年间,陶渊明一直没有被真正认可。唐朝是大时代,黄钟大吕,元气十足,对陶渊明这个小人物,以及他作品中散发的归隐退步的气息,引不起共鸣,只有少数读书人,偏爱着陶渊明。一直到了宋代,人心相对沉静,颇能觉察三昧,才慢慢意识到陶渊明的不同凡响。苏东坡读到陶渊明,以为大好,开始大力推崇。苏东坡《与苏辙书》中说:"吾与诗人无所甚好,独好渊明之诗。渊明作诗不多,然其诗质而实绮,癯而实腴,自曹、刘、鲍、谢、李、杜诸人,皆莫及也。"说这些人的诗都不如陶渊明,这是一个极高的评价了。

苏东坡为什么如此推崇陶渊明?除了经历相似惺惺相惜之外,陶渊明是儒释道俗四位一体,苏东坡也是儒释道俗四位一体。气味合不合,从作品中一嗅就明白了。

陶渊明的一生,大部分时间里,都是在"半耕半读(作)"。当官从政,是读书人的追求。辞官,并不是不想干,也不是能力差,而是世事太乱了,根本无法干,诸多事务也违背良知。可是,辞官回归田园,生存又成了问题——乱世之中,耕种根本养活不了自己。在这种情况下,陶渊明的选择是,一方面以耕种维持基本的生存,另一方面,甘于清贫,不舍读书。从四十一岁弃官,至六十二岁去世,二十余年中,陶渊明都在家乡过着半耕半读的生活。对读书,陶渊明说得很多,"少学琴书,偶爱闲静,开卷有得,便欣然忘食";"好读书,不求甚解,每有会意,便欣然忘食";"乐琴书以消忧";"委怀在琴书";等等。陶渊明不是一个循道者,一辈子都是一个实实在在的读书人,以读书为追求,以读书为习惯,以读书为归宿。这一点很不容易,绝大多数人读书,是为了做官,读书的选择,思考的方式,都是以之为中心。等到目的达到了,就不读书了。陶渊明不一样,读书很纯粹,一路走来,研学相伴,毫无功利,就是生活一种。

陶渊明读儒家书,读道家书,也读佛家书。从他援引的字句或典故看,他摩挲最熟的是《诗经》《楚辞》《庄子》《列子》《史记》《汉书》;也喜欢皇甫谧的《高士传》和刘向的《列仙传》,景仰的人物是伯夷、叔齐、荆轲、四皓、二疏、杨伦、邵平、袁安、荣启期、张仲蔚等,所谓"历览千载书,时时见遗烈"者指此。人们多认为陶渊明的思想是受道教影响,真实的情况是,陶渊明并不以为生死是问题,道家只是唤醒了他内心中自由的这一块。从总体上说,陶渊明乐天知命,中庸平和,他一点也不想成仙成佛,就想做一个衣食无虞、有操守不求人的百姓。

诸人经常将王维诗对应陶渊明诗,以为二者都属田园诗,只是王诗有禅意,带有浓郁的佛学色彩,比较之下,陶诗更倾向于儒与道,于佛学相距较远。陈寅恪先生就持如此主张。其实,陶渊明诗中,也暗藏着佛学观念,只是有些不自觉罢了——陶渊明对佛学有一定兴趣,跟名僧慧远虽然交情不是很深,却跟慧远的两个居士弟子周续之和刘遗民关系不错,三人曾并称"浔阳三隐"。陶诗,有高妙的空灵成分,不拘于理,也不拘于事,这是属于佛家的,比如"结庐在人境,而无车马喧。问君何能尔?心远地自偏",含有心为物宰的至理,有着浓郁的"别意"。他的"采菊东篱下,悠然见南山。山气日夕佳,飞鸟相与还",跟王维的"行到水穷处,坐看云起时",有异曲同工的暗妙和禅意——在南山脚下,在劳作的一刹那,一抬头,人的内心为之一动,人抬头所看,不是见到"山",也不是见到"云",而是见到自己。这应是一种不自觉的感怀吧,对这个世界,突然变得毫无芥蒂。如此诗句,不一定是有意为之,不过作品中散发的意趣和别意,却是与佛家相通的。

儒家说"浩然之气",佛家说"澄圆妙明清净心",与前者相比,后者的语言含义要丰富一些。"浩然之气"有些笼统,有些大而化之,相比之下,"澄圆妙明清净心"更细致幽微,更有方向性,更有虚玄味道。不过,二者也有相同点,真谛在于力求天、地、人之间的默契,力求息息相通。若境界高远,写出来的诗,肯定具有一种灵光。

人的内心,本来就有良知的力量,也有智慧的功能,它其实一直在那里,等待着某个机缘的召唤。"大学之道,在明明德",就是这个意思。以理学的解释,人内心本来就有"明德",就是"天理"。人所要做的,就是觉知它,擦拭它,使之重新明亮起来。佛家对此的看法也一样,以为人有般若,就是人具有天生的智慧。

明德,还是后来王阳明所说的"良知"——思想和认识,在很多时候是相同的,只是定义不一样,表述不一样,系统也不一样罢了。人,完全可以具有多面性,就像一个人可以同时成为儒释道俗。

《晋书·隐逸传》说陶渊明不懂音乐,却备有一张琴,琴没有弦,每逢朋友在一起,就抚琴和着琴音说:"只要懂得琴中的真意所在,何必非要在琴上奏出美妙的音乐呢?"这事并不是指陶渊明附庸风雅,而是明白人说明白话,胸中若有无限,自然可以不拘泥于物。在琴如此,在其他事物还是如此。陶渊明此举,有慧能境界。

陶诗中,有一种独特的"冲淡"味,最主要的成分是人情,也夹杂着某种"禅意"。这一种味道,其实是苦中作乐,也是饱经忧患之后的平静,如经辛酸苦闷发酵而成的酒。后来的大画家李公麟等人,曾以着葛巾道袍端坐于松树下,悠然对着无弦琴的姿态描绘陶渊明,可真实中的陶渊明,哪有如此悠闲自得呢?辞去彭泽令后,陶渊明在乡野里的生活一直很苦,贫穷困顿,还经常生病。有一阶段,父母去世,原配夫人也死了,丢下好几个小孩要吃要喝。此等困苦生活,让他"既伤逝者,行自念也"。如此状态下的"冲淡",是强作欢颜,也是"化实为虚"。

最能说明陶渊明生活状态的,是他五十岁时写的《杂诗》:

> 风来入房户,夜中枕席冷。
> 气变悟时易,不眠知夕永。
> 欲言无予和,挥杯劝孤影。
> 日月掷人去,有志不获骋。
> 念此怀悲凄,终晓不能静。

陶渊明好酒成癖,曾专门有《饮酒二十首》诗,其他一些诗中,也经常提到酒。这一点,与后来的李白相似。酒于陶渊明而言,是人伦日用,是耕种劳作后的小憩,也是不屈服于命运的武器。与很多魏晋人一样,陶渊明恋酒成癖,欲罢不能,成为晚年的沉痼,到死还恨在世时"饮酒不得足"。陶渊明对酒的依赖和沉湎,在酒面前表现出的软弱无力,正好说明他就是一个普通人,一个真实的读书人。在这个人的身上,难有轻盈直上的仙气,也难有无情无俗的佛气。

陶渊明饮酒,跟李白饮酒,是不一样的。陶渊明好酒,更多是借酒消愁,是缓解劳作之乏,忘却贫穷和烦恼,所以才有"泛此忘忧物,远我遗世情"的咏怀。不像李白,是借酒乘风,呼啦啦激起无限元气。

陶渊明儒道释俗集于一身,可骨子里仍存在一个"回到原点"的儒家人格,他最大的特点,就是"真",一切情感和行为,都简练高妙,不虚玄,不狂狷,不做作,不自矜,不逞巧智,热爱生活,热爱生命,对社会和家庭怀有满腔的责任和热情。他就像日常状态下的孔子,平凡而诗意,实在而智慧。很多时候,儒家的孤独跟佛家的孤独、道家的孤独不一样,它不是一种脾性,也不是一种主张,更不是一种形而上,而是一种无奈的生存状态,陶渊明就是如此。陶渊明的生命过程,是以善为原点,以真为目标,以美为手段,最终到达意志的自由。

陶渊明的精神追求,其实分为三个阶段:第一阶段,是对田园生活的热爱。陶渊明四十一岁辞官归田,写下了著名的《归去来辞》,后来的欧阳修评价说:"两晋无文章,幸独有《归去来兮辞》一篇耳,然其词义夷旷萧散,虽托楚声,而无其尤怨切蹙之病。"欧阳修的意思是说,此文虽然采用了楚辞的体式,可作者自出机杼,不受楚辞中怨愤、悲伤情调的影响,表现出淡远潇洒的风格。欧阳修的感觉是对的,陶渊明辞官后,对田园生活充满向往。陶渊明还有一首诗《归园田居》,中有"狗吠深巷中,鸡鸣桑树颠"诗句,意思是狗在深巷中叫,鸡在桑树上打鸣。那时候的鸡,可以飞到桑树上去吃桑葚。养鸡就在树上搭鸡棚,让鸡住在树上。陶渊明笔下的鸡,也比别处自由,像飞翔的大鸟一样。

田园生活,是陶渊明精神追求的第一阶段。紧接着,陶渊明感到了生活的艰难,笔下已变得不再浪漫了。都知道陶渊明"采菊东篱下,悠然见南山"的诗句,殊不知陶渊明还有一首《归园田居·其三》,证实了他另一面的真实生活:"种豆南山下,草盛豆苗稀。晨兴理荒秽,带月荷锄归。道狭草木长,夕露沾我衣。衣沾不足惜,但使愿无违。"这诗如此实在,"南山"就是南山,难比王维之"空山"。

田园生活的辛劳之下,陶渊明开始对生命进行形而上思考,这可以看作陶渊明精神追求的第二阶段。慧远曾作《形尽神不灭论》和《万佛影铭》,说人死了,身体不存而精神不灭。陶渊明不同意,写了一组诗,第一首是身体劝影子,叫《形赠影》,身体说,人为众灵之长,却难逃一死,比起天地、山川、草木,哪样都不如,羽化成仙不可得,死后全是一场空,还是有酒就喝,千万不要推辞。第二首,是影子回答身体,叫《影答形》。影子说,我和你总是相伴相随,悲喜与共,阴凉地里暂分手,太阳底下不分离,可惜的是,人终不免一死,形灭则影消,与其借酒消愁,不如积德行善,留名后世。第三首《神释》,是由灵魂来总结,回答身体和影子。灵魂说,人之为人,全在灵魂。我们你们都不同,但只要活在世上,就要依托身体,只要依托身体,就会留下影子,无论是谁都无法留住生命,喝酒只能暂时忘忧,非但不能延命,反而促其早死;行善也很徒劳,乃是身后之事,谁来夸你,你已不知道。最好还是顺其自然,该死就死,何必操心。

影,其实是灵魂。陶渊明之前,庄子就尝试跟影子对话了。身与影,反复纠缠,反复对话,说明什么?说明陶渊明很矛盾,灵与肉的意识开始觉醒。

陶渊明受儒家影响,坚持"神灭",坚持"影"必定消亡,可在内心中,他还是苦闷的。陶渊明消解苦闷的办法是什么呢?一是饮酒,宣泄自己的苦闷;二是"悠游",将自己融入山水田园中。前者,是生理上的抵抗,带有消极意味;后者,是精神上的排遣,带有积极意义。这样的方式,其实儒家也是会采用的。《论语·先进》中,孔子和几个学生谈情怀。当曾点说自己的理想是:"莫春者,春服既成,冠者五六人,童子六七人,浴乎沂,风乎舞雩,咏而归。"孔子也大声感慨:"我赞同这一想法啊!"这一段对话,也可以看出孔子的主张。儒家也热爱生活,热爱生命,只不过在更多时候,强烈的理想主义和生命的责任感压抑了生命追求罢了。

陶渊明还有一篇《闲情赋》,以苏东坡的观点,这一篇比他的《归去来兮辞》更好。《闲情赋》的好,在于不端不装,不像《归去来兮辞》,有文人的故作姿态和佯装洒脱。在文章中,陶渊明描写了一个女子的美貌,炽热地表现了自己的爱慕……看似老夫聊发少年狂,实是以美女为寄托,慰藉无聊的生活和岁月。可是到了最后,终归于思念的平静。这一种态度,终究还是中庸之道为上——"发乎情,止乎礼",重归儒家的节制和理智。

《闲情赋》,有酒醉的迷乱和癫狂,也有酒醒之后的深情和自嘲。以儒家的观点,人的行为,"情"是起点,"礼"是终点,中国文化,不谈爱情,崇尚的是"思"。在正统儒家看来,爱,没有精神性,不合乎礼,需要压制;思,有精神性,合乎礼,值得弘扬。《古诗十九首》,为什么篇篇都遭推崇,因为写的都是"思","思君令人老,岁月忽已晚","一弹再三叹,慷慨有余哀"。以传统文化的观点,"思"是男女中最美好的东西,为什么?因为比较纯粹干净,属于精神范畴。再进一步,就是肉体关系了,这是儒家所不屑的。

至于"爱",旧写作"愛",与"憂"很有点相像。字表面相似,精神暗地里相通——殊不知爱与忧,一直是同源同根,有爱就生忧;有忧,往往因为爱。

形而上的思考,是陶渊明精神提升的第二阶段。第三阶段呢,是陶渊明思想境界的快速提升。代表作,是著名的《桃花源记》。"桃花源",不是佛学缥缈的西方极乐世界,而是一个最美好的"乌托邦"——"有良田、美池、桑竹之属。阡陌交通,鸡犬相闻。其中往来种作,男女衣着,悉如外人。黄发垂髫,并怡然自乐。"如此状态,根基仍是农业社会。

田园,是陶渊明的现实理想;《闲情赋》,是陶渊明的情欲理想;桃花源,则是陶渊明纯朴的彼岸理想。

桃花源,具有宗教的内省性——不管是什么人,如果尚存"桃花源"的理想,便说明他没有彻底工具化,尚存有一丝善良和情致。桃花源是中国文人的梦境,也是中国文化的一面镜子,映照出的,是个人的良知和理想,也是中国主流文化质朴的人文情怀。

"桃花源"还暗合中国文化的一些特色——它不具体,带有很大模糊性,有点不明就里;也缺乏到达路径——文中刘子骥是最后一个去找桃花源的人,以后就再也没有人去了。"桃花源"再也找不到了。这说明什么?说明理想跟现实之间,缺乏路径,很难到达。

陶渊明精神提升的三个阶段说明了什么?说明一个人集儒释道俗于一身,是可以茁壮成长的——他如传统儒家一样崇尚礼乐,却没有儒家的刻板;靠近道家,又不追求长生不老;吸取了佛教的慈悲和看破,又不陷入轮回迷信;有着世俗生活的温暖,却坚持追求真善美……在当时社会的一片杀戮和凶险之中,在宗教非理性的狂热和喧哗之中,陶渊明深谙"中庸之道"的精髓:人追求幸福、自由和解脱,是没有问题的;可人不能舍弃自己的肉体,忽视幸福和生命,去追求虚无缥缈的灵魂。以陶渊明朴素的世界观看来,所有的偏执都是不对的,只有将肉体的安稳和精神的安宁恰到好处地结合在一起,才能称得上生命的至善。

陶渊明一直保留着儒家的底色——他曾经的入世,是儒家的;他隐于世的方式,仍有儒家的色彩。他一直没有摆脱对土地的依赖和钟情,也不离世俗人间,在很多时候,他像农夫一样生活着,也像孔子一样兀立于世,只是皈依了一种纯粹的自然生活方式:因循自然,欣赏自然,服从自然,投身自然。在自然中净化自我,进而领悟生命的本质和意义。

王维虽然喜欢陶渊明,可也有一些对陶渊明的不屑。陶渊明晚年日子过得很是窘迫,时常全家饿着肚子,有时候不得不外出乞讨,故有《乞食》一诗:"饥来驱我去,不知竟何之。行行至斯里,叩门拙言辞。主人解余意,遗赠岂虚来。谈谐终日夕,觞至辄倾杯。情欣新知欢,言咏遂赋诗。感子漂母惠,愧我非韩才。衔戢知何谢,冥报以相贻。"对于陶渊明的窘状,王维在《与魏居士书》中说:"近有陶潜,不肯把板屈腰见督邮,解印绶弃官去。后贫,《乞食》诗云:'叩门拙言辞。'是屡乞而多惭也。尝一见督邮,安食公田数顷。一惭之不忍,而终身惭乎?"

除此之外,王维还在一首《偶然作》中,表明了自己对陶渊明遁世的不认同:

> 陶潜任天真，其性颇耽酒。
> 自从弃官来，家贫不能有。
> 九月九日时，菊花空满手。
> 中心窃自思，傥有人送否。
> 白衣携壶觞，果来遗老叟。
> 且喜得斟酌，安问升与斗。
> 奋衣野田中，今日嗟无负。
> 兀傲迷东西，蓑笠不能守。
> 倾倒强行行，酣歌归五柳。
> 生事不曾问，肯愧家中妇。

不认同的原因，是王维不赞同陶渊明的方式，以为不为五斗米折腰只是逞一时之能，得一时之夸赞，同时弃官归隐只顾自己饮酒，不问家中生计，也是不负责任的。由此可以看出，王维是颇具义务和责任的，也颇有男女平等意识。如此意识，应来自佛教"众生平等"的提倡。王维还认为，人不可能脱离物质生活，若无生活来源，又谈何修身养性？相比平实的陶渊明，王维更具有理性的智慧、意志的勇敢、欲望的节制。

撇开诸多其他成分，单就艺术的境界，个人对世界的认知，以及对万物的理解力来看，王维显然要比陶渊明更通透，也更深入。相比陶渊明的诗，王维的诗更空灵。可以将王维《终南别业》与陶渊明的《饮酒二十首·其五》相比：

> 中岁颇好道，晚家南山陲。
> 兴来每独往，胜事空自知。
> 行到水穷处，坐看云起时。
> 偶然值林叟，谈笑无还期。

诗着重描写了诗人隐居山中悠闲自得的情感。前六句，如溪水般自然流淌,诗人就像一个不食人间烟火的隐者,不问世事,随遇而安,充分享受大自然的恩泽,并不刻意做什么。诗句之中,"行到水穷处,坐看云起时"尤好,它不仅仅是写风景,也是在写心境,写生命中的那种自然而然的内在动力。在路上行走的,不是人,恍若一个幽灵。"水穷"之处,是空间概念;"云起"之时,是时间概念。空间的绝望处,反而是时间的起点。如此感觉,其实也是生命啊——死亡,就是空间的终点,可是它却是时间的起点,就是云起之时,又何必为之烦恼和绝望呢?

这一首诗为什么好?一方面是轻松随意,一派天然;另一方面又是暗契真谛,尽得妙心和境界。《法华经》中,文殊说法:"天雨曼陀华,天鼓自然鸣。"说的是天一下雨,曼陀罗花就开了;天一打雷,自然就震动,一派天然之象、之理。"行到水穷处,坐看云起时",一派无心的随意,仿佛风来竹面,雁过长空。

这一首诗,可以看作是对生命、空间和时间本质的思考,并由此而"得道"。至于最后两句,诗人重新回到了现实,以人间的喧闹,带来了生命的气息。总而言之,这首诗一方面描写了隐士在终南山的悠闲生活,淡泊闲暇,安逸自在,无忧无虑;另一方面也是禅机涌动,那种内心之中涌动的,接近于静穆的东西,已变得更加浓郁了。

再将王诗中"行到水穷处,坐看云起时",与陶诗《饮酒二十首其五》中"采菊东篱下,悠然见南山"相比,两者孰好孰劣,还真是难分高下。不过,就意蕴上看,似乎王诗更为空灵——陶渊明毕竟是采菊,虽然采的是"菊",不过还是俗了,心中还是有眷念。王维却不一样,一边漫无目地行走,一边伴有形而上思考,觉悟之境界,隐约有禅意。至于"云起时",比"见南山"更加缥缈,更加虚化,更有水墨画一样的境界。两诗相比,陶渊明是诗意,也有三分禅意;而王维呢,却是三分禅意,七分化境。

这一句诗,若跟数百年后陆游的"山重水复疑无路,柳暗花明又一村"相比,也是更有意蕴。后者虽然也是千古绝句,也有诗句背后的玄妙之理,可与王诗相比,字句堆砌未免有些笨拙,像是搭出来的木头架子。至于"山重水复"四个字,显得过于用力,犯了诗句的大忌。好的诗句,应像即时开放的花朵,或者像迎风摇曳的绿枝,一派天然,春风化雨。

相比之下,王维的诗句如音乐流淌,如清风扑面,如月影浮动,如花草萌动,那是一种时光流动之美,带有幽幽的禅意,也带有鲜活的气息。

王维还有一首《秋夜独坐》,也是好:

独坐悲双鬓,空堂欲二更。
雨中山果落,灯下草虫鸣。
白发终难变,黄金不可成。
欲知除老病,唯有学无生。

诗有苍凉茫然之意,颇得真谛,只有寻道幽思之人,才有如此心境。王维是由儒入道,又以道入佛。前二者的时间都短,浅尝辄止,却在佛学义理上滞留了终生。佛家的追求,是"无生"——即"空"。不管是真隐,还是假隐,若能"放空"自己,毕竟是有好处的,内心的广大,是靠"放空"而获得的,是"小空"融入"大空",也是有限融入无限——正是终南山的"修道",让王维放弃了"小我":一滴水落入大海,个人融入了天地自然。山川之灵给予生命的滋养,是浩荡无限的。

如果说陶渊明的理想是"桃花源"的话,那么,王维的归宿和理想就是"辋川"——在辋川,人生的意义不在于寻求解脱,而在于有足够的觉知,去感知世界的"空寂",感觉人生的另一层幽微和别意。所谓意义,不仅仅是人与自然的沟通,还在于以灵敏的领悟,完成有限对无限的融入。

王维和陶渊明都善于用最平淡的文字,表达最隽永的意蕴。陶渊明更善于化实境为虚境,擅长借宇宙万物的色相、秩序、节奏来窥见内心,使心灵具体化和内身化,其诗歌也表现出清新脱俗的魏晋风度,表面的敦实与随和后面,其实是生命的不羁和倔强。而王维则不同,他最大的优势,就是浓郁的宗教情怀和慈悲之心,擅长以心灵映射万象,以生命情调与自然景象的相互交融,来表现油然而生的灵境。表面的朴素和禅意背后,回荡着生命的幽玄气象。

王维的诗为什么浑然天成?当中有诸多因素,其中一个重要因素,是王维精通音乐,诗文中不自觉地有着音乐的韵律和节拍,无论是字词的组合,还是句子的排列,都有一种节奏分明的音乐美。刘勰《文心雕龙·练字》:"心既托声于言,言亦寄形于字,讽诵则绩在宫商,临文则能归字形矣。"概括了诗歌韵律和内在节奏的重要性。相比诗文,音乐更加幽玄,仿佛自己可以呼吸生长,就像清澈的溪水,可以随着山势自由流淌。至于作曲家,只是轻轻地给它"第一推动力",就可以隐匿了。王维的诗,如"渭城朝雨浥轻尘,客舍青青柳色新。劝君更尽一杯酒,西出阳关无故人",也如杨柳枝条迎风起舞。

王维在世时,几乎难以找到相匹敌的才子。一直到数百年之后,苏轼的出现,可以称为"棋逢对手,将遇良才":王维是诗文书画禅琴"六绝",苏轼在音乐上的功夫不如王维,不过仍是诗文书画禅"五绝"。两人之间综合比较,很难说谁占上风。

一个人的青年时代,一般都是儒家,苏东坡即是如此。苏东坡从四川眉山到汴京去赶考,沿途的大街小巷,到处传唱柳永的词。可是,这个年轻人不写词,也看不起那些风花雪月儿女情长的词。苏东坡当时写什么呢?意气风发地写《上皇帝书》。青年苏东坡一直考虑着治国平天下的作为。苏东坡考中进士之后,步入仕途,按理应该一帆风顺,却跟王维一样,陷入了命运的坎坷。围绕着王安石的改革,宋朝几朝官吏,开始了大内斗。大内斗以皇帝为一派,以太后为另一派,随后依次站队,一直划线到州县的地方官。规模很大,延续时间也很长,一直延续到北宋灭亡之前。这个过程当中,苏东坡并不举足轻重,不过年轻气盛,表现得也颇为激越,几次撰写《上皇帝书》。结果惹恼了自负的神宗皇帝,被放逐出京城。三十七岁的苏东坡自此被列为旧党,开始了自己浪迹天涯的生活。一开始,苏东坡被排挤到江南杭州担任通判。官职不大不小,算是一个闲差。苏东坡从京城到地方,理想破灭,靠什么来慰藉自己呢?靠道家学说——到了杭州之后,没有自暴自弃,而是主动调整自己,寄情山水。

苏东坡在杭州生活得很好,让远在汴京的一帮人很嫉妒,便想着办法来折腾苏东坡——你不是在"天堂"吗?就把你调到"地狱"去!"地狱"是哪儿？密州。密州是现在的山东诸城,当时很荒凉的一个地方。苏东坡去密州,就如同王维去济州一样,目睹四野一片贫瘠,情绪极为沮丧。苏东坡跟王维一样,很快调整过来——密州也不错啊！旷野之中,情趣依然。他照旧生活得很快乐,游山逛水,交朋结友,写了很多诗,作了很多文。京城那一帮人气急败坏,又马不停蹄地折腾他,先把苏东坡赶到徐州,然后又是湖州……那时做官有一个规则,官员接到朝廷的调令后,得撰写一个谢表,表示服从和感谢什么的。苏东坡也写了一个谢表呈上去,其中有"臣愚不识时,难以追陪新进,老不生事,或可牧养小民"之类的句子。新党以为苏东坡态度不好,油嘴滑舌,暗讽朝廷,心怀不满,便搜罗了苏东坡的一些诗词作证据,如司马光生日苏轼写的贺诗等,以为苏轼"怨谤君父",将他抓到京城关了起来。这就是历史上有名的"乌台诗案",也是宋朝少见的"文字狱"。"乌台"是监察御史的办公地点,在那个森严壁垒的大院里,遍植柏树,既称"乌台",也称"柏台"。

　　苏东坡入"乌台"时,已经四十五岁。人生遭此大难,当然很害怕,怕不明不白地死了,于是给弟弟苏辙写了一首诗:"是处青山可埋骨,他年夜雨独伤神。与君世世为兄弟,更结来生未了因。"狱中的苏东坡,唯以亲情相安慰。跟王维一样,苏东坡与弟弟的感情也是异常深厚,兄弟常有诗词唱和,千古名句"但愿人长久,千里共婵娟",就是写给苏辙的。

　　好在神宗皇帝还比较清醒,以为苏东坡那些诗,不算是反朝廷。新党那帮人,只好把苏东坡放了,又贬到黄州(今湖北黄冈)任团练副使。苏东坡从京城下放到穷乡僻壤的黄州,带着一大家子二十多口人,一开始寄居寺院,生活之困苦可想而知。朋友马正卿把城东一片废营垒的荒芜坡地给了苏东坡,让他盖房子住下,种一点瓜果蔬菜,饲养一些鸡鸭。苏东坡给朋友写了著名的《寒食雨》:"小屋如渔舟,蒙蒙水云里。空庖煮寒菜,破灶烧湿苇。那知是寒食,但见乌衔纸。君门深九重,坟墓在万里。也拟哭途穷,死灰吹不起。"一笔一画,都是如泣如诉,此时的生活已是极度贫寒。

　　可是,苏东坡仍在困苦中坚持自己的思想,从他这一阶段写的诗词文章中就可以看出——这一阶段,有青史留名的《赤壁赋》《念奴娇·赤壁怀古》等,苏东坡开始思考历史、人生的意义。

他还有一首《水龙吟》:

> 似花还似非花,也无人、惜从教坠。抛家傍路,思量却是,无情有思。萦损柔肠,困酣娇眼,欲开还闭。梦随风万里,寻郎去处,又还被、莺呼起。　　不恨此花飞尽,恨西园、落红难缀。晓来雨过,遗踪何在?一池萍碎。春色三分,二分尘土,一分流水。细看来,不是杨花,点点是、离人泪。

这首词,看似写杨花,其实是在写自己,也在写人类——人类如杨花一样,春色三分,尘土二分,流水一分。词中有大悲苦,苏东坡是从花的身上,感悟到人的渺小和忧伤。

中国文化,自古推崇"诗言志",注重零星感想,不注重整体思想,浸淫着深度宗教情感的作品,其实不太多,或者说不够普遍。中国文化不习惯于形而上,每每遭遇虚玄,都采取回避态度。《古诗十九首》以及曹操的诸多诗作,虽然有感发的意义,有对人生苦短普遍启示的一个回应,但并不算深入,可苏东坡不管三七二十一,在文章词赋中悟生死,谈来生。诗中浓郁的宗教情感,与其说是慧根,不如说是磨难冶炼出来的深度感悟。由于思考的深入,感悟的博大,苏东坡的很多作品,在境界和通透度上,明显超出李白、杜甫等人,显出更博大的精神世界和更细腻敏锐的个人情感。

与王维从隐逸的内观中获取智慧不一样,苏东坡是从世俗文化吸取营养、力量和乐趣。在这一点上,苏东坡更具有传统知识人的主流性。在中国文化看来,世俗生活是丰腴之地,没有世俗生活,容易变得孤寒寡趣。人活一世,要学会从世俗中获取"三昧真火",去抵御寒冷。世俗文化,是围绕着"活着"所产生的一系列基本的吃喝玩乐心得。"东坡肉",即是苏东坡在最困苦的黄州期间,亲自动手烹饪的。原先烹饪猪肉,以烤和烧为主,苏东坡却别出心裁,用小火慢慢煨。煨出来的猪肉,芬芳甘甜,别有风味。烹饪成功后,苏东坡很是自得,写了《猪肉颂》:"黄州好猪肉,价贱如泥土。贵者不肯吃,贫者不解煮……每日起来打一碗,饱得自家君莫管。"在贬谪儋州之时,苏东坡给幼子苏过写过一封信,说他对海南的生蚝,琢磨出两种方法:一是把蚝肉取出来,加酒和水一起煮;二是专门选个头大的,用炭火烤着吃。信的结尾,是典型的"东坡式幽默"——"恐北方君子闻之,争欲为东坡所为,求谪海南,分我此美也"。如此苦中作乐,让人会心一笑,又觉得有些心酸。很难想象,王维会如此做。对王维来说,他更多的是以清心寡欲,来抵抗世事的压迫和干扰。

世俗快乐,像是小火煨出来的猪肉,虽然有点油腻,却特别温暖,也特别香甜。一个人会生活,等于会享受世俗生活,可以从日常中汲取快乐,这就平添了与生活握手言欢的智慧和圆融。就历史上那么多文人官员而言,苏东坡与世俗生活的关系,可能最为密切,最能水乳交融。同样紧密的,还有白居易。从这两个人身上,可以看出世俗生活给予的滋养。

儒家的坚守,道家的自由,佛家的无私,俗世的温暖,让苏东坡千锤百炼成拥有高尚品质的人:善良,清明,理性,实事求是,直言敢言,不意气用事,也不明哲保身。在苏东坡身上,甚至可以看到现代人文精神倡导的独立意志,自由思想,以及理性精神——新党当政之时,苏东坡觉得王安石的改革,有侵犯百姓利益的成分,提出不同意见;新党改革失败,旧党司马光上台,把新党统统贬出,苏东坡也觉得不对,又站出来说公道话。苏轼得罪了司马光,又得罪了重新上台继续变法的新党领袖章惇,被逐出了京城。

再度出京的苏东坡,已全然以生命悟彻者的姿态对待艰难困苦了。到了杭州,作为太守的苏东坡清淤西湖,修筑苏堤,做了一件大好事。只是杭州也不是久留之地,朝廷的惩戒接踵而至,苏东坡又辗转到颍州、定州、惠州……年逾六十的苏东坡不断迁徙,每到一处,很快融入当地的清风明月,离京城越来越远,却变得越无欲则刚、风轻云淡。直至六十二岁那一年,被贬到天涯海角的儋州,在海南岛度过了人生的最后几年。曾经有一段时间,苏东坡感到忧郁困苦极了。原因是岛上太穷困,又多台风、瘴雾、蝮蛇等,几乎很难生存。苏轼一开始是被安置在官屋,不过很快就被赶了出来,只能在城南买了块地,在桃榔林边结茅筑屋。身体越来越羸弱的苏轼,也试着用庄子的达观来慰藉自己,他把自己比喻为一只附在草芥之上漂流的蚂蚁。郁闷之时,就以喝茶和写诗来排遣。在海南那一段时间,苏东坡找到了一个知音,那就是数百年前的陶渊明。苏东坡一直悉心研读陶渊明的诗文,经常以和陶诗为乐。同时埋首研究古代经典,完成了对《尚书》的注释。从总体上来说,尽管身处天涯海角让苏东坡惶惑,可是他仍不断调整情绪,以儒释道俗"四位一体"去抵御生命的无常。

苏东坡在海南的生活穷困潦倒,可在精神上仍旧超迈俊逸,从诗中可以看出:

寂寂东坡一病翁,白须萧散满霜风。
小儿误喜朱颜在,一笑那知是酒红。

苏东坡最后总结自己的一生,"问汝平生功业,黄州惠州儋州",这三个地方,是苏东坡"获得感"最强的地方。正是因为这三个地方,促使苏东坡最终选定了"由臣向人"的转变,他不再将自己当作官宦,不再将自己看作高人一等的士大夫,只是将自己看成一个普通人。他已完全同世俗同悲同喜,且吟且歌,已完全地放下身段,回归于一个自然人了。

元符三年(1100)五月,朝廷终于赦免了苏轼。消息传到海南,苏东坡带着儿子以及忠实可靠的爱犬乌觜动身重返内陆。诸多父老乡亲带着酒食等礼物,到码头挥泪送别。还京师路上,有老朋友问起海南的情况,苏轼乐观地表示,这里风土"极善",人情"不恶"。可是,苏东坡没有到达汴京,病逝于返家途中。

人生一世,一般的心路历程是这样的:年轻的时候,都是积极入世,志存高远,满满的儒家济世情怀;到了中年,受了些挫折,知道人世难以完美,有点灰心,于是半进半退,逍遥处世;晚年之后,经历了很多事,也明白了很多理,变得豁达和超脱,开始大悟人生——这个时候,佛家就来了。若一个人,在一生中将儒释道俗的优点集于一身,是一种修炼,更是一种造化。苏东坡的伟大之处,在于将儒释道俗完美地融合在一起:既有儒家的宽恕和忠厚、道家的自由和浪漫,又有佛家的宽广和无私,以及俗世的欢喜和随意。苏东坡很典型地诠释了儒释道俗——他不是某一"家"的代表,而是中国文化的一个集大成者:是儒家却不虚假;是道家却不玄虚;是佛家却不厌世;至于与俗世的关系呢?说得通俗一点——热爱生活,却不耽于生活,也不麻痹于生活,更不会让生活淹没。

将二人相比,王维更为清雅、内向、富有才华,苏东坡更为洒脱、浪漫和随遇而安。他们如此的性格,有自觉的成分,也有文化精进的成分。苏东坡是从自己的遭遇、生活、情感,以及宗教情怀上汲取了很多营养和力量,直至成为一个凡尘的智者和乐天派。而王维呢?只安静地做自己,也安静地写自己,遵循着内心的感觉,从艺术中感觉和承受某种恩泽。相对于苏东坡诗歌的豪放与深情,王维诗歌朴素而清简,浅斟低唱,气息微弱,但他坚持在诗歌里传达单纯而真切的诗意,拒绝炫技。苏东坡是以气韵来写作,大开大合,逍遥快乐;王维是以心来写作,一直自观,怆然悲悯。苏东坡用他的诗文宣告,最好的诗文,都与生活和生命有关。而王维呢?也以他的诗歌与绘画依稀表白:第一等的艺术,从来都与心灵和禅意有关。

具有超越才华,富有大胸襟的个体,无论做人,还是作诗、作文,一定不是高调的、嚣张的、外在的、粗糙的,而是低调的、温润的、平静的、自知的、幽默的,蕴含生命的激情,也蕴含人生的悲凉,更蕴含"觉悟有情"的慈悲。王维也好,苏东坡也好,之所以让人热爱,是因为人格也好,诗文也好,一直如莲花般绽放,出淤泥而不染,散发出洁净的馥郁芳香。

王维也好,李白、杜甫也好,陶渊明、苏东坡也好,人生中都有苦难的历程。在中国,人生难逃的苦难,一直被美化成自我救赎的大道。关于这一点,诸多传统文史学家一直以此为圭臬,甚至将这种方式溯源于中华文明的源头,以为儒家的周公也好,孔子也好,之所以伟大,也是因为他有着"丧家狗"似的苦难经历。孟子也说过类似的话:"故天将降大任于是人也,必先苦其心志,劳其筋骨,饿其体肤,空乏其身,行拂乱其所为,所以动心忍性,曾益其所不能。"诸多传统批评家认为,正因为杜甫和苏东坡的苦难经历,造就了他们比王维更高的文学和历史地位。其实,哪是这样呢?就本质而言,苦难并不是人生注定应该遭受的,而是人们应该同仇敌忾的恶魔。历史发展到现在,虽然有很多中国人从僵化的文学观和历史观中醒悟过来,更倾向于用人文主义的观念去评判文学的价值,更重视内在的生命体验,将灵魂是否觉醒看作文学的重要标准;也将文字对世界的悲悯,对人生的忧患,看成同样重要的东西。如此状态下,重新厘清陶渊明、王维、杜甫、李白、苏东坡等人的价值和关系,可以视为一种现代视野和标准之下的重新判断。

中国传统审美,还把所谓的"才子气"看得很高,似乎格外欣赏那种外在的、无所倚靠的情绪、华美的想象与表达、无羁浪漫的行为,而不问那"才气"的里面,在认知上属于怎样的境界,是否包含着某种善意。人们不明白的是,人最应推崇的,不仅是某种艺术感知能力和审美表达能力,而是博大的心灵、平等的观念、兼爱的情怀,还有就是内心世界的开拓,对世界万物幽微的探索,以及对情感世界精微的体验。苏轼和王维同为天才,少年成名,少年得志,之后都曾跌入人生的低谷,随后努力从泥泞中挣脱攀升,最终悟到了人生的智慧,也悟得了人生的终极意义。苏轼晚期作品频繁出现"梦"字,王维晚期作品频繁出现"空"字,不是一种巧合,而是殊途同归。他们共同的还有一点,都是遵循和追寻某种"灵光",以艺术的方式,攀上了人生的最高境界。具体来说,苏东坡借助于情怀、乐观和对生活的热爱,王维借助于信仰、艺术和宁静的内观,两人殊途同归,最终逃离出人生的黑暗,奔向了一种自由的彼岸。就王维和苏东坡而言,他们显然突破了"才子"的小格局,成为一种能够创造出光明、美好精神世界的"大写的人"。

生命是色彩斑斓的,文学也是。人有着进取、积极、超脱的自由,也应有衰飒、伤感、颓唐的自由,更有追求终极意义的选择。人生一世,只要尽力闪烁生命的花火,照亮世间的道路,转瞬即逝也好,重新消逝也好,都是无可替代的价值所在。从绝对意义上说,人们长久以来自以为的遁逃,只不过是停留在原地的转圈圈——可这又是意义所在。同样,凡是真实地反映人类思想和心灵,同时又充满独特个性魅力的作品,都是好的。不管它是一枝花、一棵树、一朵云……一枝花有一枝花的好,一棵树有一棵树的好,一朵云有一朵云的好……只要它具有意义,又是独特的,甚至是独一无二的,那么,它就是好的。

这世界是充满幽机的——当一个人能以天地自然的视野,真实而无情地认知自己,将自己看得寻常而渺小,完全地等同于一花一叶一树一鸟,真正地达到一种平静之美时,他就能够与宇宙构成一个深切的通感交流,就能够感知世上最纤细、最微小的灵魂,就能够与自然界中的每一片飞花、每一缕阳光、每一声鸟鸣同频共振。这一种感觉,就是"神",也是"无我之境"的哲学底蕴,一种悠然平静的宗教情怀。至于崇高,虽然同为融入天地自然,也是让自我消失,可是在它的背后,暗藏着牺牲的精神。"崇高"与"禅",像是放弃自我的两极,也若冬天和夏天。

好的艺术,还是"渡船",能让人由"此岸"达到"彼岸",沐浴华美的光泽,享受身心的宁静。若是分类,可以分为四种吧:若大鹏鸟飞翔在空中;若老虎跳跃过山涧;若乌龟缓慢爬行;若菩萨身上的璎珞,发出动人的声响。这四种方式,只有形式上的区别,无所谓高下。王维的诗文,显然是第四种。至于诗史之类的评价,本来就没有入王维的"法眼"——对王维来说,他一直想寻觅的,是一种特殊启示,也是一种平静的状态,至于绘画、诗歌、音乐本身,是沙上建塔,是渡船,也是虚妄的"空"。

第六章　空性

自"知天命"那一天起,王维变得更加孤独了。不是由于身边无人,而是心性孤高,很难与他人达成交流。如此孤独,如同白天鹅的孤独,也如同呦呦鹿鸣的孤独。有时候连裴迪,也理解不了他内心深处的某种感受。这很正常,诸多清醒和智慧,是需要时间积淀的。这个世界真正能理解自己的,除了自己,还能有谁呢?要是不深入内心,有时候自己都谈不上深入理解自己。就如同不知晓过去,怎么可能看到未来——未来之"果",其实是过去之"因"决定的。知天命之年的王维,给人的感觉,是优雅从容的气质之中,又渗入某种忧伤,曾经的敏锐和卓越,已退隐到这种忧伤后面去了。这种无可抑制的忧伤,应是来自人性的边缘吧?它们就像破碎的光影一般,难以捉摸,也无法捕捉。如果一定要追溯王维亲近佛教的源头,只能说这个人是如此注重自己的内心感受,世间种种,已让他欲罢不能。

诗一直在写,大多关注心灵,也试图摹写某种禅意的瞬间,捕捉那种让人怦然心动的感觉,至于应酬、唱和、咏古之类,写得相对较少。诸多互相逢迎的干谒诗、颂扬诗,能推诿的,都婉言拒绝了。这些都是官场不可避免的风气,王维曾经也做了一些,可随着年纪的增长,越来越感到厌倦。至于当年所写诗文,王维已羞于回首,更为自己曾经的行为羞愧。书也一直在看,可是可以看的书太少了,除了几本一直喜欢的《维摩诘经》《金刚经》《心经》《楞伽经》《妙法莲华经》,以及道家的《道德经》《南华经》等。当然,同样让王维喜欢的,还有《论语》,春秋时期的孔子,一点也不像现在的儒士那样僵化呆板、食古不化,而是性情满满,既有着活跃的心境,也有着智慧的灵魂。孔子对诸多事情说得多好啊,"学而不思则罔,思而不学则殆";"质胜文则野,文胜质则史。文质彬彬,然后君子";"知者乐水,仁者乐山。知者动,仁者静。知者乐,仁者寿"……孔子的每一句话,王维都可以背诵下来。典籍读尽了,还能做些什么呢?只能作诗、绘画、抚琴了。年轻时的王维兴趣如此广博,除了能诗善书之外,还曾经酷爱音乐,喜欢热情洋溢的节拍,也喜欢高蹈忧伤的旋律。王维对音乐的感受和理解,一直不自觉地渗透于他的诗文之中,以至于他的诗文,总带有一种令人舒适的内在节奏,也飘忽着苍茫而虚幻的情致。尽管驾驭文字的能力已经登峰造极,可是随着年龄的渐长,王维还是觉得自己的内心仍有某种气韵难以言说,那种想表达的东西,像氤氲的雾霭一样,袅娜于自己胸中。王维虽然明白,却难以将它抽离出来,形成纸上的文字。以音乐的通感来比喻,就是自己虽然精通音律和乐器,却无法将之形成旋律,很多时候,感觉自己就像一件卑微的乐器一样,无法表达一腔悲怆和忧伤。至于书法,王维更喜欢落于纸上的那一种自由和洒脱,当心中积淤回旋着某种气韵时,会情不自禁地提起笔,以笔墨游走的轨迹去释放那一股激情。

一个有趣的现象是:现在人提及王维时,总是会想到王维的诗,殊不知在盛唐时,王维的绘画甚至比他的诗文更为著名。《旧唐书》说王维因诗成名,"维以诗名盛于开元、天宝间"。《新唐书》说王维是因画成名,"维工草隶,善画,名盛于开元、天宝间"。王维在长安、洛阳时,之所以得到诸如宁王、薛王等贵族豪强的青睐,"拂席迎之","待之如师友",一个重要的原因,是王维善画,而这些王孙公侯喜欢王维为自己作画,或讨要他的画悬于家室中。在所有的艺术形式中,王维似乎在绘画上花的时间和精力更多,对绘画也更钟情。王维自己就曾在诗中云:"当世谬词客,前世应画师。不能舍余习,偶被时人知。"明为自谦,实是自矜自己的绘画。随着年纪和修为的渐长,王维感觉到绘画给他的空间更大——如果说韵文和诗只能描述某些微不足道的感受的话,那么,在他面对大幅绢帛之时,更有天马行空的自由和恣意。每当他提笔绘画时,王维感觉自己就像一只展翅的大鹏鸟一般,从苍穹直降而下,任意落脚于山水之中。王维喜欢山水,尤其是水墨山水,以此寄寓自己的想象,寄寓自己的情感,寄寓自己的哲思,使之具有一种空灵静谧的气质。张彦远所著《历代名画记》,曾记载自己亲眼所见王维作画的情景:

  工画山水,体涉今古。人家所蓄,多是右丞指挥工人布色,原野簇成远树,过于朴拙,复务细巧,翻更失真。清源寺壁上画辋川,笔力雄壮,尝自制诗曰:"当世谬词客,前身应画师。不能舍余习,偶被时人知。"诚哉是言也。余曾见破墨山水,笔迹劲爽。

  中国山水画产生于魏晋——"永嘉之乱"后,中原名门望族大量南迁。中原文化的精华,在南方的山水中沉淀一段时间之后,积聚了新的活力,对生命的意义,有更深入的理解和表现。"士大夫"们越来越热衷于在美丽绝伦的山水之中,寻找人生的价值。以谢灵运为代表的"山水诗"蔚然成风,山水画也随之兴起。晋人对山水钟情,最开始是在山水中发现美,体现自由和幸福。沐浴在山水的灵性之中,可以得到净化和宁静,超越粗鄙、污秽、庸俗和局促不安。山水画大多绘于绢帛之上,属室内画,悬挂于士大夫家中。屋内挂有山水,是为了满足和表达人们对天地自然的向往。被誉为现存"中国最早山水画"的展子虔《游春图》,就是绘于绢帛之上。这一幅画,奠定了中国山水画的传统,以方寸之地尽展千里之姿,以全景方式描绘广阔的山水场景。画面除大面积的山水树石外,还有楼阁、院落、桥梁、舟楫,也点缀着踏青赏玩的人物车马,一派春日融融景象。如此春色图,笔法细致,着色妥帖,堪称绢帛古画中的杰作。

  如果把隋唐丰富多彩、雄健有力的文化艺术比作春天的话,那么,《游春图》可以视为隋唐艺术的第一声鸟鸣,具有"春江水暖鸭先知"的意义。从此之后,山水依稀入梦,岁月沧海桑田,天地自然精神开始以山水画的方式,给人以灵魂慰藉。人们更愿意在自己的居舍之中,安置一幅山水图,或干脆画在墙上,虽然足不出户,却可以感受山川气息。山水画成了历朝历代中国知识人,甚至是普通人的精神寄托。

盛唐时的王维,也十分热衷于山水画。王维的山水画,与其时诸多画师的山水画不一样,那就是减少了工笔,加入了"破墨"和"渲染"的手法。从过程上来说,王维山水画的画法经历了两种,即早期的青绿山水和晚期的水墨山水。王维年轻的时候,李思训的北派青绿山水在画坛上有很高的地位,深受帝王贵族的喜爱,被视为绘画的正宗。李思训山水画的总体风格是添红着绿,细描金边,注重勾框填色,追求精致呈现,不注重墨色和线条。其繁复典丽的风格,无疑受到六朝彩画的影响,合乎大唐盛世的风格,山水具有富庶和土地的意义,而不具备精神的意义。可是吴道子和王维就不一样了,前者更注重线条的勾勒和墨色的渲染,借鉴了诸多书法的技巧,强调用迅捷的节奏来表现画中人物,带有极强的专业性;后者以绘画来内观,来提倡,来自省,来悟道,绘画仿佛是心湖——世间是一个倒影,只有向内凝视,才能看出真谛。

无限广泛地运用一切艺术去探索世界的幽微和奇妙,诸多手段和形式,就有了先驱的意义。尽管有色、墨两种画法,可是王维绘画的用笔用线等诸多笔法还是一致的,无论早期受李思训影响的青绿山水,还是晚期的水墨山水画,都注重中锋铁线,用线刻板谨细。王维《著色山水》(《江皋会遇图》),由于年代久远,破损严重,泛黄变暗,不过还是可见用此笔法所绘的山水、树木与村落。董其昌也说:"每观唐人山水,皴法皆如铁线。"王维的线条具有"劲爽"的优点,又有"刻画"的缺点,是与李思训相同的。这当中一个比较重要的原因,是唐朝时的绘画材料,跟宋时有区别:唐明时笔也好,纸张也好,都较为粗糙,颜料和墨也是矿砂制成,相对粗粝,绘画主要是用绢帛和麻纸。在绢帛上绘画,还比较省力,若是在麻纸上,就得用力了。北宋后期,南方出现了宣纸,相对细腻、柔软和润滑,就不太需要用大力了;又由于墨也改成松烟墨为主,且宣纸有了洇墨的效果,表现力更强了。

王维山水最根本的所在,其实是主观的山水——此时的山水,更带有个人的意志,是内心浸淫和润色过的山水。王维爱画山水,是觉得山水蕴含着几乎不能言传的经验、深幽与悲哀,而想着如何将山水通过绘画,与自己的心灵联系起来。仿佛在使用各种语言方式,述说生命的精进与觉醒;也从山水中体悟和汲取一种神秘的力量,与世界的永恒真相关联,也将山水与道家的隐逸,与佛家的修禅结合起来。也因此,王维的山水图,更有宗教情怀:山水一卷在宅,可以春见山水容,夏见山水气,秋见山水情,冬见山水骨,达到"独与天地精神相往来"的境界。

王维之所以这样做,还是深受佛理的影响,人崇尚佛理,自然会表现为对"真、善、美"的探寻,自然而然地会化繁为简,清洁节制。偈语所云,"见山是山,见水是水;见山不是山,见水不是水;见山还是山,见水还是水",就是这个意思。人生在认知上,在审美上,似乎也是这样的循环。在王维看来,自然是活生生的精灵,画家在作品中,画出自然的本质,把握那种无形的内在精神是最重要的。就像画山水,不应描摹树叶绚烂的色彩,描述出那种无形的"意蕴"才是对的。年轻时,王维学的是李思训的着色山水,画的是勾框填色。到了后期,王维自创自己的风格,画的是勾框染墨,仅仅是色、墨的不同而已。这一个过程,是自然而缓慢的,王维转向水墨山水,不可能一下子与着色山水断绝,肯定有一个交替的过程。这个过程就是色与墨相结合的过程,既有墨也有色,是色、墨混用的画法。直到晚年,王维的绘画,才大胆地使用全墨,完全地排斥颜色。此中无他,以王维此时的境界,飞花摘叶,皆可为文章,朗朗乾坤,尽入胸襟,至于颜色,以墨的浓淡变化,完全可以起到以一当十以十当百的作用。

王维的画,具有很强的探索性。这在审美实在的唐朝,也会引来一些非议,就当时而言,也不是所有人都喜欢他的绘画风格。有一些人对王维绘画的评价并不高,朱景玄的《唐朝名画录》是已知中国最早的一部断代画史,著录唐代画家一百二十余人,以"神、妙、能、逸"四品衡度诸家,其中"神、妙、能"又分上、中、下三等。在朱景玄笔下,王维只是名列妙品上,和名列神品上的吴道子相距甚远。如此评价,也很正常,诸多画论,可能更崇尚的是技艺,王维的画,又岂是技艺所能说明的——他画中满满的意蕴,早已像水一般从绢帛上溢出,这就是画的"意境"。王维追求的是华枝春满——当一朵含苞待放的莲花,被剥去第一层花瓣时,里面的花瓣就是"诗";当"诗"的花瓣被剥去时,里面的花瓣就是"禅";当"禅"的花瓣又被剥去时,最里面的,只剩下绵绵香味的"空"了。

王维绘画,最根本的,是对天地山川、人物花鸟的把握,他将敏锐、敏感渗透于画中,使得绘画整体上呈现一种难得的生机和意蕴。山水是具有内在精神的,山水画同样也是具有内在精神的。人画山水,并不真的画"山水",而是画他心中的山水。当画中的山水成为人的情感的寄托、人的欢悦、素朴与虔诚的比喻,它就成为艺术了。诸多山水画,与诸多田园诗一样,想表现的,是神秘的自然律,主旨是充分领略自然的精神,让其脱颖而出。

苏轼在《书摩诘蓝田烟雨图》中写道:"味摩诘之诗,诗中有画;观摩诘之画,画中有诗。"这是东坡在看了不少画后,对王维诗画的总结,十分到位,别有深意。苏东坡把王维的诗歌与绘画联系起来,不仅是因为两者都以山水作为题材,更是因为两者在意境上有相同的地方,文字造就的诗歌有绘画般鲜明生动的效果,笔墨线条绘制的画又有诗歌一样耐人寻味的情调。

王维《山中》诗:"荆溪白石出,天寒红叶稀。山路元无雨,空翠湿人衣。"诗的背后,是巨大的空蒙,天青地白,松竹苍绿,间或有鸟的啼鸣破空而来,可是连鸟的影子都看不到——此时情景,极有禅意和玄机,此种感觉,就是空翠吧?若以画来表现,不应写实,而应画虚,需要笔墨联动,以造境的方式加以表现。这当中,笔墨重要,奇思妙想重要,载体也极重要。以空白来表现虚空,更为妥帖和恰当——若有大片空白,更能呈现缥缈若云的玄妙之境。

王维的山水画,最大程度地体现了"画中有诗"的观念——他其实是将画当诗来写就的,也是将诗与画融合,将自己的感情结合现实中的山水,表达出一种特定的境界。王维自称"宿世谬词客,前身应画师",已无意中定义了自己绘画的特征:既是诗,也是画;既是画,也是诗。它甚至还是"禅",还是"空"。这样的主张,也使得王维被后来的"文人画"奉为祖师。此后,经苏轼、赵孟頫、沈周、唐寅、徐渭等人的提倡,"文人画"慢慢兴起,形成了中国文化史上的一种独特现象。从总体上来说,

"文人画"就是将绘画当作诗来进行创作的,"味摩诘之诗,诗中有画;观摩诘之画,画中有诗",这一句苏轼的评价,既概括了王维诗、文人画总的特色,也一语道破了王维山水画和文人画的妙处。

从王维诗《汉江临泛》中,可以轻松地看出山水长卷图的意味:

楚塞三湘接,荆门九派通。
江流天地外,山色有无中。
郡邑浮前浦,波澜动远空。
襄阳好风日,留醉与山翁。

如果仅仅将王维的画当作"画中有诗"的话,那么,显然是对王维的画小觑了。王维的画,还有人的生命状态,以及相应的追求。他的画,不是客观的山水自然,而是主观的山水自然。以王维的观念,山水自然是神性的,是宏伟的,是崇高的;人呢,是微不足道的,只是像虫豸一样,是一个卑微的存在。一如他在诗中体现的,人只有在融入自然,将自己视为自然的一部分,才有价值,才是快乐的、健康的、有诗意的。王维的绘画,还与他的诗歌风格相统一:诗歌的语言是朴素的,绘画同样也是朴素的。朴素并不是平庸,而是高深和复杂的回归。简单来说,山水在人心的观照下,已不是本来的山水,而是浸淫情感和情绪的山水。以王维对世界本质的爱好和追求,最后摒弃色彩,唯取墨色,形成了朴素淡远、韵味高清的风格。王维的这种方式,给绘画注入了新的活力。王维之后,水墨山水逐渐兴盛,自成一派,也被后人推为绘画的南宗祖师,与李思训分庭抗礼。自王维后,中国山水画更成为一种象征,成为精神的指引——它不是山和水的简单组合,不是风景画,也不是一种客观形态,而是一种精神,导引人们见天、见地、见人,最终达到"天人合一"的境界。

从《辋川图》中可以看出,其实王维是具有绘画精致和细密的能力的。只是他不愿意,或者不主张将自己的山水图绘成界画一般。王维的山水图,与他的诗歌一样,同样也是看不到人的,人像一个影子,无所在,又无所不在。王维在《欹湖》所写:"吹箫凌极浦,日暮送夫君。湖上一回首,山青卷白云。"这一首诗,空灵而落寞,完全就是一幅山水画,画面里没有人,或只有一个小人,人如尘埃一样飘来荡去,不为人注意。在山水画中,青山、河流和白云,是永远的主角。这完全是一个佛老的视野,也像是从宇宙的上面往下看,所有的一切都是寥旷、简易和虚妄。王维的画,就是用这样的视角去看待自然、山水和世界。王维的视角和方式,很大程度上影响了后来的山水画——中国传统山水画中,人都画得很小,在自然中无足轻重,卑微如芥。画将人处理得小了,山水就变大了。人将自己看得小了,天地就宽广了。就这样,到了倪瓒时代,山水画更是走向一种极致,有时候连人影都消失了——一有人,画就俗了!

　　自入住辋川之后,王维画了很多画。其中很多作品,宋朝时还流传甚广,像《江干雪霁图卷》《伏生授经图》《著色山水》《辋川图》《长江积雪图》等。《宣和画谱》中,就收藏了王维的二十四幅画,这是一个很高的数字了。《宣和画谱》认为,王维绘画技术全面,最擅长的是山水画,他的作品已经达到绘画的最高境界,让后来者望尘莫及,即使吴道子也在其下。这是一个极高的评价了,由此可见宋代士大夫,甚至皇帝对王维的偏爱。苏东坡不仅喜欢王维的山水画,还特别喜欢王维所作的佛画。苏东坡曾经在开元寺的砖塔中见过王维的佛画,称赞他的画十分豪放,如波浪翻滚。王维所画的是不是佛祖涅槃像,现在无法确定,从"祇园弟子尽鹤骨"诗句来判断,也可能是罗汉像。苏东坡在《王维吴道子画》一诗中写道:"吴生虽妙绝,犹以画工论。摩诘得之于象外,有如仙翮谢笼樊。吾观二子皆神俊,又于维也敛衽无间言。"宋代郭若虚评价王维善画山水人物,"笔踪雄壮,体涉古今"。黄庭坚则说王维笔墨"造微入妙"。溢美之词无以复加。

　　至于王维的人物画《伏生授经图》,更是让人惊心动魄——画面上是一个骨瘦如柴的老人,盘膝坐在蒲团上,靠着几案,右手执一卷书,左手指指点点,好像老师在对学生授课,案上有笔、砚等文具,地上还有一大卷书。这伏生是秦朝时的读书人,秦始皇焚书坑儒后,诸多书生消亡了,书也不复存。等到秦朝灭亡后,只好请博闻强记的儒生伏生将读过的书默写出来。伏生答应了,自此也跌入了回忆的"黑洞",如此情景,仿佛大海捞针。生命的时光就是这样跟曾经的虚空纠缠在一起,他不得不时时刻刻潜入黑暗,随后重新浮出水面,将那些读过的书逐字逐句复写下来。王维把伏生画得异常瘦,宛如一个罗汉。为什么会这样?因为殚精竭虑,要调动全部的生命能量来进行还原。画中人之相貌,若以严格的绘画比例来看,是不准确的,可它就是"意"到了,把精神表现出来了。如此方式,其实是一种写意,也是一种表现。这一幅画,大多人判断为王维晚年所绘,画中的伏生,很可能就是以自己的形象为模板绘成的。王维之所以对伏生寄寓深情,是觉得真正的觉者就像古老的沉香木一般,是为人间传递幽秘芳香的。

  至于另一幅《辋川图》,构图很独特,画面整体上是方的,"辋川别业"是圆的,跟中国文化天圆地方的理念相吻合。画面中,楼阁参差,林壑幽深,浮屠对峙,云水浮烟,舟楫过往;至于人物,儒冠羽衣,从容谈笑,诗酒棋画,参禅悟道……如此这般景象,是真实的辋川,还是陶渊明笔下的"桃花源"?《辋川图》绘于王维晚年,经历了"安史之乱"浩劫的王维,对辋川当有别样的感觉。王维所画,并不是写生和临摹,所绘并不是完全真实的辋川,应是对"辋川别业"的想象。对身锁长安城的王维而言,远在百里之外的辋川,就像另外一个世界,一个美好的世界。也因此,王维调动了他全部的想象,来画这一幅画,将真实和想象杂糅在一起,将表现和理解杂糅在一起。传统观念中,山主静,水主动,可是在王维的《辋川图》中,一切相反:天方地圆,水如静,山在动,不是"山不转水转",而是"水不转山在转"。这一切是王维有意为之吗?有人说在这一幅画中,看到了阴阳八卦的布局,这也是有道理的。也许,这是王维对天地山川至理的悟彻吧,一切充满着玄机。千万年来,总是沧海桑田,总是世事轮回:山从水中脱颖而出,水从山的塌陷里获得新生……山水的意义,就是世界的意义;人的意义,也是山水的意义。晚年的王维"万事不关心",却一直探究着世界和生命的本质。他一直试图以绘画和诗歌,还有已经丢失了的音乐,在寻找着人与世界相对应的某种感觉。这一幅《辋川图》,着力点似乎并不在山水,而在于大地、星空和宇宙。

  这一幅《辋川图》隐藏的虚玄,在历史上曾经产生了相关传奇和佳话:北宋时的"苏门四学士"之一的秦观,一度因为政事疲惫不堪,出现了厌食、胸闷、恶心、腹胀等症状,一直无法治愈。秦观的朋友给他带来一幅古画,告诉他说,这是王维的《辋川图》,你只要每天凝神细观,病自然痊愈。秦观半信半疑地做了一段时间,病果然好了。秦观特地撰写《摩诘辋川图跋》,叙述了这一段经历。之后,有关这一幅画的传说更是越传越玄,清代诗人王士禛在《香祖笔记》中更是以为《辋川图》神奇无比:"盖少游(秦观字少游)观《辋川图》而疾愈;黄大痴、曹云西、沈石田、文衡山辈皆工画而享天年,人谓是'烟云供养',则特健药,宜矣。"

王维的画,为什么别有深意?还是"三观"的原因:"心"为别样,写诗绘画自然别样。王维有悟彻之后的通透,整体气质和风格偏于静谧、哲思和求真。从《终南别业》的诗句可以看出,"行到水穷处,坐看云起时",表面上是自然而然,随遇而安,其实内心有大波澜,有大悟彻,也有大境界。相传王维撰有《山水论》,第一句就是:"凡画山水,意在笔先。""意在笔先"无非是说作者在创作之前,创作意图早已经在胸中孕育成熟,作品不过是"意"的再现。只可惜,王维有关的画论没有留传,也不知王维是否写过诗论,若是有,肯定也是石破天惊的。《新唐书·王维传》说:"画思入神,至山水平远,云势石色,绘工以为天机所到,学者不及也。"所谓"画思",不仅仅是指构图布局,也包含情感的表达。可是在王维看来,自然是更恒久而伟大的存在,一切更为宽广,更为鬼斧神工。至于山水自然与艺术的关系,其实是一个"感发"的关系,需用山水激发出人心,用"感发"来彼此沟通、映射和观照。如此方式,一定程度上带有宗教的意味了,似某种诡异和神秘的路径,可是从王维的实践来看,这样的路径,似乎又是可行的。

王维更喜欢,画得也最好的,其实是雪景。王维的山水,更多是以终南山为原形,终南山是巍峨的,终南山的雪景,尤令人震撼。王维笔下的终南雪,清简洁净,又不拒人于千里之外,仿佛有一种天然的力量,能够洗心润肺似的。这很正常,又有谁能像王维一样,于大雪纷飞之日,呷着茶,静谧、细致而深入地观看眼前的终南雪景呢?久而久之,那种浩渺之气会氤氲进入他的思绪,甚至进入他的血液之中。每到天降大雪时,山封了,路没了,一切苍茫至简,只有黑白色的世界。在大雪天,除了白就是黑,这样的感觉至纯至简,仿佛可以一下子看到世界本质,那空埋于大雪之下的至理至道。

自此之后,每一个下雪的日子,就宛如王维的节日。王维画雪,同样也有一个摒弃色彩,还原本真的过程:一开始,王维还用一些颜料和色彩来表现。可是,一段时间之后,王维突然觉得,只有水墨,才是雪景最好的伴侣。笔墨处是山,空白处,即是雪;笔墨处是实,留白处,即是虚。凡有大美、大德、大道处,都是虚实相兼的:天地是虚实相兼、明暗皆有的,人世是虚实相兼的,真理是虚实相兼的,艺术也好,绘画也好,也应是虚实相融的。自此之后,王维的笔下,雪变成了空白,世界变成了黑白色,一切都是仿佛有,又仿佛没有。在王维的雪景图中,始终有一种博大而静谧的氛围,没有开始,也没有结束;没有春夏秋冬,只有心理上的寂然和安宁;没有雪天的寒冷,只有觉悟的温情——这些,就是王维理想中的世界吗?

王维为什么喜欢画雪?应是纯粹,雪有着洁净的精神,近乎天地情怀。此外,雪景,是诗意的留白,是白,也是空。柳宗元"千山鸟飞绝,万径人踪灭。孤舟蓑笠翁,独钓寒江雪"是画中常有的景象。雪景之下,只剩黑白,深邃幽远的意境已将画面浸透。如此景致,若以写实的方式加以表现,或者用西方油画的方式施以色彩,是绝难画好的,肯定难以表现那种深邃和幽远。只有黑与白,才是最好的方式。空山是静,却不是寂。静是充满生机的,是勃勃旺盛的;寂是死的,有哀哀的死气。以王维的初衷,空山有语,空白有言,观者也好,画者也好,那些苦苦执着于利益和贪妄嗔的人,终究抵不过大地一片雪茫茫。

王维不仅喜欢画雪中的山水,还喜欢画雪中的芭蕉,洁白衬托浓绿,清雅冷寂脱俗。如上作为,还是受佛理和禅机的影响:芭蕉清虚洁净,不沉溺黏滞,叶子层层叠叠,舒展摇曳,颇有诗意。王维又喜欢将芭蕉、寒梅和冰雪画在一起,剑气森森,有凛冽之风。芭蕉还有"金刚不坏"之体,可以"起死回生",不断轮回,一岁一枯荣,象征着"无垢无净、无生无死"的永恒。《维摩诘经》云"是身如芭蕉,中无有坚",人身如芭蕉中空,万物缘空而无,因空而弥坚。如此芭蕉形象,其实是一厢情愿,因为芭蕉难挨冬天,不可能与冰雪和寒梅共存。王维仍旧固执地这样画,他以芭蕉寄寓自己的情感,想打破一切魔障,不生不死,不寂不灭,进入永恒的自由王国。张彦远《画评》言:"王维画物,多不问四时,如画花往往以桃、杏、芙蓉、莲花同画一景。"王摩诘画《袁安卧雪图》,有雪中芭蕉,此乃得心应手,意到便成,故其理入神,迥得天意,此难可与俗人论也。王维"雪中芭蕉"的意象,影响了此后一代又一代画家。后来的徐渭也好,金农也好,在画中不时都有这样的意象。"雪中芭蕉",更成了一种顽强生命的象征。

明白了这一点,也就很好理解王维绘画的初衷了。由于认知、境界上的变化,王维越来越倾向于以写意的笔法,追求绘画的意蕴。关于这一点,从王维《江干雪霁图卷》长卷图就可以看出,这幅画从表面上看,始终是朦胧而隐约的,冰雪洁净,山高水长,又不显得死气沉沉,反而充溢着生机和活力。它不仅仅表现为岸上的屋宇、水上的小舟、行走的老翁,更有成群的飞鸟,在雪停后的栖集或飞翔。禅的本质,本来就不是死寂呆板的,而是在知晓生命虚妄本质的同时,执着地对世界报以由衷的热爱,以充满着灵动生命、美好诗意的感觉去触碰它。只有拥有这些,才能唤醒心底的生机,对世界报以深情。

后来的王世襄在《中国画论研究》一书中指出,王维画风与唐代以吴道子为代表的正宗画派不同之处在于:"摩诘之破墨画,必受禅家恬静思想、水木琴书、高雅生活及文学修养三者之影响而成。不重表面,不重色彩,重在表现内性之作品。于唐代画坛中,此等作风,定甚孤立,而不能为当时论者所了解。"不一样的结果,还是在乎内心。当是时,王维其实是独立寒秋,孤独伶俜。

同样能代表王维绘画风格的,还有《雪溪图》。这一幅画,跟《江干雪霁图卷》一样,被公认为是王维最好的作品。《雪溪图》右上角有赵佶题字"王维雪溪图",长期以来被认为是王维唯一的真迹,现藏台北故宫博物院。画面淡泊寒萧,韵味幽深,诗意浓郁——近处山隅一角,空勾无皴,以水墨渲染略分阴阳,小桥、篱舍、村店、屋宇俨然。画面正中有一座临溪房屋。房后有树木五六棵,疏疏落落,极致荒寒。中景的溪流全以水墨渲染,平静的水面上有一篷船,两个舟子正撑篙摆渡。溪水的对岸,有一远坡村落,四周白雪皑皑,寂寞而幽静。整幅画面白雪皑皑、寂静空旷、意境幽远。王维在这幅画中使用了其首创的"破墨法",趁墨色尚未干时,使浓淡墨互破,相互渗透掩映,以达到滋润鲜活的效果。以"破墨法"画溪水,更衬出雪之白、天之寒。墨色与白雪相间,产生一种互相对比与反衬的奇特效果;前实后虚,又增加了落雪的厚重感。墨黑雪白,映衬着江村寒树、野水孤舟,传达出作者远离尘俗的孤寂心境。正如作者自己在《山水诀》第一段所说:"画道之中,水墨为上,肇自然之性,成造化之功。"

王维的画风对后世的影响,最主要的,是画中蕴含的文人士大夫高蹈境界,以及别有意味的自然与人类的和谐意味。文人画并不看重绘画技巧本身,而是"画外之意",一种有别于专业画师的技法追求,更多的是主观的寄情和寓意。从背景上看,中唐以后,佛教之中禅宗的思想大为兴盛,社会风尚受其影响,不自觉地呈现高远淡泊超然洒脱的风格。到了宋元,中国文人士大夫更是对于政体的压抑人性普遍不满,这种内心潜在的自由精神,使得绘画"别有所求",以体现品格、认知、才智和思想为重。而他们从王维的绘画中,找到了共鸣和路径。

到了元代,王维在绘画上的地位更高。诸多"文人画"画家更是将王维排列为唐代各名画家之首,同时视王维为士大夫的完美人格。在意境上,王维绘画在平远山水中表现出的静寂闲逸,很好地体现了"空寂"的禅趣与诗意,也可以说是在虚空的万象变化中,画出了一种凝固瞬间的永恒感受。在笔法上,王维枯笔与淡墨结合,在萧散、恬淡中透露出轻灵,完全体现了"不求物趣,以得天趣为高"的审美。这两点,在意蕴和技法上,成为元代文人山水画的新追求。大画家赵孟頫也是其中的发扬光大者,他在《题王摩诘松岩石室图》中写道:"王摩诘能诗更能画,诗入圣而画入神。自魏晋及唐几三百年,惟君独振,至是画家蹊径,陶镕洗刷,无复余蕴矣。"这是一个很高的评价了。从总体上说,王维发于意象、归乎气韵的风格,给赵孟頫以很大影响。赵孟頫的代表作《鹊华秋色图》，被董其昌评为："吴兴此图，兼右丞、北苑二家画法，有唐人之致，去其纤；有北宋之雄，去其犷。故曰师法舍短，不知书家以肖似古人，不能变体为书奴也。"很明显，董其昌是看出了赵孟頫笔意和笔法中的"右丞风格"。对赵孟頫另一幅著名作品《水村图》，董其昌评价道："此卷为子昂得意笔，在《鹊华图》之上，以其萧散荒率，脱尽董巨窠臼，直接右丞，故为难耳。"这一段话，还是阐述王维对赵孟頫的影响。不得不承认，董其昌的眼光是毒辣的。这很正常，谁让董其昌看过很多王维原作呢？董其昌极其钟爱王维，生前遍访王维真迹。天启元年（1621），新安收藏家程季白带着王维《江山雪霁图》请董其昌鉴赏题跋，董其昌还专门在华亭家中举办了一次雅聚，邀几个好友共同观赏。

董其昌不仅对王维绘画推崇备至，还确认王维为南宗画派的始祖。董其昌认为唐朝禅宗分为南北二宗，绘画也分成南北二宗：北宗是以李思训父子为代表的着色山水，南宗则是发端于采用渲染的王维。为了抬高王维，董其昌逐渐把王维推为水墨山水的创始人，还排列出一个从唐朝到明朝文人画的传承系统。"文人之画自王右丞始，其后董源、僧巨然、李成、范宽为嫡子。李龙眠、王晋卿、米南宫，及虎儿，皆从董巨得来。直至元四大家、黄子久、王叔明、倪元镇、吴仲圭，皆其正传。"他所谓的南宗画就是文人画，以王维作为南宗之首，显然是受到苏轼以来文人画论的影响。自此之后，王维一跃成为南宗之祖，并成为文人画和水墨山水的始创者。

除了画山水，画雪景，画芭蕉，王维最喜欢画的，还是竹。在中国水墨画中，据说王维是最先画竹的。之前是否有人画过竹？应该是有的，可大多为摹写，无技巧、章法和理论。王维画竹，是确定了画竹的章法，辅之以一系列理论。虽然"辋川别业"大片的竹林不能跟南方的竹海相比，可是王维还是喜欢一个人坐在"竹里馆"内，煮上一壶茶，焚上一炷香，安安静静地画竹，参悟竹之理。王维所焚之香，并非达官贵人爱用的珍贵香材，以沉香、檀香、龙脑、麝香合成的"四合香"，而是以荔枝壳、甘蔗渣、干柏叶、茅山黄连等寻常物合成的，带有山林气息的四合香。每当王维嗅到幽幽的香气，他感到一股静谧的山林之气扑面而来。

禅宗以"青青翠竹,总是法身;郁郁黄花,无非般若"来喻佛法,这是说佛法和竹子之间的相通之处。王维爱竹,是喜欢竹子的青翠、虚心、洁净,以及空寂的禅意。除了那一首最为著名的《竹里馆》之外,王维写竹的诗句还有:绿竹含新粉,红莲落故衣(《山居即事》);隔牖风惊竹,开门雪满山(《冬晚对雪忆胡居士家》);檀栾映空曲,青翠漾涟漪(《斤竹岭》);花时金谷饮,月夜竹林眠(《哭祖六自虚》);问年松树老,有地竹林多(《游李山人所居因题屋壁》);趺坐檐前日,焚香竹下烟(《过卢四员外宅看饭僧共题七韵》);孙登长啸台,松竹有遗处(《偶然作六首》);竹外峰偏曙,藤阴水更凉(《过福禅师兰若》);暮持筇竹杖,相待虎谿头(《过感化寺昙兴上人山院》)……

相比"四君子"中的梅、兰、菊,竹似乎更清简,更接近自然,更具隐士精神,也更顽强,也难怪王维对之青睐了。王维之后,诸多士大夫从竹中悟出了某种精神和禅机,对竹更正眼凝视了,竹也因此成了文人画最主要的意象之一。这当中承前启后的,有中唐的画师萧悦。萧悦确立了以双勾笔法画竹的方法,森然峭立,更有神韵,力求表现出竹的精神。之后,五代南唐的徐熙,更是将竹画带上了一个新境界。他的《雪竹图》,不仅画出了冬天的寒冷和萧瑟,还画出了竹濒死之时的顽强。在此之后,北宋时苏轼以写意的方式,将竹画发扬光大——东坡居士提出,"画竹必先得成竹于胸中,执笔熟视,乃见其所欲画者,急起从之,振笔直遂,以追其所见,如兔起鹘落,少纵则逝矣"。至此,竹,真正成为士大夫精神的象征,成为文人们寄情的影像。苏东坡甚至曰:"宁可食无肉,不可居无竹。无肉令人瘦,无竹令人俗。人瘦尚可肥,士俗不可医。"苏东坡不仅以墨画竹,还以朱砂画竹,画出红色的竹子。一个朋友看到了,于是问道:"老师,你怎么画红竹子呢?"苏轼回答说:"你看过世界上有黑竹子吗?"是啊,既然墨竹正常,红色的竹子为什么不可以呢?红竹在这里,是反常和超常,也是有禅意的。

最好的艺术,总是如莲花开放,有油然于内心的触动,有连接深处的觉知。诗词是这样,文章、绘画、音乐都是这样。比较起一般的绘画,文人画的根本,是内在心灵的咏颂和喟叹,是立足于沉思的生命呈现,也是与庙堂思维相对的一种山林意识。士大夫也好,文人也好,在现实中屡屡受阻的情况下,只能把酒月光下,抚琴夜半时,以手写我心,以笔浇块垒。从总体上来说,他们对于外象并不执着,看重的是艺术的抒情功能,以及人观画时的内心感受。也就是说,文人画更注重的是绘画后面的东西,是"意",也就是灵魂和精神,而不是"形";是本质,而不是色彩。以张彦远对王维绘画的评述作参考——在张彦远看来,王维的画为"破墨山水",所谓"破墨",就是不依靠颜料,以水调墨,以墨的浓淡变化,来勾勒线条,以黑白之色表现山水的"真味"。

王维的功德,还在于他独树一帜地确立了中国绘画的一种圭臬。中国文化一直有一个奇怪的现象:诗文判断,一直是儒家标准,文以载道,诗以言志;书画判断,却是佛老标准,寻求出世,致力幽玄的意蕴。为什么会这样?文章是有社会功能的,能载道说教,更为统治者所重视和利用。可是,在王维看来,每个人的内心,都有一片荒地,属于幽暗又寂寞的自我,唯以艺术的镜面,反观自己,清扫自己,才能开窗破壁,才能引进光线映射,以及清风明月的吹拂。绘画,较诗文的社会性,带有个人色彩,是心灵的直接表现和追求。王维的贡献,在于他以自己的声望和功德,创立了一种模式,得到了一定程度的自由,使得绘画逃离道德和权力的魔爪,拥有了一片清凉和宁静,最大程度上给予了文人士大夫以灵魂的慰藉,为中国文化的自由精神,营造了一个小宇宙,一种充满活力的生命空间。

因为王维,中国文人士大夫在堆积如山的苦难和郁闷中,又找寻到了一种排遣郁闷、逃避苦难的方式,那就是致力于文人画,通过诗、书、画、印"四位一体"的创作,在严酷苛刻的社会环境中,努力保有一丝尊严和高贵,保有涵容万物、静虚澄明之寻道精神。

第七章　空净

如果没有"安史之乱",也许王维所拥有的一切,可以称得上完美:享有很好的荣誉和声望,在朝中做着不大不小的官,时有闲暇去辋川小住,平日里写诗、作曲、绘画、抚琴,从艺术中获得很多快乐;也以佛禅为观照,内外兼修,不断地完善自己……除了家庭生活的缺陷,以及不能从世俗生活中享有足够的快乐外,一切都是岁月静好。这样的状况,就像一个高僧大德在潜心修建无形的佛塔———一石一木一砖地积累,一层层地叠加……在这个过程中,人遵从某种冥冥的导引,不断开发自己,不断精进,不断向上攀升。对王维来说,眼看着自己心中的"浮屠"即将封顶之时,"安史之乱"爆发,乾坤颠倒,佛塔轰然倒塌。王维再一次切身地感受到,不仅仅是生命无常,岁月同样无常。

天宝十四载(755)十一月初九,一个大雪纷飞的早晨,安禄山带着十五万人在范阳敲响鼙鼓,口号是"清君侧",目标直指朝廷首相杨国忠。"安史之乱"从此爆发,强大的唐朝走上了由盛转衰的不归路,也让无数百姓"斗鸡走犬过一生,天地安危两不知"的美梦破碎。现在诸多史书,都将"安史之乱"的爆发,归结于唐玄宗的腐化堕落、不理朝政,李林甫、杨国忠等人的专权,中央政府军权的旁落,以及地方节度使无约束等,实际上,除了政治、军事上的原因之外,还有宗教、周边形势,以及财政的背景。玄宗在位四十五年,执政可分上下半场:上半场是全身心地投入,政治清明,经济发展,军事强大,文化繁荣;到了下半场,"人治"的弊端充分暴露,心生厌倦,忠奸不分,管理粗放的毛病全然凸显。至于杨贵妃,只是一直以来"道德臧否"的嫁祸罢了,这一个美貌妖冶的女子从无政治野心,也不想过多地介入朝政,只是沉醉于对美好生活的满足罢了。初唐以来,唐朝政治、经济、军事上虽有大发展,可是东征西讨后,根基不稳,四面受敌,各方面压力很大。中央财政入不敷出,只好调整政策,把边关地区的军权、财权、行政权一起授予节度使,让他们自己想办法开拓财源,用这些钱财养活军队打仗。各节度使背景复杂,信仰不一,集各种权力于一身,一旦有了二心,中央政府很难掣肘。当然,"安史之乱"的发生还有外部形势变化的原因:在此之前,唐朝大将高仙芝统领的西征军,与崛起的大食帝国东征军,在西亚的怛罗斯河发生大战,结果唐朝大军寡不敌众,加上当地联军临时倒戈,唐军一败涂地。唐朝外扩势头受阻,软肋尽显。安禄山、史思明造反,跟由此获得的巨大信心,有很大关系。

在此之后一个细雨绵绵的清晨,安禄山前锋部队攻下了潼关,俘虏了曾有"大唐第一名将"之称的兵马大元帅哥舒翰。消息传来之后,自私而怯懦的唐玄宗于某个清晨,带着杨贵妃姐妹、皇子、皇孙、杨国忠、韦见素、陈玄礼、高力士及一些嫔妃、宫女、太监等,在数千禁军的护卫下,从长安城禁苑西门(延秋门)匆匆出城,向着渭水便桥行进,准备逃向蜀地。朝中大部分文武官员都蒙在鼓里,压根就不知道"至高无上"的皇帝已逃之夭夭。文武百官上午来兴庆宫上朝时,才知道皇帝早已离去。宫中哗然,长安城也陷入了一片慌乱之中。十天之后,安禄山进城,众多文武官员除少数逃出之外,大多为叛军捕获。那一段时间,平时居住于辋川的王维恰巧回朝,连同文武大臣一同被捕。王维虽然只是朝廷中下级官员,可知名度大,被誉为"盛唐第一诗人",安禄山慕其名声,特地让人对他关照,派人劝说他在大燕朝廷任职。王维不愿意,暗自服食药物,唯求一死,殊不知药物毒性不够,只引起严重腹泻,没有让他死去,反而让他颜面尽失,备遭摧残和嘲讽。安禄山知晓此事后,更是对王维优待,特地将王维连同其他几人专程押至洛阳,拘禁于菩提寺,不断派人劝降。在菩提寺的十个月中,王维曾大病一场,有一次十天未进食。直到至德二载(757)二月,安禄山被儿子安庆绪及谋士严庄、近侍太监李猪儿所刺,腹破肠流死去后,王维才答应留职大燕,随后被释放。身临险境之中,王维不得不面对生死和道德的双重考验,一个严肃的哲学问题纠缠着他:人应该是为世间的真理和正义而死,还是为了真诚的信仰苟活?这一个问题,就像他在面对儒家、道家和佛家时,只能选边站队般艰难。后来两《唐书》所云"迫以伪署""迫为给事中",应该是叛军授予了王维一个伪职,王维被迫接受,却一直未履行任何职事。在此期间,王维真切地意识到"无常"的真正意义——人于世间看似强大威猛,可在本质上如此渺小,凡世间种种,都是难以左右;至于命运,更是捉摸不定。若想青史留名,做一个好人,完全由不得自己,而是由各种各样的机缘决定的。

王维关押在洛阳菩提寺期间,安禄山在洛阳凝碧池举办庆功会,组织大批叛军将领参加。安禄山是由底层上位的,不识字,却长于心术,擅于表演,有着戏子的天分,不仅擅长胡旋舞,也擅长在朝廷内外、社会生活中左右逢源。这一点从他的一些行为中就可以看出,当初年过半百的他,为了讨得玄宗和贵妃的喜爱,竟然在公开场合下毫无廉耻地称呼年轻的杨贵妃为"干娘"。安禄山如此做,几无底线,更像是江湖骗子和道德败坏者。在庆功会上,安禄山特地安排了唐宫乐人表演节目。在此之前,长安城宫廷里的乐工,以及乐器、舞衣,连同舞马、犀牛、大象等,一起被掳至洛阳。音乐奏响之后,乐工雷海青坚决不从,军士叱喝之下,更是愤而摔碎手中琵琶,仰面朝西大哭,以示不忘旧主。安禄山怒不可遏,令军士将雷海青绑在宫殿立柱上,肢解示众。王维听说这件事后,心如刀绞,暗地里写了一首诗。这时候,恰巧裴迪冒险来菩提寺看王维,王维悄悄将这一首诗吟诵给裴迪听。裴迪将诗默记了下来,随后在民间广为传诵。这一首诗,后来被定名为三十九字的长题《菩提寺禁裴迪来相看说逆贼等凝碧池上作音乐供奉人等举声便一时泪下私成口号诵示裴迪》:

万户伤心生野烟,百官何日再朝天?
秋槐叶落空宫里,凝碧池头奏管弦。

因为处境险恶,王维不得不努力克制自己的痛楚,没有涉及雷海青及诸多牺牲者。不过,诗还是大胆地提到惨剧的发生地凝碧池,由此可以看出王维的愤懑和痛苦。

裴迪告别时,王维又作《菩提寺禁口号又示裴迪》,诗云:

安得舍罗网,拂衣辞世喧。
悠然策藜杖,归向桃花源。

以王维真实的想法,真正的烦扰和苦难,并非来自表面的"安史之乱",而是来自更深层次的"尘网"和"世喧"——只要身处红尘,就会感觉到痛苦。看得出来,此时的王维,已有深深的"厌世"之感,对此生已不抱希望,只是想如何挣脱尘网羁绊,"归向桃花源"。这一个"桃花源",跟陶渊明的初衷不一样,此时已带有浓郁的佛学意味,它其实就是"虚空"的代名词,是相对于荒诞不经的娑婆世界而言的美好世界。在痛苦不堪之中,王维只希望在佛学意味的"桃花源"中,寻求灵魂的解脱与安顿。当然,以王维之佛学的功底与造诣,由于深知世间之痛苦,更多的时候,他有可能对现实的伤痛"淡然"处之。在王维眼中,那些伤痛和苦难本质上也是虚幻,就如同死亡一样。此时此刻,真正能够给王维以安慰和解脱的,或者说真正能够托底的,只能是一颗洞明实相的心。

至德二载(757)十月二十三日,唐肃宗李亨回到了阔别一年零四个月的长安。当年离开时,李亨还是为各种不确定性所困的太子,前途未卜,整日里担惊受怕,担心父皇玄宗像对待其他皇子一样,对自己采取极端手段。此番归来,他已是中兴大唐的皇上了。两天之后,以大燕伪宰相陈希烈为首的三百多名附逆官员,从洛阳押回长安,长长的队伍当中,也有灰头土脸的王维。"贰臣"到达长安的那一天,朝廷专门安排了一个叫作甄济的隐者,声情并茂地讲述自己以死力拒安禄山招安的事迹。禁卫士兵大声呵斥陷伪官员列队敬拜。如此做法,显然是想全力羞辱那些"失节者"。随后,三百多名官员在长安大街上演了轰轰烈烈的游街活动,在数万百姓的声讨和詈骂声中,如过街老鼠一般惊慌失措。当年逃得比谁都快的太上皇唐玄宗也由成都回到了长安,在重新面对这些"失节者"时,丝毫没有羞愧之心,反而力主严厉处罚。经过几番激烈的争辩,朝廷决定对数量众多的陷伪官员以六等定罪,详加甄别:重者刑于市,次赐自尽,次重杖一百,次三等流、贬。与此同时,对在平定叛乱中功勋卓越的大臣进行褒奖,王维的弟弟王缙因为乱时在太原协助李光弼抗贼有功,被授予太原少尹加刑部侍郎衔。

曾经得到安禄山亲封的两个宰相达奚珣和陈希烈,是这批附逆官员中最受瞩目的。达奚珣被定为一等罪,连同其他十七人,在百官的围观下,被斩于城西南独柳树下。陈希烈被定为二等罪,和其他六人被赐自尽于大理寺。至于三等罪,虽然惩以"重杖一百",可又有几人能受得了如此重刑,一个个被打得皮绽骨裂,死状更惨。达奚珣之子达奚挚等二十一人,于京兆府门口执刑,没等杖完,便一命呜呼了。值得一提的是,前宰相张说之子张均、张垍兄弟也因投降附逆,被判了一等罪。前者曾为肃宗的救命恩人,后者是玄宗的驸马、肃宗的妹夫。在此期间,肃宗曾想赦免两人,可太上皇玄宗坚决不同意,两人最终还是一处死、一流放。

为人们瞩目的王维,也被关进牢房定为三等罪。审查王维时,裴迪向朝廷递交了那一首诗《菩提寺禁裴迪来相看说逆贼等凝碧池上作音乐供奉人等举声便一时泪下私成口号诵示裴迪》。王维弟弟王缙也为自己的哥哥竭力奔走,认为王维所为系万般无奈,请求朝廷削去自己刚刚晋升的刑部侍郎职位为兄赎罪。在此之前,包括唐肃宗在内的诸多官员,就曾从坊间听到过王维的那首三十九字标题诗作的传唱,从诗中内容看,足以证明王维对大唐王朝的忠心不二。朝廷专案组经过一番调查后,提交了一份处理意见,唐肃宗"嘉之",结果是王维得到宽宥,是春复官,授太子中允,加集贤殿学士;迁太子中庶子、中书舍人。中书舍人属中书省,主要负责为皇帝起草诏书,参议表章,虽然与给事中同属五品官上,可是位置最重要,处于权力的核心位置。如此结果,肯定有肃宗对王维欣赏的成分,因为相比门下省,中书省实为军民大政之本。当然,关于这个结果,还有另外一种说法:说是甄别初期,王维曾跟郑虔、张璪一起被关在宣阳坊。宰相崔圆看到三人都擅长绘画,特地将他们调出,安排为自家住宅墙壁作画,因怜惜他们的才能,特地出手相救。最后的结果是:三人中,除王维免予处罚官复原职外,张璪被降职,郑虔则流放到东南沿海的台州任司功参军,都算得以保全。王维在接到相关豁免通知书后,在《既蒙宥罪旋复拜官伏感圣恩窃书鄙意兼奉简新除使君等诸公》诗中写道:"花迎喜气皆知笑,鸟识欢心亦解歌。"这应该是长吁一口气吧,毕竟,在此之前的数年间,生命如此憋屈和黯淡,性灵都凝固如铁沾满尘埃了。

这时候,长达八年的"安史之乱"行将结束,可是神州大地所遭受的伤痛,却一时无法终止,兵祸连连使得包括长安在内的中国北方生灵涂炭,百姓一贫如洗,苍茫的中原大地到处都是无家可归的人,民众的道德水准也一落千丈。战乱暴露了人性的猥琐、懦弱、自私和兽性,让王维对世间种种更加失望。虽然最终结果尚好,可是"安史之乱"的经历,还是让王维受到了很大伤害,原本恬淡静谧的生活遭遇到重创,仿佛偏离了原先的轨道,一头栽进了深深的沟壑之中。王维不得不面对来自各方的压力,坠入一个阴暗、复杂而坚韧的道德之网。朝廷宽宥了王维的行为,可是那些尸位素餐、因循守旧的官僚,以及苛刻腐朽的道德主义者,总是以源源不断的冷嘲热讽对他进行攻击,借以彰显自己的高明正确和道德优越。诸多舆论对王维充满苛求,认为王维作为一个士大夫,不杀身成仁、舍生取义,就是不道德、不体面的,应该绳之以法。

虽然肃宗在那一阶段多次为王维正名,让其免受诸多腐儒酸士的攻击,可是,王维还是能深切地感受到四周投射过来那种锋利的,混合着嫉妒、痛恨和鄙夷的眼光。它们无所不在,就像盛夏的苍蝇一样难以驱赶干净。久而久之,即使是坚定的皇帝,也感受到了某种压力,王维的职位在悄然变动,又由中书舍人调整为给事中,算是稍稍"边缘化"一些,缓解了一些矛盾,也缓解了党派斗争的激越。王维当然明白如此调整的用意,他无法申辩,不得不以沉默,甚至以强作欢颜来对待。感恩和愧疚之心交织,让王维物累陡增,心中愁苦,不仅失去了怜悯对手的想法,甚至有了下地狱的恐惧。藏在王维心底的是一丝不服——既然皇帝先丢下大臣溜之大吉，为什么还要对大臣如此苛求呢？还有那些冠冕堂皇的道德要求，因为本质上的不真实，一定是荒谬的。至于人性，残酷的事实告诉他：有些人根本就是无明的，不仅缺乏良知，甚至比野兽还凶残。那些人之所以来到这个世界上，是因为世界本身就是轮回的场所，在他们的前方，一直有地狱在等待着他们。

后来的朱熹评价："王维以诗名开元间，遭禄山乱，陷贼中不能死，事平复幸不诛。其人既不足言，词虽清雅，亦萎弱少气骨，独《山中人》与《望终南》《迎送神》为胜。"顾炎武更尖锐地提出："古来以文辞欺人者，莫若谢灵运，次则王维。"认为王维是以诗开脱自己"仕贼"的罪名。看得出来，这两个中国历史上著名的大儒对王维的评价都不高。朱熹所说，显然是以儒家和理学的立场，站在道德高地之上随意臧否和抨击，不理解也不原谅，由人及诗一块儿贬损。朱熹哪里能理解得了王维诗中平和而高妙的禅意呢？道德是一时的，艺术是永远的。在朱熹这个"道德卫士"眼中，没有几个人是及格的，像王维、苏东坡等人，都是有悖"天理"的，只有他才"真理在手"，代表着绝对的天命。至于顾炎武，以他坚守明朝遗民的不苟且立场，自然会忠贞于"宁为玉碎，不为瓦全"的节操，对王维的极端评价倒是情有可原。因为这样的原因，王维在明清主流文学中的地位不断下降，在极端道德主义的社会里，艺术会不由自主地被挤到边缘，一不留神，就会跌下万丈深渊。

从王维撰写的诗文中，也可以看出其晚年的心境——"安史之乱"后诗人留存诗歌二十六首，文章二十二篇，远远少于之前的日子。王维的诗文，很少有直接描写"安史之乱"的，这并不代表王维对"安史之乱"的忽视，也可能是太在意了，反而不敢涉及，唯恐给人留下把柄和口舌。当然，作为一个修行者，王维更注重的是内心的感受，而不是外部的风云变化，作为自己的艺术之道，同样也是如此，更坚持对宁静和永恒的追求。作为一个觉悟者，王维还知道语言文字本身的局限，越来越多地担心、怀疑和害怕文字表达。在他看来，语言如此脆弱，如此不确定，诸多幽微之意难以表达，更谈不上深入地表达生死、时间、痛苦和绝望的感受了。况且,过多地执着于语言和文字,很容易授人以柄,使自己坠入更大的陷阱。也因此,王维那段时间更多地沉湎于绘画,每天花费很长时间画山水,画人物,画界画,探索自己的水墨风格,内观内心世界,避免过多陷入自责,陷入是非,陷入灵魂的拷问。虽然王维一直是虔诚的佛教徒,可是他毕竟是中国传统文化培育出来的士大夫,身上有着难以割舍的儒家功名与道义思想。中国传统士大夫再出世,再消极逃避,也会坚固地留存为国尽职、为君尽忠、杀身成仁的情怀,不可避免地以此为第一道德要义。王维内心的痛苦和悔恨,显然来自儒家伦理纲常的无形压迫。

让王维感到深深自责的,还有好友韦斌的反衬——当初和王维一直羁押在洛阳菩提寺的,还有汝郡太守韦斌。韦斌是王维多年的好友,也是薛王李业的驸马、唐玄宗的侄驸马、唐肃宗李亨的堂妹夫。战败被俘后,韦斌为了保全家眷,表面上接受了伪职黄门侍郎,随后"吞药自裁,呕血而死"。乱平后,朝廷启动了规模宏大的仪式,祭奠在"安史之乱"中以身殉大唐的韦斌,旌表并追赠秘书监一职。王维受命为韦斌撰写碑铭,当提笔缅怀这个义薄云天的好友时,王维动情地将自己也放入了文章,回忆起自己服药未死的状况,又提及了韦斌惨死前跟自己的交流:某一次韦斌看着王维,泪流满面,以身上的玉佩示意,做了个砍头的动作,随后仰天长叹。还有一次,韦斌趁押解的人去厕所的工夫,贴近王维的耳朵咬牙切齿地说:"我真是感到郁愤啊!源源而来的痛苦积成疾病。我恨不得像大禹杀了防风氏一样,砍下这个家伙(指安禄山)肥硕的脑袋,用车子装满这个家伙的骨节,在他的肚脐点上火,烧他个三天三夜!"说这话的第二天,韦斌就服药而亡了……王维百感交集,毫无保留地将这些细节写进了祭奠的铭文中。

王维为韦斌写的碑铭,再一次在朝廷上下掀起波澜:在乱中,王维跟韦斌,不正是鲜明的对比吗?一些人将他们作为话题,再次重提此事,借此攻击王维"失节",贪生怕死。王维听说后,既气愤又悲伤,这些人有什么资格责难我呢?如果他们是雷海青的话,自己无话可说,可他们分明不是。气急懊恼之中,王维甚至想以死表示清白,在《谢除太子中允表》一文中,王维说道"臣进不得从行,退不能自杀","秽污残骸,死灭余气。伏谒明主,岂不自愧于心?仰厕群臣,亦复何施其面?跼天内省,无地自容"。在《施庄为寺表》中,王维又写道:"臣闻罔极之恩,岂能有报?终天不返,何堪永思!然要欲强有所为,自宽其痛。"在《为薛使君谢婺州刺史表》中,王维再次说:"自恨弩怯,脱身虽则无计,自刃有何不可?……纵齿盘水之剑,未消臣恶;空题墓门之石,岂解臣悲?"

王维是以儒家的伦理纲常,以及"杀身成仁"的要求,不断地审视和检讨自我的缺失,并对灵魂进行反思、拷问和审判的。在此之前,如果说王维兼有儒释道思想,还想着为朝廷进取,并获取回报的话,那么,经历了"安史之乱"后的王维,已对诸事心灰意冷,更觉得人生无意义了——生命如此孱弱,就如同幻象,又何必锱铢必较呢?往事不可谏,来者不可追,重要的不是治愈,而是带着伤痛顽强地活下去,一切尽人事,听天命,不求回报,唯对得起自己的良知即可。有一个现象值得关注,那就是"安史之乱"后,王维身上儒家那一部分又再次被激发,这表现在王维以从未有过的积极态度参与朝堂事务,表现出对国运民生的格外关注等。这也很正常,盛世的大唐彻底地跌入谷底,传统之"士"的责任和义务被激发,也是一种置之死地而后生吧?毕竟,在王维内心深处,最初打底的,还是儒家的使命感和进取心。当然,只要稍稍冷静下来,王维又不得不面对与日俱增的"空净"——对花甲之年的他来说,现实毕竟只是幻象,真正的心魔,还是来自内心的虚无。王维毕竟受佛家思想浸淫多年,人一旦接触到无垠广袤的天空,自然会不自觉地抬头仰望,也会不自觉地对人间施以悲悯。

为了提振士气,重振大唐雄风,唐肃宗重新启用大明宫,将上朝的地点从之前的兴庆宫移仗至这里。这座巍峨雄伟的宫殿,始建于唐太宗时期,一直到高宗和则天女皇时期才得以完成。它坐落在一条象征龙脉的山峦的最前端,堪称"龙首",站在大明宫含元殿向南眺望,整个长安城尽收眼底。宫域可分为前朝和内庭两部分,前朝以朝会为主,内庭以居住和宴游为主。前朝的中心为含元殿(外朝)、宣政殿(中朝)、紫宸殿(内朝),内庭有太液池,各种别殿、亭、观等三十余所。"大明"一词,最早见于《诗经·大雅》中的《大明》篇,按《毛诗序》释意为:"文王有明德,故天复命武王也。二圣相承,其明德日以广大,故曰大明。""安史之乱"前,唐玄宗为了将大明宫作为自己跟杨贵妃休闲和居住的场所,将上朝的地点迁至兴庆宫。大明宫重新启用之后,应该是受到某种旨意,时任中书舍人的王维频繁与杜甫、岑参、贾至等人互动,逢迎唱和。王维写了一首《和贾舍人早朝大明宫之作》,字里行间难抑虚荣和浮华:

绛帻鸡人报晓筹,尚衣方进翠云裘。
九天阊阖开宫殿,万国衣冠拜冕旒。
日色才临仙掌动,香烟欲傍衮龙浮。
朝罢须裁五色诏,佩声归到凤池头。

这首诗,应属于传统的"颂诗"吧,一直以来,如此形式总是占据传统文学艺术的主流,体现权力的意志。这一首诗也是如此,没有其他的意思,就是描绘大明宫的威严和荣光:锦衣卫士头戴红巾,像雄鸡一样威武地引吭高歌。那些管御服的官员,来来往往进进出出,把翠云裘等各种各样的华丽服装捧进宫廷。皇宫的大门一扇扇轰然打开,文武百官和客臣山呼万岁拜谒皇帝,听候圣旨。蔽日的障扇在晨曦的照耀下,徐徐向前移动;香炉的轻烟依傍着皇上的龙袍氤氲升腾,如此景象,就像天境一般。朝拜后,中书舍人贾至用五色纸起草诏书,随后环佩叮当一路奔跑着将诏书送到中书省所在的凤池头……诗显然有司马相如《上林赋》等文章的风格,规模宏大,辞藻丰富,描绘尽致,渲染淋漓。王维勉力撰写如此"外强中干"的诗文,有可能还是为自己在乱时的行为"内疚"吧,想以己之力提升大唐已衰靡的士气;或许在令人窒息的高压下,不得不卑微而胆怯。只是,年近六旬的王维,在经历了耻辱与伤痛之后,对此类"锦绣之文"已力不从心了。毕竟,落花流水春去也,大唐的荣光早就出现斑斑锈迹了。

虽然王维有些时候表现出某种虚荣和激情,可是从总体上来说,经历了深深的屈辱和伤痛后,他变得更加胆怯、卑微而恍惚,灵魂与生存的距离也变得遥远。晚年的王维,就像是巴赫的 d 小调协奏曲(bwv974)——一方面深情沉郁,另一方面又薄情叹惋,在他心目中,世界是混乱的、不堪的,可他依旧选择去看美好的一面,并为之献出一切。一个具象的王维消失了,洒脱自由的具象兀然抽象化了,不仅变成了一个影子,甚至化成了旋律本身,全部灵魂就是悲伤和哀怨。这一时期,王维所写的《叹白发》第二首,清晰地表明了他的真实心境:

宿昔朱颜成暮齿,须臾白发变垂髫。
一生几许伤心事,不向空门何处销。

那个春天的清明节,王维去了一趟辋川,这是他自"安史之乱"后,第一次回自己钟爱的"别业"。算算时间,离天宝年间陷贼离开时,正好一年左右。道路的两旁,新添了无数坟头,祭祀的纸吊钱在犹有寒意的朔风中凄清地飘摇,耳边总有悲惨的哭声此起彼伏。王维目睹如此景象,一路无话,心中越发沉重了。就这样到了辋川,打开柴门后,一派萧条的景象映入眼帘:这就是自己曾经钟爱无比的别业吗?荒草遍野,蛛网遍布,诸多屋舍的边墙和顶棚也已经坍塌了。王维呆呆地坐在门前,只是听着寂静,很久都没有传来清脆的鸟声。那些鸟儿,是惊恐于战乱飞走了吗?王维又一次感到了深深的寒意,当年自己全心打造的"辋川别业",仿佛灵魂已经飞走,只剩下一个空壳——这还是自己花费了无数心血,也花费了无数积蓄和精力打造的那个"桃花源"吗?

在此之后,王维很少去辋川了,一方面,是乱后的朝廷正纲肃纪,对官员们越来越苛刻;另一方面,经此磨难之后,王维也很难重拾闲适心境了。大多时间,王维都将自己幽闭在长安城西市的深宅之中,点燃一根香,膜拜佛像,端坐参禅,放空自我。裴迪有时候来看他,两人还曾经一起,去新昌里访高士吕逸人,去青龙寺拜见操禅师。这个时候的王维,自觉已有龙钟老态,腿脚也不便了,在《夏日过青龙寺谒操禅师》诗中,王维写道:

> 龙钟一老翁,徐步谒禅宫。
> 欲问义心义,遥知空病空。
> 山河天眼里,世界法身中。
> 莫怪销炎热,能生大地风。

裴迪也写了同题诗:

> 安禅一室内,左右竹亭幽。
> 有法知不染,无言谁敢酬。
> 鸟飞争向夕,蝉噪已先秋。
> 烦暑自兹适,清凉何所求。

　　从诗中看,此时裴迪进步明显,境界较之前清澈邈远得很多,也敏锐得多。这一首诗,也有人认为写于"安史之乱"前,认为裴迪在"安史之乱"爆发前,就离开了长安。从相关资料来看,裴迪应是在"安史之乱"平复后,离开长安去川蜀的,否则哪会去洛阳菩提寺看望王维,并且上书奉上那首诗《菩提寺禁裴迪来相看说逆贼等凝碧池上作音乐供奉人等举声便一时泪下私成口号诵示裴迪》,让王维免于灾祸呢?况且,裴迪在跟王维一道去新昌里访吕逸人所写的同题诗,名为《春日与王右丞过新昌里访吕逸人不遇》,王维任职中书右丞,也是在"安史之乱"平定之后。

　　在此之后,裴迪告别了王维,离开长安入了川蜀,去某地做了一个小官谋生。自此之后,来王维身边的人越来越少了。世事艰难,每个人都像汪洋中的小舢板一样,在暴风雨中自顾不暇;每一个人都很孤独,没有人能够给另外的人以足够支撑,让他面对苍凉和困苦。王维深切地感受到,只有将自己深深地沉耽于某种宁静,痛苦和懊悔才会减轻和消失。所谓当下、过去和将来,只有让自己消失时,才是真正的"空",才能感到某种轻松和愉悦。有时候,王维也会摊开笔纸,恭恭敬敬地开始抄写一段佛经,再提笔绘画,画佛像,也画自己心中有的山水和自然。虽然王维抄经的速度很慢,每天只写数百个甚至几十个字,可是时间久了,还是积下了厚厚的一叠。有《金刚经》《药师经》《楞伽经》等,也有《道德经》《华严经》,不过,王维最为喜欢的,还是《维摩诘经》。这一部经书不仅让王维感到佛法的博大精深,还让王维感到亲切,因为它以"真僧最言家常话"的方式,叙述一个又一个小故事,环环相扣,层层递进,别有意味。每当王维专注地摹写《维摩诘经》时,他总觉得耳边有低回的"狮子吼",让他能迅速静下心来,细细地体味和领略博大的佛学精神,下笔若有神,既充满静谧之美,也蕴含着至诚至善的智慧。至于他抄写的经书,都是各个寺庙的愿请,由王维馈赠寺院,相关施主和居士支付一定的钱帛后,恭敬地请回悬挂于家中。在这个过程中,每一个人都是欢喜的,如此光大佛法,也应是积功德吧!毕竟,就当时来说,王维是大唐最有名望的文人,也是为人们崇敬的摩诘居士。

可以这样说,在"安史之乱"前,王维修习佛学,主要是修心,以融入自然山水为手段,追求内心的宁静。这一种方式,属佛学静修,可是也带有诸多道家的元素,方式是以戒生定,以定生慧,以慧生禅。可是在乱后呢,王维的修习方式变成了忏悔和施救,以正心诚意来破"我执",寻求灵魂的安抚和解脱。由此看来,乱后的王维还是有痛苦纠缠,世间的变故打破了王维一直以来的宁静,加深了王维与"我执"的缠斗。对王维来说,只有加倍地修行,才能将自我融入空性,彻悟一切本空,才能消抵人生的痛苦。经历了这一场劫难的王维,算是真正地领略到世界的无常本性了,至于"空性",不是虚无,不是一无所有,而是世界的本质。"安史之乱"也可以视为对王维的一次真正考验,是以苦难试探他的虔诚,也是对王维人生境界的一次大提升。一花一世界,一叶一菩提,世间的所有一切,又何尝不是一种背景,也何尝不是一种示意呢?当王维有如此想法时,他突然感到豁然开朗,觉得自己已尽晓人生真谛。对循道者而言,苦难何尝不是觉悟的动力呢?若能持续而虔诚地坚持信仰,人就会得到解放,也会拥有自由。

人的内心当中,本来就有良知的力量,它一直跟智慧相连,等待着某个机缘时刻的到来。孔子所谓"仁",即指向于此。曾子所云"大学之道,在明明德",也是这个意思。佛学解释为般若,后来的理学解释为"明德",再后来王阳明解释为"良知"。不管是"般若"也好,"仁"也好,"明德"也好,"良知"也好,人所要做的,就是觉知它,擦拭它,呵护它,使之变得明亮起来,觉悟地走上一条智慧和自由之路。

乾元元年(758),王维上表将自己半生精心经营的"辋川别业"捐出,改为寺院。王维如此做,并不是一时的冲动,而是一段时间仔细思考的结果,世界就像横亘在人们面前的一座桥,走过去即可,没有必要在上面盖房子。人生最难也最高的境界,莫过于从容又决然的"断、舍、离"了。在王维看来,人的一生,终究是要放弃所有的东西,哪怕是自己最心爱之物和人。王维写了一道《请施庄为寺表》,恳求肃宗接受自己的进献,言辞极为恳切:

> 臣维稽首:臣闻罔极之恩,岂有能报?终天不返,何堪永思?然要欲强有所为,自宽其痛。释教有崇树功德,宏济幽冥。臣亡母故博陵县君崔氏,师事大照禅师三十馀岁,褐衣蔬食,持戒安禅,乐住山林,志求寂静。臣遂于蓝田县营山居一所,草堂精舍,竹林果园,并是亡亲宴坐之馀,经行之所。臣往丁凶衅,当即发心,愿为伽蓝,永劫追福。比虽未敢陈情,终日常积恳诚。又属元圣中兴,群生受福,臣至庸朽,得备周行。无以谢生,将何答施?愿献如天之寿,长为率土之君,惟佛之力可凭,施寺之心转切。效微尘于天地,固先国而后家,敢以乌鼠私情,冒触天听?伏乞施此庄为一小寺,兼望抽诸寺名行僧七人,精勤禅诵,斋戒住持,上报圣恩,下酬慈爱。无任恳款之至。

同为佛教徒的肃宗,在接到王维所上的奏折时,深深地被王维的行为打动了,王维此举,分明是想倾自己所有,履行信徒的责任,也是想感动上苍,帮助大唐渡过难关。这时候,经历了多年内乱的大唐帝国已是千疮百孔,羸弱贫困,连官员的俸禄也不能及时实量发放了。肃宗知道辋川对王维的重要性,还知道王维母亲安葬在辋川,现在,王维却要将这座精心经营十六年的别业敬献给朝廷改为寺院了。肃宗能说什么呢,只有朱批照准。同时下诏,迁王维为尚书右丞,由五品上升为正四品下,这也算是对王维最后的安慰吧。

秋末冬初的日子,王维和弟弟王缙一道,带着仆从最后一次去了"辋川别业"。那几天朔风凛冽,凄风冷雨,仿佛世界的一切都在风的席卷下,变得瑟瑟发抖。一直到夜晚降临时,风雨才变得小了,山野还原了古老的宁静,可是一切都变得灰头土脸,当初山水的明艳也消失得无影无踪。王维敏锐地捕捉到了辋川的变化,当初山水显示的灵性,是因为外部的阳光,以及内心的温润所共同创造的,没有自在心、欢喜心,哪有清风明月、静水幽潭呢?夜间睡在炕上,一股寒意贴背而来,即使蜷缩着身子,也耐不住锋利的寒冷。王维突然感觉到,那些无所不在的寒风,仿佛不是来自外部世界,而是发于自己的内部。它们早早地躲在里面,稍有动静,就苏醒过来,就像是埋伏于身体中的死亡一样。想到这里,王维辗转反侧,更加睡不着了,后来索性起来,点亮油灯,不由自主地打坐诵经。这时候他的姿态,已成熟如一株老树,或者如古旧的雕像一般。等到天明,王维吃了些饭,吩咐仆人,迅速收拾一些极简单的什物,以及相关书籍、诗稿、画稿、古琴、琵琶什么的,就开始上路了。马车启动之后,王维回头看着十余载的"辋川别业",这才觉得有些恋恋不舍,惆然失落中,王维吟下了一首《别辋川别业》:

依迟动车马,惆怅出松萝。
忍别青山去,其如绿水何。

人一旦到了参透生死的境界,可能就不再有深切的痛苦,只是淡淡的哀愁了吧?也无所谓得与失。此状态可称之为惆怅——因舍离而惆怅,因惆怅而无奈,因无奈而落寞,因落寞而凄然,因凄然而认命,因认命而温情。弟弟王缙也有问题:"山月晓仍在,林风凉不绝。殷勤如有情,惆怅令人别。"诗的主题,同样也是惆怅,是依依不舍,此中同样颇有失落。王维和王缙的深情和无间,让人忍不住想起后来的凡·高和提奥。

如此状态,是情理之中吧,只是王维告别的,不仅仅是"辋川别业",还有整个世界。这个时候的心态是什么呢?是忧伤中有困惑,困惑中有觉悟,觉悟中有悲悯,悲悯中有无力——人竭尽全力所做的,与无是无非的天意相比,实在是渺小之极。已识乾坤大,犹怜草木青,这时候,唯一能做的,只有安抚自己的灵魂吧!退无所退,只能退到自己的心里,退到时空的微渺和苍茫中去。这一个心境,既是晚年王维诗歌的主题,也是王维以毕生心血悟出的至理。

上元元年(760),朝廷准王缙所请,迁他为蜀州刺史,其中原因,还是当年事件的延续。朝中有人对于王维获免之事不服,竭力诋毁王氏兄弟,以致肃宗不得不平衡各种各样的党争。王维蹒跚着去给弟弟送行,一直送到长安的郊外。经历了巨大变故后的王维,身体明显一年不如一年了。一路上,秋风萧瑟,枯叶纷飞,道路的上空,到处飞舞着黄蝴蝶一般的落叶,仿佛寓意世界的凋零和衰败。王维谆谆地告诫弟弟,作为一个地方官,大事一定要讲原则,若是小事,还是尽量仁慈吧!说这话的时候,王维的眼中闪着光亮,语气中洋溢着深情,他是在言说自己的心声吧,虽然跟身处的娑婆世界已然和解,可是仍旧心存悲悯和留恋。王缙默默地点头,他当然知道兄长话语的寓意。分别之际,王维不由得老泪纵横,他清楚地知道此次一走,很可能就是永别了,真是老了,连眼泪也不受控制了。随后,王维就一直站在那里,看着王缙的背影,一直到他的背影消失在天地的空蒙之中,王维才转过身来,颤巍巍地迈开步子。他让仆人搀扶着自己,努力登上了高坡,随后又登上青龙寺塔。站在七层塔上,眺望着不远处的终南山,努力辨明蓝田的方向。大野茫茫,远处的山景,似乎跟暮云合为一体。王维觉得自己的视线穿透了云霞,仿佛能看到影影绰绰的辋川。感慨万千之下,王维成《别弟缙后登青龙寺望蓝田山》诗:

陌上新离别,苍茫四郊晦。
登高不见君,故山复云外。
远树蔽行人,长天隐秋塞。

心悲宦游子,何处飞征盖。

这首诗,已有了望穿今古的空渺之境,有了回首人间的悲悯和无奈,也有了抽身离去的绝望和悲情。归去之时,王维更觉自己龙钟已显、空洞老朽了,身体仿佛被抽空了一样。老眼昏花中,他的眼前恍惚出现了辋川的景象:远树暖阡阡,空处绝人烟,明月惊飞鸟,诗意在心间。雨后天霁,山谷青苍,高山流水,天地一鹤。揽明月,驾长风,煮香茶,品清欢。至于那些意象:空山、落日、孤烟、古寺、寒钟、荒城、古渡、古塞、远树、落晖、渡头、墟里、穷巷、牛羊、高僧、渔夫、野老、行客、村童、弹琴、长啸、饮酒、垂钓、禅坐……如此情景,仿佛一帧帧古老而永恒的画面一样,在王维眼前掠过。这些,都曾是王维最喜欢的,也一直留存于他心中。此时倏然掠过,仿佛都带有某种物哀性,缥缈迂回,欲罢不能。王维想,那些最真实,同时也显得隐秘的生命情感,跟闪回的画面一样,也是难以捕捉的吧——惆怅、落寞、苍茫、悲伤、欣喜、沉静、沉寂、沉沦、无奈、伤离、惋惜、孤独、悲情、尴尬、难堪、冲淡、渊雅……只有怀有慈悲和智慧的人,才会看到、听到、感知这种原始的神秘感,并为之怦然心动。世界如此美丽,只有持有"临终之眼",才会对此报以深情的凝视,怀有绵绵不绝的思念。

在此之后,洛阳再次被叛军攻陷,逃难的百姓拥进了长安,大街小巷挤满长衫褴褛、面黄肌瘦的难民,哭声震天,哀号遍地。王维目睹这些,泪如雨下,心如刀剜,想到众生的艰难和不易,想到肉身的可怜、悲惨、污秽、衰退和受辱,仰天长叹之后,提笔写了一卷《请回前任司职田粟施贫人粥状》,上表肃宗皇帝:

右:臣比见道路之上,冻馁之人,朝尚呻吟,暮填沟壑。陛下圣慈怜愍,煮公粥施之,顷年已来,多有全济。至仁之德,感动上天,故得年谷颇登,逆贼皆灭。报施之应,福祐昭然。臣前任中书舍人、给事中,两任职田,并合交纳,近奉恩敕,不许并请。望将一司职田,回与施粥之所,于国家不减数粒,在穷窭或得再生。庶以上福圣躬,永宏宝祚,仍望令刘晏分付所由讫,具数奏闻。如圣恩允许,请降墨敕。

上表的中心意思,是不忍见百姓的苦痛,请求皇上批准,将自己职分田的全部收成捐出,煮大锅粥来救济那些将要饿死的难民。那时候,唐朝文武官员的收入来自分配给自己良田的租金,王维当时拥有职分田四十二顷,总体收入还不错。王维在捐出了自己的"辋川别业"后,现在又将自己的全部收入捐献给百姓,如此壮举,朝中又有几人呢?唐肃宗也被感动了,人的境界和觉悟,不看他说得有多好,只看他所作所为,看他如何对待死亡、如何对待自己就知道了。唐肃宗没有想到王维竟再次为朝廷分担,心中不免怜惜,犹豫着没有批准。过了一段时间,王维见没有动静,倔强地再次上表。唐肃宗再次阅读王维的奏折之后,心中五味杂陈,这个人显然是想替朝廷减负,也是决绝地想着将世间的一切清理干净,将家财散尽,再告别世界。想到这儿,肃宗颤抖着挥动朱笔恩准了。于是王维将多年的积蓄和存粮全部捐出,在自家大门口,购买了几个大铁锅,每日让仆人为灾民煮粥度饥,又发放衣物和家什。一番清理之后,王维在长安城西街的老宅变得更加寂寥空阔了,除了一些基本的生活用品,以及笔墨纸砚之外,以草为席,以木为凳,家徒四壁,别无长物。王维吃得也极少,每日只是枯坐净室,焚香独坐,冥想诵经。其弟王缙后来在《进王维集表》也描述道:"臣兄文词立身……至于晚年,弥加进道,端坐虚室,念兹无生。"王维此刻的状态,就像一条老去的鱼,再无力量逆水而行了,只是顺着河流的方向随波逐流,任无形的力量将自己带到一个更加广远的世界去。

那一年,王维刚过花甲,已然达到了"空净"境界——是啊,人就是这样,赤条条地来,最后仍赤条条地离开——来,是洁净的,如早晨洁净的风;走,也是洁净的,如夜晚的同样洁净的风。生而为人,最高的境界,就该是"空欢喜"吧,悟到了世界与生命的"空",又不存失望和颓唐,随后缘起自性,欢喜自己的一生,平静地与世界告别。这一种境界,应是"菩提萨埵",也就是菩萨境界了吧?是完全的"觉悟有情"。王维虽然一生中没有正式出家,却一直像真正的信徒般怀有解脱和觉悟的愿望,也怀有拯救和济世的使命,随后努力持戒、焚香、禅诵、布施,谨守戒律,全身心地投入到生命的不断圆满之中。现在,修行终于有回报了,那就是恍然明白世界"空"的本质,不再执着,在死亡来临时,天清地宁,岁月静好。就像自己诗中曾经写到的:"行到水穷处,坐看云起时。"是啊,王维直至此时才彻悟到,当初自己写这一首诗,不曾将它看作是死亡,只是意会某种景象之理。没想到生命最后的时光,也是这样的状态——悄悄地来,自然而然地来,如春风拂来,花朵自开,枝叶新绿。这哪是死亡啊,分明是另一种新生,只是不为这个世界的人所知罢了!而自己的心境,仿佛等候,仿佛老友重逢,仿佛家人团聚。如此状态,真是玄妙啊,也是欢喜——是欢喜中的玄妙,也是玄妙中的欢喜。此时的王维,已分明不关注世界的喧哗与骚动,只凝神于眼前的玄妙和欢喜,还有生命的来意、去处和真谛。在写给张少府的诗中,王维平静地写道:

> 晚年唯好静,万事不关心。
> 自顾无长策,空知返旧林。
> 松风吹解带,山月照弹琴。
> 君问穷通理,渔歌入浦深。

这一首诗从字面意思上,并不难懂,主旨还是对清风明月的向往,心中俨然有大光明境界。诸多人不懂禅,不太能理解王维诗中的境界,认为王维"晚年唯好静,万事不关心"是"避世",是对人世和人生的倦怠。其实哪是这样呢?人到了晚年,看透也参透了一切,更关注生命的意义和本质,于世间多做减法。那个曾经轰轰烈烈的世界仿佛像一艘大船般越去越远,自己已被遗弃在岸边——世界仿佛跟自己一点关系都没有了。王维甚至感觉自己有些厌倦人群了,只愿孤独地活着,以孤独获得真理,从而达到永恒。这是怎样的一种想法啊,能消解自己的,唯有内心的觉悟。想想这一切也很正常,每个人来到这个世界的目的,都是为了验证自己的正心诚意,验证良知善行。当他完成了这个使命之后,就可以心无挂碍地从这个满目疮痍、肤浅残暴的世界离开了。消失意味着圆满,也意味着空净。

乾元二年(759)惠幹和尚注《仁王经》,王维参与注释。历经一年,终于完成。王维并上《为幹和尚进注仁王经表》:"伏以集解《仁王般若经》十卷,谨随表奉进,无任惭惶。""三千世界,悉奉仁王;五千善神,常卫乐土。令果荡定,无量安宁。"王维希望以此经书,护助大唐天下太平,社稷兴旺。

随后,王维除了有事上朝外,大部分时间都在京师的寺院中度过,镇定而轻松,有时候与僧人相处密切,以玄谈为乐;有时在廊台上静坐,对着庭院听雨,眼神中尽是慈祥。一个人幽闭于房间时,王维会点燃一根香,专心禅诵,像一尊玉佛般静谧。如此状态,可以从王维所写《饭覆釜山僧》中看出:

> 晚知清净理,日与人群疏。
> 将候远山僧,先期扫敝庐。
> 果从云峰里,顾我蓬蒿居。
> 藉草饭松屑,焚香看道书。
> 然灯昼欲尽,鸣磬夜方初。
> 一悟寂为乐,此日闲有馀。
> 思归何必深,身世犹空虚。

这一首诗,也有人以为写于王维中年之际,可是更多学者以为,此诗应该写于上元元年(760)前后,否则怎么会写"晚知清净理"呢?此时的王维,已完全笼罩于一片即将消失的夕阳中,眼前是一片空茫的金黄色。那一段时间里,母亲那一脉的族弟崔兴宗为避北方战乱,要去川蜀与江汉之地游历。王维想到老友一个个都离开远行了,只有自己困顿难离,不由得有些黯然,唯有祈福,于是写了《送崔九兴宗游蜀》:

> 送君从此去,转觉故人稀。

> 徒御犹回首,田园方掩扉。
> 出门当旅食,中路授寒衣。
> 江汉风流地,游人何岁归。

王维的《偶然作》第六首,也应作于这一时期,可见王维晚年的心境:

> 老来懒赋诗,惟有老相随。
> 宿世谬词客,前身应画师。
> 不能舍馀习,偶被世人知。
> 名字本皆是,此心还不知。

在生命最后的日子里,王维过上了顺应本心的生活,他不再牵挂世俗的人和事。只是苍颜白发,静谧而淡然地看着匆匆旅人,不悲不喜,不嗔不痴。曾经鲜衣怒马、锦衣玉食的世家公子,终于蜕变成一位形容枯槁、形单影只的孤寡老人。他的内心,却一直是一个孩童。人生天地间,忽如远行客,自己怎么忽然之间就老了呢?从镜中看到日渐稀疏的白发、越来越佝偻的身形,以及枯萎的面容,想着当年的华美与倜傥,仿佛隔世一般。当华美的叶片落尽,生命的脉络会历历可见。王维感叹:罢了,应该到了离开的时刻了!此时此刻,所有的努力都是徒劳,除了等待,像一片枯萎的叶子等待凋零。

> 我年一何长,鬓发日已白。
> 俯仰天地间,能为几时客。

王维去世的上元二年(761),已很少有文字留存了。那一年冬天特别寒冷,西北风呼啸,不断地透过纸糊的窗棂吹进来,长安西市的老屋寂静凄冷,院落里的一棵老槐树,在最后一片叶子随风飘逝之后,整个如死去一般。屋子的墙角布满蛛网,时间仿佛凝固了似的。从冬天起,王维几乎是大门不出，小门不迈，平日里只是吃点蔬食，不茹荤血，也吃得很少，然后就是念经打坐了。在结跏趺坐时，王维保持寂然不动，努力阻断心灵与感官的联系，深陷自己的沉静之海，感觉到内部有纯化和通透之感，不断地引领他探索黑暗隧道，探索时间的极限，唯有风雨和雷电，方能引起他对原野和山峦的回忆。这年春天，弟子慕容承来看他，提着一些素馔点心。大约是许久未有人来，王维心情很好，破天荒地以诗酬谢，诗中带有某些自嘲和幽默：

  纱帽乌皮几，闲居懒赋诗。
  门看五柳识，年算六身知。
  灵寿君王赐，雕胡弟子炊。
  空劳酒食馔，持底解人颐。

可是，王维还有一个心结放不下，就是弟弟王缙受己"牵连"的外放，在异地他乡，一切还好吗？到了暮春，王维会突然思念王缙，忍不住老泪纵横，连王维自己都觉得不堪——是因为自己太脆弱了吗？因过于恓惶，王维大着胆子给肃宗皇帝上书《责躬荐弟表》：

  臣维稽首言：臣年老力衰，心昏眼暗，自料涯分，其能几何？久窃天官，每惭尸素。顷又没于逆贼，不能杀身，负国偷生，以至今日。陛下矜其愚弱，托病被囚，不赐疵瑕，累迁省阁。昭洗罪累，免负恶名，在于微臣，百生万足。昔在贼地，泣血自思，一日得见圣朝，即愿出家修道。及奉明主，伏恋仁恩，贪冒官荣，荏苒岁月，不知止足，尚忝簪裾。始愿屡违，私心自咎。臣又闻用不才之士，才臣不来；赏无功之人，功臣不劝。有国大体，为政本源，非敢议论他人，窃以兄弟自比。臣弟蜀州刺史缙，太原五年，抚养百姓，尽心为国，竭力守城。臣即陷在贼中，苟且延命，臣忠不如弟，一也。缙前后历任，所在著声，臣忝职甚多，曾无裨益，臣政不如弟，二也。臣顷负累，系在三司，缙上表祈哀，请代臣罪。臣之于缙，一无忧怜，臣义不如弟，三也。缙之判策,屡登甲科,众推才名,素在臣上。臣小言浅学,不足谓文,臣才不如弟,四也。缙言不忤物,行不上人,植性谦和,执心平直。臣无度量,实自空疏,臣德不如弟,五也。臣之五短,弟之五长,加以有功,又能为政。顾臣谬官华省,而弟远守方州,外愧妨贤,内惭比义,痛心疾首,以日为年。臣又逼近悬车,朝暮入地,阒然孤独,迥无子孙。弟之与臣,更相为命,两人又俱白首,一别恐隔黄泉。傥得同居,相视而没,泯灭之际,魂魄有依。伏乞尽削臣官,放归田里,赐弟散职,令在朝廷。臣当苦行斋心,弟自竭诚尽节,并愿肝脑涂地,陨越为期。葵藿之心,庶知向日;犬马之意,何足动天。不胜私情恳迫之至。

这一封表言辞恳切,颇为感人。王维内疚弟弟因为自己而去了偏远地区,也学着前些年王缙请求朝廷宽恕的方式,上表皇上,愿意削去自己的职位,让弟弟重回长安,哪怕授一个散职也行。王维在奏折中声称,弟弟王缙有五长,自己有五短,如此自贬,其实也是请求皇上让他们兄弟团圆。奏折递上去后,王维心中有些忐忑,不知道此番会有什么后果。一段时间之后,朝廷派来官员,传达肃宗皇帝的口谕,王维心中一块石头终于落地——肃宗褒奖王维以国事为本、主动让贤、友于兄弟的美德,已拟诏吏部,授王缙为左散骑常侍,这是归属门下省的正三品下高官,随侍皇帝左右。闻罢圣谕,王维老泪纵横,山呼万岁,强扶病体,给皇上回奏了一篇《谢弟缙新授左散骑常侍状》:

右。臣之兄弟,皆迫桑榆,每至一别,恐难再见。匪躬之节,诚不顾家;临老之年,实悲远道。陛下均平布政,中外递迁,尚录前劳,仍收旧齿。使备顾问,载珥貂蝉,趋侍玉墀,从容琐闼。不材之木,跗萼联芳;断行之雁,飞鸣接翼。自天之命,特出宸衷;涂地之心,难酬圣造。不胜戴荷踊跃之至。

一段时间之后,肃宗皇帝送达御笔亲书的答诏,洋洋洒洒,褒扬了王维兄弟的忠心,且告知:王缙此时已转任凤翔,距长安不过三百多里路,应该很容易见到了。王维听到消息后,一颗悬着的心终于归位,长长地吁了一口气,仿佛将一生之中积淤的委屈全都吐出,随后悲欣交集,嗒然失言。王维仿佛感觉到心被镂空,里面流淌着光线或者溪水一样的东西。又好像能看到世界的尽头,一种带有凄清的绚丽,像秋天里最绚烂的晚霞。

夏天到来的某一个夜晚,星辰悬天,月光如水。王维庄重地在香炉中插上三炷香,命仆人把笔墨纸砚拿来,盘膝坐在蒲团上,提笔给王缙写了一封诀别信。随后,他想了想,又给其他弟妹逐一写了简单的信札。等将这一切做完之后,王维似乎有些疲惫,他沉默地靠在椅子上,闭目养神。过了一会儿,笔从他的手上悄然滑落,等仆人捡起笔后,这才发现,王维已没有了呼吸,眼神空净,只是嘴角凝固了一丝微笑。《旧唐书·王维传》记载:"临终之际,以缙在凤翔,忽索笔作别缙书,又与平生亲故作别书数幅,多敦厉朋友奉佛修心之旨,舍笔而绝。"王维告别世界的姿态,的确像一个高僧大德,江山万古,众生即逝,可是他已独自抚平了人生的宿命和坎坷,迈入自由的境界了。是啊,这一个人本不属于这个混浊的世界,身太轻,心也太清,诸多尘埃,都是罪过。好在这个人天赋慧根,智识超群,行事如羚羊挂角,无迹可求,也算是天意垂怜,没有刻意制造麻烦和悲剧,让他如一颗流星般灿烂划过天际。现在,所有的困顿都了然,生命终于圆满地结束了。就像盐融于水,光消于黑暗,声音逝于空静之中,成为最美妙的旋律。人生若有一个恬淡而宁静的结局,比任何在世的辉煌都更重要,算是最华美的福报了。这也难怪,对觉悟者来说,人生所有的努力,都是在空无中追求一个圆满,若以真理的证悟超越生死轮回,做到悲欣交集、法喜充盈,当是华枝春满、天心月圆了。

有岚烟从黄土高原上盘旋升腾,像白色的飞鸟掠过,直上九霄,幻变成渺然的烟缕。随后,它们渐渐消失,天空又是一片无限的蔚蓝。这些云,应是悄然聚集,围拢成祥云了吧,随后倾泻为甘露,哗哗地落在地上,形成一条条涓涓细流,平静地流向汤汤的大河。那些有福的人,会从这样的景象中,一管而窥天地、鬼神、众生和自己,也看到万壑松风、孤云出岫,看到生命的本质。

两《唐书》写道:上元二年(761),王维卒,葬于辋川。如此安排,应是遵循王维遗言,满足了王维生前的愿望——王维跟母亲一样,没有选择埋骨故乡,而是选择了深爱的辋川。他们的墓地紧挨在一起,就像小时候王维挨在母亲身边一般。看淡了生死,看淡了功名,自然也看淡了一切,故乡也是异乡,只有心安宁静的空净处,才是"故乡",是精神层次上永恒的"乡愁"。

王维去世以后,裴迪再也没有回长安。在此之前,裴迪悄然南下去了四川,间或与王维好友杜甫、高适交游。杜甫《和裴迪登新津寺寄王侍郎》诗云:

> 何限倚山木,吟诗秋叶黄。
> 蝉声集古寺,鸟影度寒塘。
> 风物悲游子,登临忆侍郎。
> 老夫贪佛日,随意宿僧房。

这里的"侍郎",指的就是王维的弟弟王缙。王缙在四川时,裴迪应该还在川蜀某个偏远的州府当幕僚。等到王缙离开之后,裴迪便失去确切的消息,销声匿迹,不知所终了。是啊,任何关系走到最后,不过是相识一场。历史对裴迪的归隐众说纷纭,无论是悄然逝去,还是避世归园,于他,都无关紧要。裴迪的幸运之处,在于他能承受一种恩泽,又从他人的命运中,怜悯着自身的命运,因而更明白人生为何而活。一朵花从树上飘落,另一朵花也逃离人世⋯⋯花卉的意义在于,只有在尽了全力绽放之后,才算是真正完成了自己,达到了圆满。每一个人都是这个世界的孤儿,飘荡在空寂的世界里,即使头顶上的星辰美如钻石,可是一阵风吹过,缥缈莫测,几缕幽香也不知从哪儿缘起缘散。风就是空,曾经在世的每一个人,都跟王维和裴迪一样,给一种不为来去的天旋地转之力量,卷入了深深的"空"中。

尾声

人生须臾,灵魂如风,这是古人看待生命的方式。风来自哪里,去了何地,这是古人所不能知道的。多少世纪以来,绝大多数人皆以刹那间的尖峰时刻为荣,忘却了生命的真正意义,忘却了生命的真谛,其实就是自然的一呼一吸,就是感知,就是怀有良善的自然绽放。这是我写王维时不由自主地想到的。至于王维,这个人的生平,跟他的艺术风格一样朴素和简约,在他一生当中,因为觉得佛学亲近,故不由自主地亲近;因为感知艺术灼灼之华,故热爱诗歌、绘画、音乐。当然,王维也喜欢交友、旅行和茶酒带来的快乐。这个人一生良善,从不为难别人,就像他从不为难自己一样;理性而克制,不流连世俗生活,也不在乎荣华富贵;生活在别处,不争锋,不竞利,努力隐藏着自己,既隐藏在时代的后面、文学艺术的后面,也隐藏在自己的名字后面。他的成名和流芳百世,更多的是不经意,就像在不经意中遍尝人间的快乐与痛苦,了悟稀有的智慧和般若一样……纵观这个人的一生,就像流星忽然掠过夜空,只看见邈远处有华彩的弧线,不知缘起,也不知缘落,避免了尘世间伤痛和苦难的纠缠。

一直以来,王维都是传统士大夫中的一个异类,是中国历史上一个难得的、有着真正宗教感的传统知识人。他甚至可以算是一个佛教徒,一个一直以善意处世、真诚对人、理性待事,孜孜于艺术生活,从不过度地沉湎权力和争斗的人。这样的初衷和坚守,使得他在传统政治环境中,自觉不自觉地变身为一个边缘人,不为权力和社会中心、相关史志重视。一个不理解宗教情怀,不知道艺术真谛,不明白这个世界上还有幽微、幽远、幽冥感觉的人,是不会真正理解和珍惜王维的。同样,对具有共同特征和文化的大众来说,也是很难懂得王维的。这很正常,托尔斯泰就曾比喻说:"有宗教感的人和没有宗教感的人在一起,就像人与动物一般无法交流。"在很多时候,一个选择偏离大众价值观的人,会不得不背负自私的罪名。对大众来说,一个人若是与其不同,会自然而然地激起愤怒和嫉妒。人们恨你与众不同,不按社会标准而活,他们恨不得将你齐刷刷地削成他们的模样,跟他们一样机械、呆板和乏味。

王维面对的,就是如此。在这样的氛围中,他就像是镜中花、水中月,是花朵的点缀,是生活的别意,也是天上的月亮、缥缈的云雾、诡异的霞光、不确定的风。我如此说,只是想真切地表明,王维在中国历史上绝对是别具一格、特立独行的,他并不是世俗人所见到的那样,也不是人们所想象的那样。虽然笃信佛教,可是王维并不是一个完全的佛教徒,他是如此向往自由,向往艺术的光华,向往神性的沐浴,在很多时候,王维只能避开外部世界的无聊和凶险,躲在自己的暗黑当中,孜孜不倦地探求来自心底的旨意和暗示,在无穷幽暗中发出微弱的光亮,尽力照亮自己的路,以虔诚、静谧和诚实的方式,也以一种灵动和诗意的方式,去捕捉美好的瞬间,获得空灵的慰藉。

就中国社会和文化的诸多存在来看,似乎存在这样一种倾向,就是将所谓的"才子气"看得很高,常常将信誓旦旦、壮怀激越、好大喜功,当作一种真实的、可以拯救世界的情怀来欣赏,或者将某种诗、书、画技艺,或者考试成绩和相关荣誉作为成就,不问那所谓的"才气"里,是否有人格的独立,是否有助推社会和人类进步的思想,是否有对人性的剖析、探幽和捍卫,对良知的孜孜追求,以及为实现理想所具有的动力、手段和决心。人们还应知道的是,所谓的才华,不仅意味着敏锐的感知能力,独特的审美表达能力,还意味着对自身情感世界的精微体验能力,包含对人类内心深处的发现和觉知,对终极的皈依,对真理的执着和坚毅。真正有才华的人,是那种可以通过孤独追求、真诚内省,对世界拥有清醒的觉知、深邃的智慧,具有反思和批判能力的人,既可以创造出具有"真善美"特质的精神世界，还能给人以精神和灵魂的启迪，让眼前的道路豁然开朗，继而幻化成一个美丽的新世界。他是觉悟者，也是唤醒者，具有自觉觉他的能力，唤醒冥然众生，让人们不要错过短暂的雾中风景。

世间暗藏的生命至理，总习惯由代表性的个体来阐释。王维就是这样，这个人天生别样，特立独行，孤芳自赏，他来到这个世界，仿佛就是为如何活着，提供另外一种非主流的榜样。他始终如一地幽冷和静谧，保持着清旷飘逸、慈悲安详、温润悠远的形象，有几乎不属于那个时代的细腻和温柔，也有不属于那个时代的善意和洁净，更有不属于这个世界的寡欲和冷静。以世俗的观点来说，这个人的一生有着致命的缺陷：几乎没有享受家庭的天伦之乐，缺少夫妻之情，也没有子嗣；没有世俗烟火的温暖，没有建功立业的骄傲，一直过着苦行僧般的生活，执着于某种虚幻的皈依和追求；只是专注于修身，略知文采，稍有功名，谈不上"齐家治国平天下"……可是以更开阔、更宽容、更自由的生存理念来说，这个人似乎又是完美的：一切水到渠成，没有刻意为之；不仅在世时声名显赫，去世后也流芳百世；不仅实现了卓越，也实现了安详；经历了痛苦，却在痛苦中重生；一直与芸芸众生保持距离，看起来自私而狭隘，却在关键时候，倾其毕生所有，给予百姓以无私的帮助；既有深邃的哲思，又达到了至高境界，最终以智慧实现了人生的圆满……

评价迥然不同，核心是标准不同。前者是世俗标准和儒家的评价标准，至于后者，更多的是佛老标准，以及现代社会相对豁然而达观的宽容。标准的不一，自然带来结果的不一。不管怎么说，这个人的一生，是相对自由而独立的，因为他一直有着自己私域的空间和思想，轻盈而洒脱，清简而空灵。因为缺少了贪欲，自然杜绝了怒和嗔；因为脱离和漠视了诸多社会羁绊，有着更加清静的自我。他不仅达到了道家标准，实现了个体的逍遥，还以佛家标准身体力行，跃上了菩萨的无我境界。以佛家来看，人生不过是一种见解，若一个人最终感觉到自己的追求，完成了由天堑到坦途的转变，以觉悟跨越了如此魔障，达到一种与天地并齐的欢喜与平静的目标时，这也是一种圆觉吧？从这一点上，在中国历史上，是很少有人可以与王维相提并论的。

中国传统文化,一直是"儒释道俗"四位一体,以此为橹桨,在人生的河流上乘风破浪。以浅显易懂的方式来阐述儒释道俗的基本精神,就是儒家讲进取,道家讲逍遥,佛家讲觉悟,俗世讲实惠。儒释道俗融合之后,是什么状态呢?就是以佛来破无明,以儒来正人事,以道来打通人生和自然。至于世俗生活呢,"道在屎溺",就是讲现实,讲利益,讲常识,让生活变得美好。不要小看这个世俗精神,它当中暗藏实事求是,道平凡而极实用。儒家以进取为精神,道家以逍遥为精神,佛家则是跳出三界外,以为世事无意义,不愿意劳神烦心。在这个世界上,若只有儒家肯定不行,人一直进取,只想着往前猛跑,会跑进死胡同。道家与儒家联手,有进有退,进退自如,回旋余地就大多了。至于佛,农耕社会最喜欢安静祥和,佛教的表面特质,就是安静祥和,很符合中国人的审美和需要。佛教之所以在中国开花结果,最重要的原因,是中国人对佛教感到亲切——那些菩萨,就好像慈祥包容的母亲,无论你做错了什么事,都会得到原谅,有困难也会帮助你、保护你。至于佛,无所不能,不仅包医百病,还很宽容,表面上承诺和满足人们求子求妇求发财等一切愿望。林语堂说中国人得意时是"儒",讲究进取,追求功名;失意时是"道",追求的是自然,以自然来安慰失意的意志和灵魂;等到灰心丧气,那就是"佛"了,变成了看破红尘,追求解脱了;或者干脆坠入世俗,得过且过,快活一天是一天,什么都不想。此种方式,鉴定并不明确,很多人都是儒释道俗皆有,转化自如,平衡自如。一代一代的中国人,就是在这样的"四位一体"中,走进了现实,又走进了历史。

王维是超越的,这表现在他的信仰和践行,有着更深一步的哲学性。王维以毕生的追求和智慧,悟出了什么?应是悟到了"心物一元",悟到了外部世界与内心世界其实是一个东西。悟到了语言之后的空灵,也悟到了世界和自身的虚无,也就是"空",生命和世界的"空"。当然,作为一个艺术家和诗人,他最注重的,是内部的探索,以为在外部,是难以找到诗情的,也是难以找到快乐的。以现代语言的表达方式,就是人反向求诸己——世界的终极意义,就是在不断转换的个人意识,以及不断转换的世界之间,寻找某种本质和安慰。人以此为目标,在"无意义"中寻找"意义",沐浴艺术之光,消解个人的困惑和痛苦,最终以自由回归乡愁。这一种以信仰、中庸、智慧和艺术的方式,既消解人生的痛苦,堪称相对完美,还避免了怀疑,也避免了因崇高而引起的极端和破碎。在王维之前后,无数人悟出了"空",却因缺乏智慧和艺术,无法正确对待"空"。只有王维,将出世和入世结合起来,变得相对完美。随后,到了王阳明"龙场悟道",才算是更深入地找到对付"空"最有效的办法,那就是"致良知"。以"良知"为镜,来观照自身,追求自由,不断地精进和进步。因为观照,所以深入;因为深入,所以悲悯;因为悲悯,所以良善;因为良善,所以自由。自此之后,人们觉悟的道路,更有了人文主义的意义,也让人们在执着于拷问灵魂、追求终极的同时,更有入世情怀,更能迸发出巨大的张力,从而脱胎换骨走上了一条新生蜕变的道路。

世界万事万物万理总存悖论,有关王维这一个人,同样也是如此——如果王维堪称理想中的完美人物的话,同样,作为完美的王维也是致命的:这个人已不像一个人,而是一种注释、一种理念、一种方式——如此偶像在这个娑婆世界中,是那样的不恰当,那样的阴差阳错,也因此,必定会有一种力量来排斥他、戕害他,甚至毁灭他,以致最后的王维就像一个悲剧——一个必定让世俗曲解的神话的悲剧。

世间的所有的生命哲学,都是围绕着如何死亡而立论的。王维也是如此。王维的生命和艺术之路,若虚化为意义,那么,也是对存在和虚无的诠释和启迪。虽然王维是一个虔诚的佛教徒,可显然不是一个虚无主义者,他严肃而朴素的冥想,积极而富有创造力的热情,对社会和道德的责任,对众生的怜悯,对家园的热爱,对正义的追求,这都让他成为一个不自觉的人文主义者。《奥义书》言:"从虚妄引导我们到达真实,从黑暗引导我们到达光明,从死亡引导我们到达不朽。"深究王维的行为,也有这个意义。一个真正的虚无主义者,生活是很困难的。只有自由,才能让人摆脱虚无;虚无只能飘浮在孤独的人头顶上。一个内心博大而自由的人,是不可能虚无的。我一直在想的一个问题是,王维寻觅到了真理吗?以人生的有涯,想得到时空的无限,难度是很大的,绝对真理是不可得的,唯有求得某种自在和安慰,生命的圆觉只能是相对真理。

这很正常,诸多高僧大德在最后霞光中,无不有着秋意的惆怅,也吹拂着朔风的苍凉,是所谓"悲欣交集"。此生于世,每一个人都是仓皇急行,匆匆别过,无一物可携行,无一事尚流连。人卓然于众,不在于他至尊的地位,或者降服和统治黑压压的芸芸众生,而是看他是否能够洁净而明亮地在天宇上划一道闪亮的弧线,如夏日星空的流星一样掠过今生今世。

人活一世,最应遵从的,其实是心灵深处的良知。一个人臣服于自己的内心,让内心智慧转化为引路的力量,就是最虔诚、最正确的信仰。自磨难和平庸中冶炼出中正平和的姿态,方能达到由内到外的拓展,让社会的走向不偏离;若表现为艺术,其中必定有着幽微的温暖和光亮。因为艺术一直是通灵之具,是来解放人性和生活,让人们获得自由的。对王维来说,艺术就像在泥沼上出现的花朵,它是一种美丽,一种超拔,一种给予,一种呼唤与关怀。沐浴如此光华,以自己的才华、个性和智慧,努力追求清醒和觉悟,以诗意而独立的方式去度过生命,如此行为,不仅无可厚非,反而无比幸运。在某种程度上说,王维就是他自己的上师,他充分领略了艺术的真谛,以此为载体,渡去了彼岸。在他之后,一干人众只看到他虚渺的背影,难以领会真谛,仍旧茫然四顾。历史天然具有的蒙蔽功能,就像雾锁世间,让人们难以做出抉择,走上了一条错误的道路。平心而论,那些曾经彪炳历史的人物,有一些是应该唾弃的,不值得人们崇敬的,甚至是人类潜在的敌人,以及邪恶的魔鬼。不过,人类的伟大之处,不在于他有多么杰出,有改天换地的能力,而在于有一颗良善的心灵。在很多时候,良善会让恶行得到止损,让人们重归正途。至于那些浑浑噩噩微不足道的人,之所以那样,是因为他们没有意识到生活中其实还有更重要的事情。

古罗马历史学家塔西佗说:"当你能够感觉你愿意感觉的东西,能够说出你所感觉到的东西的时候,你就是非常幸福的。"以此看法,可以助我对王维的认知:在我眼中,王维有可能没有触及绝对真理,可是他在寻觅真理、锤炼自己、产生洞见的时刻,于芸芸众生之中抽丝剥茧的行为,就是可贵、可叹、可惋的,也是让自己感到由衷幸福和充实的。同样的事实,也适合于那些孜孜探求的人——当一个人因寻觅和内观,变得深广而宁静、单纯而智慧、洁净而光明时,这个人就是幸运的,而不是成为某个虚荣的神话。

《大唐三藏圣教序》中有雄句:"积雪晨飞,途间失地,惊砂夕起,空外迷天。万里山川,拨烟霞而进影;百重寒暑,蹑霜雨而前踪……"这一段话语写得真好,飞雪扬沙,烟雾笼罩,岫云万丈。其实何止唐三藏呢,每一条深入内心之路,都是漫漫的霜雨征程。

附录：王维简谱

武后长安元年辛丑(701)王维生。同年,李白生。

中宗景龙三年己酉(709)王维九岁。《新唐书》本传云:"九岁知属辞。"(写作)

玄宗先天元年甲子(712)睿宗李旦传位于太子李隆基,是为玄宗。是年杜甫生。王维十二岁。居家。

玄宗开元三年乙卯(715)王维十五岁。离家赴长安,途经骊山,留诗《过始皇墓》。

开元四年丙辰(716)宋璟继姚崇为相。善无畏自中印度经西域到达长安,传密教。玄宗礼为国师。王维十六岁。居长安。

开元五年丁巳(717)日本阿倍仲麻吕(汉名晁衡)来中国。王维十七岁。在长安。曾与好友祖自虚共隐居于终南山,间游洛阳。留诗《九月九日忆山东兄弟》。

开元六年戊午(718)王维十八岁。在长安。好友祖自虚病故。王维为之送葬,留诗《哭祖六自虚》,另留诗《洛阳女儿行》。

开元七年己未(719)王维十九岁。居长安。七月,赴京兆府试。中举。留诗《赋得清如玉壶冰》以应京兆府试;该年还留诗《李陵咏》《桃源行》。

开元八年庚申(720)宋璟罢相。玄宗礼密宗上人金刚智为国师。李白开始蜀中游。王维二十岁。居长安。春,就试吏部,落第。是年,曾赴宁王李宪宴。留诗《息夫人》。亦常从岐王李范游宴。

开元九年辛酉(721)王维二十一岁。春,擢进士第。解褐为太乐丞。是年,綦毋潜落第还乡,王维送之,留诗《送綦毋潜落第还乡》。是年,因太乐署中伶人舞黄狮子犯忌,王维受牵累,被贬,任济州(今山东茌平西南)司库参军。留诗《被出济州》。从长安出发,经河北县、郑州、荥阳、滑州到济州。

开元十年壬戌(722)玄宗幸东都洛阳。王维二十二岁。在济州任上。

开元十一年癸亥(723)玄宗北巡。王维二十三岁。在济州任上。

开元十二年甲子(724)王维二十四岁。在济州任上。王维在济州五年任间,曾同济州贤隐、僧道多有交往。

开元十三年乙丑(725)玄宗十一月封禅于泰山;祭孔子宅。十二月,还东都洛阳。王维二十五岁。在济州任上。是年,裴耀卿为济州刺史。

开元十四年丙寅(726),王维二十六岁。孟夏之前,离济州司库参军任,起程西归。

开元十五年丁卯(727)玄宗诏令天文学家一行和尚主持修订的《大衍历》于该年完成。李白在安陆娶唐高宗之故相许圉师的孙女许氏为妻。王维二十七岁,官淇上(淇水,在今河南北部)。

开元十六年戊辰(728)王维二十八岁。弃官,隐居淇上。

开元十七年己巳(729)王维二十九岁,回长安,从大荐福寺道光禅师学顿悟。是年冬,孟浩然在长安应试落第,还归襄阳,行前,有诗赠维,王维亦有《送孟六归襄阳》诗送之。

开元十八年庚午(730)王维三十岁,在长安。李白是年初夏往长安干谒宰相张说。逢张说病重。结识张说之子张垍,张垍介绍寓居终南山玉真公主别馆。

开元十九年辛未(731)李白求荐未成,穷愁潦倒于长安。暮秋滞留洛阳。王维三十一岁。其妻是年亡故。

开元二十年壬申(732)王维三十二岁。曾以布衣身份到蜀地漫游。至开元二十一年癸酉暮春,始返长安。

开元二十一年癸酉(733)张九龄同中书门下平章事(宰相)。是年长安久雨,京师饥馑。玄宗诏令放太仓米二百万石以赈济灾民。王维三十三岁,在长安。

开元二十二年甲戌(734)玄宗幸东都洛阳,任李林甫为尚书省礼部尚书。征召道士张果问以治道神仙之术,授张果银青光禄大夫。李白在嵩山与元丹丘同隐。王维三十四岁,秋,亦赴洛阳,献《上张令公》诗呈中书令张九龄,请求予以荐引。不久也隐于嵩山。

开元二十三年乙亥(735)玄宗仍居洛阳,杜甫归洛阳,应试不第。王维三十五岁。春被任为右拾遗,告别嵩山诸友,到洛阳赴任,上《献始兴公》诗给张九龄以表节操。

开元二十四年丙子(736)张九龄为李林甫所谮而罢相,玄宗以李林甫、牛仙客并相。杜甫漫游齐、赵。王维三十六岁,在洛阳右拾遗任上。冬十月,随玄宗还长安。

开元二十五年丁丑(737)玄宗杀太子瑛、鄂王瑶、光王琚。贬张九龄为荆州长史;晋爵李林甫为晋国公、牛仙客为豳国公。李白移家任城,继隐徂徕山。王维三十七岁。年初至夏,在长安任右拾遗。四月张九龄遭贬荆州长史。王维深感沮丧,撰写《寄荆州张丞相》。

开元二十六年戊寅(738)玄宗立忠王玙为太子,改名亨。王维三十八岁。秋,王维自河西还长安,仍任监察御史职。

开元二十七年己卯(739)王维三十九岁,仍在长安。

开元二十八年庚辰(740)玄宗看中寿王妃杨玉环,令其为道士,号太真。玄宗日幸。张九龄卒。孟浩然卒,年五十二岁。王维四十岁。迁殿中御史。是年冬,王维知南选,在襄阳,王维留诗《哭孟浩然》《汉江临眺》。在郢州,画孟浩然像于刺史亭。

开元二十九年辛巳(741)正月,玄宗诏令两京及天下诸州各置玄元皇帝(老子)庙,并崇玄学。宁王薨,追谥曰让皇帝。是年,杜甫成婚,定居首阳山下。王维四十一岁。春,自岭南北归。

天宝元年壬午(742)正月,改元天宝。李白得玉真公主推荐,应诏入长安为翰林供奉。王之涣卒。王维四十二岁。春,在长安。转左补阙。

天宝二年癸未(743)安禄山入朝,宠待有加。扬州僧人鉴真首次东渡未成。王维四十三岁。在长安。仍官左补阙。王维与王昌龄、王缙、裴迪集长安青龙寺悬壁上人院,共赋诗。

天宝三载甲申(744)改年为载;玄宗纳寿王妃杨太真;以安禄山兼范阳节度使。玄宗以为天下无事,居高位而无为,将一切政事均交付李林甫处理。李白离长安与杜甫会见于洛阳。李、杜与高适同游梁、宋。王维四十四岁,仍在长安任左补阙。得宋之问蓝田辋川别墅并开始经营。

天宝四载乙酉(745)王维四十五岁。迁侍御史。出使榆林、新秦二郡。

天宝五载丙戌(746)李林甫屡兴大狱;安禄山兼任御史大夫。王维四十六岁。在长安。转库部员外郎。

天宝六载丁亥(747)玄宗改骊山温泉宫为华清宫。诏天下通一艺者到京师就试,李林甫故意艰难其试,致使无一人及第,并表贺"野无遗贤"。玄宗以天下岁贡赐李林甫。王维四十七岁。在长安。仍官居库部员外郎。

天宝七载戊子(748)高力士为骠骑大将军;赐安禄山铁券;度支郎中杨钊(后玄宗赐名为杨国忠)擢给事中。贵妃姊妹三人皆封夫人。王维四十八岁。在长安。迁库部郎中。

天宝八载己丑(749)王维四十九岁。在长安。仍官库部郎中。

天宝九载庚寅(750)封西岳;赐安禄山爵东平郡王,将帅封王自此始。以安禄山兼河北采访使。王维五十岁。正月,丁母忧,离朝屏居辋川。

天宝十载辛卯(751)命剑南节度使鲜于仲通讨南诏,败绩,死六万人,而杨国忠仍以捷闻。高仙芝击大食,败绩,死两万人;擢安禄山为平卢、范阳、河东三镇节度使,拥兵近二十万;安禄山讨契丹,败绩,死数万人。王维五十一岁。居辋川,守母丧。

天宝十一载壬辰(752)李林甫卒,玄宗以杨国忠为相。安禄山想当宰相的美梦未圆,对杨国忠极为不服。杨国忠因无法控制安禄山,多次告安禄山欲谋反,两人交恶。李白北上幽燕。王维五十二岁。三月,服阕,拜吏部郎中。是年吏部改文部。

天宝十二载癸巳(753)朝廷追削李林甫官爵。鉴真第六次东渡日本。王维五十三岁。在长安。仍官文部郎中。日本遣唐使晁衡还日本,王维有诗赠之,题为《送秘书晁监还日本国》。

天宝十三载甲午(754)安禄山入朝,加左仆射,归范阳;杨国忠进位司空。王维五十四岁。在长安。仍官文部郎中。

天宝十四载乙未(755)十月,安禄山于范阳叛乱,河北诸地尽陷。王维五十五岁。在长安。转给事中。

天宝十五载丙申(756)安禄山自称大燕皇帝,改元圣武;史思明陷常山,陷九郡。郭子仪荐李光弼为河东节度使,收复河北十余郡。六月,哥舒翰战败,贼遂入关。玄宗出奔蜀地,军次马嵬坡,不行,要求诛杀杨国忠及杨贵妃,玄宗迫不得已而诛之;留太子东向讨贼。七月,太子即位于灵武,尊玄宗为上皇。李白隐庐山。经永王璘数次相聘,犹豫再三,入永王幕。王维五十六岁。在长安。仍任给事中。是年六月,安禄山攻陷潼关,寻入长安。玄宗逃往蜀地。王维扈从不及,为安禄山所俘。王维服药取痢,伪称喑疾,准备逃跑。安禄山疑之,命严加看守。不久,解往洛阳,拘于菩提寺中,强迫王维就任伪署。

至德二载丁酉(757)王维五十七岁。上皇在蜀;安庆绪杀安禄山,自立为帝;史思明入寇太原,李光弼破之;郭子仪平河东。安庆绪、史思明退守范阳。九月,郭子仪收复长安;继而又收复洛阳;肃宗入西京。十二月,上皇自蜀还西京。安庆绪与史思明发生内讧,史思明降唐。李白因入永王璘幕,被系浔阳狱中。肃宗授杜甫左拾遗官职。杜甫因上疏为房琯辩护,触怒肃宗,遭到审讯。十月,唐军收复东京洛阳后,王维及诸陷贼官均被收系,寻勒赴长安。十二月,陷贼官按照六等定罪。王维以凝碧寺诗曾闻于行在,又因其弟王缙上书削己官位以赎兄罪,肃宗遂宽免其罪。

乾元元年戊戌(758)王维五十八岁。李白被判长流夜郎;是年六月,杜甫被贬为华州司功参军。是春王维复官,责授太子中允,加集贤殿学士;迁太子中庶子、中书舍人。

乾元二年己亥(759)王维五十九岁。四月,史思明杀安庆绪,还范阳;五月,史思明自称大圣燕王。九月,史思明再陷洛阳,十月,李光弼大败史思明于河阳;肃宗召郭子仪还京。李白在白帝城遇赦东归。杜甫弃官赴秦州,至同谷,入蜀。是年春,王维在长安。仍官给事中。

上元元年庚子(760)王维六十岁。在长安。仍任给事中;是年夏,转尚书右丞。

上元二年辛丑(761)王维六十一岁。史朝义杀其父史思明,继皇帝位;四月,梓州刺史段子璋反,自称梁王,高适讨平之。是岁江淮大饥。是年春,弟缙为蜀州刺史未还,维上《责躬荐弟表》,乞尽削己官,放归田里,使缙得还京师。七月,王维卒,葬于辋川。

后记

应允写作王维,很大程度上,是我爱着一个熟悉而陌生的灵魂。当我刚刚接触唐诗之时,王维于我而言,只是一个模糊的影子,如暗淡的阴翳月影,如老树的昏沉摇曳。可是随着年龄的渐长,同样的阴翳慢慢地渗透于我的身体,让我积淤和诞生出一种情绪,也让我莫名地喜欢和亲近王维了。自此之后,我喜欢静静摩挲王维的细致,远远瞻仰他的博大,悄悄赞叹他的超逸。如此感觉,既奇怪也不奇怪,一个人,为什么不能成为另外一个人的剪影,给生命以提醒呢?或者作为一个灵魂,汲取生命的精华,暗地里与之深情相拥。自此之后,我越来越清楚地感受这个人,感受他的敏感、敏锐、柔情和智慧,以及超越常识之上对真理的执着和追求。这很正常,人过了四十岁之后,就离"上天"越来越近了。三十岁之前,我不可能懂得王维,也不可能理解他。可是现在,就唐朝诗人而言,我最喜欢的就是王维了。不仅是诗,还是这个人的全部,包括相应的三观和行为方式。至于"知天命",其实就是对生命真谛的领略吧,人在生命经验的基础上,对世界的真相有着越来越切合实际、越来越属于自己的独特认知,是很正常的一件事。以我的理解,"知天命"一方面是通晓常识,另一方面还有在此基础上孜孜不倦对真理的向往——常识是重要的,真理甚至更重要,追求常识基础上的真理,是需要勇气、舍弃和纯粹之心的。

于是开始写王维。直到进入写作状态,我这才发现,这个在文学史上声名显赫的人,竟然有很多关键点无法形成共识和结论,真是很奇怪的一件事。这说明诗人所处的时代,包括后来的诸多人,虽然表面上看似对诗人顶礼膜拜,可在实际上,并没有真正地将这个人作为历史,或者作为偶像郑重其事地对待和研究。表现在王维的生平上,如果说王维诞生的具体日期没有确立尚情有可原的话,那么,连王维的具体去世时间,都没有明确的记载,这似乎就是一个问题了。《新唐书》和《旧唐书》有王维小传,不过只是逸笔草草,像速写画一般简略。有人认为王维生于长安元年(701),有人说生于久视元年(700),也有人说生于长寿二年(693)……如此不明晰的开头,使得王维在此之后的诸多编年都成了问题。同样,关于王维与王缙的兄弟关系也是如此,两人孰长孰幼?有可能是孪生兄弟吗?都没有具体的说明。至于王维去世的具体日期,也是缺失,只知道是赤日炎炎的夏天。

让人同样困惑的还有诸多诗的写作日期,对一个作家来说,研究他的作品具体写于哪些年,是在什么样状态和背景下写作的,无论是对研究作者,还是对诗歌来说,都是极为重要的。比如王维的那首《辋川别业》:"不到东山向一年,归来才及种春田……"诸多诗集都以为这一首诗写于乾元元年(758),是王维被宥罪后重回辋川时所写。可是这首诗的风格,完全对应不了当时的心境……诸如这一类问题,还有很多。这些最基本的问题,都难以确定,实在让人百思不解。要知道,以王维的地位,在盛唐时,是名列前茅的诗人啊!

如此态度和方式,不仅体现在王维的身上,还体现在李白、杜甫等人身上:有关李白的身世,出生的地点,也是众说纷纭……由此可见,即使唐朝的诗歌,也不像我们想象的那样,占据至高无上的地位,更多的时候,它只是朱雀洪门的敲门声,是宣纸上的墨痕淡影,是寒暄客套的灯红酒绿,或者是故作姿态的长吁短叹……如此状况逼迫我只能潜心重新研究,在诸多材料的基础上,形成自己的判断。诸多林林总总的问题,消耗了我的心力,也使得我对中国传统社会颇多失望——我们是一个有着深厚文化传统的国度,可是我们对待诗歌和诗人,在很多时候竟然如此草率。那些享誉天下的诗人,竟然少有人对他的生平和作品进行深入细致的研究,大多是大而化之。知识人的普遍兴趣在哪里,在于"修齐治平"

背后的功名利禄吗？如此现象的背后，其实是诸多价值观的扭曲。

尽管读了很多相关的书籍和论文，可是我仍旧感到空疏，完全可以想象在如此情境下写作的难度了。在很多时候，我变得不敢乱说，甚至变得无话可说，除了人云亦云的某种陈述。我只能尽可能熟稔王维所在的时代，解剖王维的作品，以此去了解和分析一个人的文化背景、情感三观。我只有尽可能地以同理心和同情心，从诸多事件中去揣测王维的心路历程，细细地推敲编年和注释，从中发现某些蛛丝马迹。

传记写作很容易犯的一个错误是：写作者有可能长久地沉浸于写作对象，无法对研究对象以客观描述，以致情不自禁地坠入赞美而忽视某种局限。对我来说，这种可能性同样存在。冷静下来看，王维的理性、简洁、平衡、虔诚，同样伴随着一意孤行和旁若无人。如果一定要对王维"吹毛求疵"进行批评的话，那么，他的优点也是他的缺点，他的风格也是他的缺陷。也许可以这样说：这个人最大的薄弱之处，就在于缺乏对生活的好奇心和兴趣，由于消极、退隐和与世隔绝，王维一直将艺术当作逃避现实的避难所，沉醉于个人化的细微感受，割断了与生活的紧密关联，让自己的作品像空中的悬浮物一样难以捕捉。与此同时，王维在现实中显得无力又无奈，只能退回到自己的世界之中，为自己编织一个不能穿透的厚茧，最终"化蛹为蝶"，无法成为高飞的鹰……若是王维以此为人们轻视甚至鄙夷，也是很正常的。归根结底，世界是自由的，就像王维，本来就不应作为一只鹰而存在，而是作为蝴蝶——是"庄子梦蝶"中的蝴蝶，"不知周之梦为胡蝶与，胡蝶之梦为周与？"这样的蝴蝶本身，就是诗意的。何必一定坚持，鹰一定比蝴蝶有意义？

真正华美的世界，一定是百花齐放，也是百鸟争春的。它拥有强大的自由性，无是无非，对万物没有道德要求。有了自由，还有宽容，方能安抚万物躁动的灵魂。这一种自由性，就是世界的本质。好的艺术，也是具有自由性的，一部好的人物传记，不在于它有多么完美动人，或者有绝对的定论，而在于将那些为大众不解和排斥的悖论和荒谬，超乎人们视野和知识范畴的晦涩和艰深，引领到读者的视野之中。对写作者来说，如此方式是有意义的，因为它提升了受众的视角，让阅读成为一种开拓,让人们感觉到世界的奇谲和不同,继而扩充了巨大的心量。如此方式的写作,才是最有意义的,它不是迎合,而是深入和扩展,它会让你感觉这世界存在着某种别意,仿佛暗夜中的星辰,闪烁着幽缈的光芒。

好的写作还是同频共振。专注于某一个人,不仅是以X光的方式,深入到对象的内部,了解他的骨骼;另一方面,还以洞察和深入自己的方式,以更多的感同身受,全神贯注地融入另一个人,去感知、连接、剖析、追忆和缅怀。以共同的哀伤,体味另一个人的哀伤;以共同的欢乐,体味另一个人的欢乐;以共同的悲凉,体味另一个人的悲凉。这种带有自由性的深入浅出的写作,跟极致的表演一样,就是摇身一变脱胎换骨,从外到内变成被写者的模样。不仅仅理解他的三观,懂得他的生命,释放他的灵感,最重要的还有,是能否摇身一变成为他,不仅身上的寒毛一模一样,连喜怒哀乐也一模一样。

关于这一点,埃德蒙·威尔逊曾经要求评论者:"若不深入人群,进入作家的世界,掌握他基本的直觉,在他感性的生活中发现他言论的奥秘冲动等情怀,人们将无法树立一种有价值的评论,而那种有价值的评论乃是集合剖析与友谊而汇聚成一种透视的努力。以诚实的代价而获得智慧是件奇妙的锻炼工夫。然而,若文学专论的第一个阶段必须写些客观的定义和友善的理解,只做此事而拒绝价值评判的话,它将沦于浮躁。"这一段话简而言之,意思指世界千变万化,可是不变而恒久的,还是人的心灵。以自由的心灵,在诚实、大胆、充满想象的状态下所进行的写作,才是最好的。

值得一提的是本书的写作风格。如果两年前所写的《宣纸之美》更多注重文字本身,注重外部的华丽、优美、流畅和隽永的话,那么,这一本书因为撰写的是心灵故事,更侧重于文字内在的韵律和质地。在此之前,该用什么样的语言风格来写王维,是我一直考虑的。唐诗的特性,与宋词不一样,读起来若呼吸到自然和森林里的气息,一股清新扑面而来。旧时四言五言,有音乐性,一咏三叹,恰似古琴的风格,节奏较缓。至于七律什么的,叙事和抒情的功能强大了很多,节奏加快。到了李白《将进酒》,更是在诗的形式上有很大突破,它更像歌,诗句长短不一,长时达十数个字,情绪表现得更为饱满蓬勃,节奏和速度变得更快。此中别意,就像琴声婉转,一喟三叹。由此可见,长句短句,都是有着自己的优势和局限的,短句空蒙,文学性强,回旋余地大;长句逻辑性强,可以深入,哲思性强。题材的不同,也需要写作者有相应语言方式的改变和探索。只有音乐最接近人的灵魂,因为它们之间有那么多相似之处。就世间的乐器来说,又有什么能比小提琴更能对应人的内心呢?因此,我一直想以琴声如诉的方式,来表现一个人的心路历程。在写作过程中,我一直倾听着贝多芬、柴可夫斯基、勃拉姆斯的小提琴协奏曲,特别渴望这一本书有着小提琴协奏曲的幽冥风格。让我感到高兴的是,在这本书的字里行间,是能找到这种音乐性的。我想尽最大可能,去表达那种对自然理念、人类精神以及神意的惊鸿一瞥。

是为后记。